Berliner Theologische Zeitschrift (BThZ)

30. Jahrgang 2013
Heft 2

Recht und Religion

EVANGELISCHE VERLAGSANSTALT
Leipzig   www.eva-leipzig.de

BERLINER THEOLOGISCHE ZEITSCHRIFT (BTHZ)
ISSN 0724-6137

Herausgegeben von der Humboldt-Universität zu Berlin,
handelnd durch die Theologische Fakultät

Schriftleiter: Prof. Dr. Cilliers Breytenbach
Redaktionsassistentin: Dr. Anja Sakowski
Postadresse: Redaktion der BThZ · Humboldt-Universität zu Berlin · Theologische Fakultät ·
Unter den Linden 6 · 10099 Berlin
Sitz: Burgstraße 26
Tel. (030) 2093-5973 · Fax (030) 2093-5969
bthz@theologie.hu-berlin.de · www2.hu-berlin.de/bthz

Vertrieb: Evangelische Verlagsanstalt GmbH · Blumenstraße 76 · 04155 Leipzig
Bestellservice: Leipziger Kommissions- und Großbuchhandelsgesellschaft (LKG)
Frau Christine Falk, An der Südspitze 1–12, 04579 Espenhain
Tel. +49 (0)34206–65129, Fax +49 (0)34206–651736 · E-Mail: cfalk@lkg-service.de

Bezugsbedingungen: erscheint zweimal jährlich, Frühjahr und Herbst
Preise incl. MWSt.*: Einzelheft: € 18.80, Einzelheft zur Fortsetzung € 16,80 jeweils zuzügl.
Versandkosten. Die Fortsetzung läuft immer unbefristet, ist aber jederzeit kündbar.
* gültig ab Januar 2012

Coverentwurf: Kai-Michael Gustmann
Gesamtherstellung: Druckerei Böhlau, Leipzig
ISBN 978-3-374-03407-9
www.eva-leipzig.de

Inhalt

II. Karl-Barth-Preis

Zu diesem Heft

Das Kölner Beschneidungsurteil, das den Deutschen Bundestag dazu zwang, ein Gesetz zum Schutz der religiösen Beschneidung zu erlassen, zeigt einen religionsrechtlichen Wandel an, dessen ganzes Ausmaß noch nicht zu bestimmen ist, dessen Ursachen und Konturen aber schon jetzt beschrieben werden können. Bemerkenswert ist, dass sich nicht die einschlägigen Gesetze geändert haben, sehr wohl aber deren Interpretation. Das liegt nicht zuletzt daran, dass die juristischen Eliten nicht mehr – wie vor Jahrzehnten noch selbstverständlich – eine kirchliche oder zumindest religionsfreundliche Sozialisation durchmachen. Je mehr sich das rechtswissenschaftliche Milieu pluralisiert, umso weniger kann mit einer Sensibilität für religiöse Traditionen bei Juristen in Verwaltung, Universität und Gericht gerechnet werden.

Hinzu kommt, dass die in der alten Bundesrepublik gepflegte Tradition der weltanschaulichen Abstinenz der politischen Parteien einem wachsenden Bedürfnis nach weltanschaulicher Profilierung gewichen ist. Der Erfolg der GRÜNEN ebenso wie der der LINKEN zeigt, dass die strikte Trennung von Weltanschauung und Politik, die die klassischen Volksparteien in Westdeutschland groß gemacht haben, eine Motivationslücke hinterlassen hat, unter der diese jetzt leiden. Obwohl die Wählerklientel der GRÜNEN unter den angekündigten Steuererhöhungen zu leiden hätte, schreckt diese Ankündigung nicht ab, sondern ist vielmehr ein Beweis für den moralischen Wert der Wahlentscheidung. Der Gang zur Wahlurne gleicht dann mehr einem Bekenntnisakt als der rationalen Vertretung eigener Interessen.

Auch im rechtswissenschaftlichen Diskurs sind signifikante Verschiebungen festzustellen. War der Begriff des „Staatskirchenrechts" lange Zeit der Titel, unter dem man alle die Öffentlichkeit betreffenden religionsrechtlichen Fragen subsumierte, so bevorzugen jüngere Staats- und Verfassungsrechtler den Begriff des „Religionsverfassungsrechts". Damit wird zum einen der religiösen Pluralisierung des Gemeinwesens Rechnung getragen, zum anderen aber auch darauf aufmerksam gemacht, dass religionsrechtliche Fragen mit kirchenrechtlichen Fragen nicht identisch sind. So hat das Tragen eines Kopftuches vorderhand nichts mit einer Religionsgemeinschaft zu tun, weil es der Akt eines religiösen Individuums ist. Auch das vom Staat in öffentlichen Räumen angebrachte Kruzifix ist kein staatskirchenrechtliches Problem, weil die Kirchen für die Symbolpolitik des Staates nicht verantwortlich sind. Ein staatlich verordnetes Schulkreuz ist ein zivilreligiöses, kein staatskirchenrechtliches Problem. Der neue Begriff des Religionsverfassungsrechts zeigt aber auch an, dass mit der Pluralisierung des religiösen Feldes neue Herausforderungen auf diejenigen zukommen, die das öffentliche religiöse Leben rechtlich zu regeln haben.

Es lassen sich vier religionspolitische Positionen unterscheiden, die gegenwärtig miteinander um die Deutung religionsrechtlicher Konflikte konkurrieren. Die traditionsreichste und eine prinzipiell intransigente Position nimmt die katholische Kirche ein. Seit dem Investiturstreit beansprucht sie als *sacerdotium* das Recht, als ein global agierendes Gemeinwesen anerkannt zu werden, das gegenüber allen möglichen politischen Regierungsformen des *imperium* Selbständigkeit beansprucht. Dementsprechend ist der Heilige Stuhl ein selbständiges Völkerrechtssubjekt, das mit den Vertretungen anderer Völker Konkordate abschließt. Auch der Begriff „Staatskirchenvertrag", den evangelische Landeskirchen mit Bundesländern abschließen, weckt die Assoziation, dass sich mit Staat und Kirche zwei gleichberechtigte Körperschaften gegenüberstehen, die sich in ihrer Selbständigkeit achten und als selbständige Vertragspartner miteinander kooperieren. Für die protestantischen Kirchen (in Europa) kann ein solches Selbstverständnis aber schon deshalb nicht in Frage kommen, weil sie sich nach der Kirchenspaltung ganz in die Obhut des Staates in Person des Staatsoberhauptes begaben und von diesem bis zum Ende des Staatskirchentums im Jahre 1919 abhängig waren. Die protestantischen Denominationen in den Vereinigten Staaten von Amerika hingegen entwickelten sich in zunehmender Distanz zu den staatlichen Institutionen als zentrale zivilgesellschaftliche Akteure. Auch in Deutschland hat sich der Protestantismus inzwischen zu seiner zivilgesellschaftlichen Rolle bekannt – wenn es Kirchenvertretern auch zuweilen noch schwerfällt, zusammen mit Sportvereinen und Freiwilligen Feuerwehren in einem Atemzug genannt zu werden.

Ganz unabhängig von konfessionellen Traditionen lassen sich in Deutschland quer durch alle Konfessionen und Parteien hindurch drei religionspolitische Positionen unterscheiden: eine kulturalistische, eine laizistische und die verfassungsliberale. Kulturalisten vertreten die Meinung, dass das Christentum wegen seiner kulturprägenden Wirkungen gegenüber anderen Religionen eine Sonderstellung verdiene. Sie empfinden es deshalb nicht als einen Widerspruch, dass islamischen Lehrerinnen das Tragen eines Kopftuches im Unterricht verboten wird, während die öffentliche Präsentation christlicher Symbole an den Schulen erlaubt ist. Kulturalistisch argumentieren auch jene Beschneidungsgegner, die das Beschneidungsritual jenseits aller rechtlichen und religionsgeschichtlichen Abwägungen für Kindesmissbrauch und mit „westlichen Werten" unvereinbar halten. Laizisten plädieren für eine konsequente Privatisierung des Religiösen und die Reinigung des öffentlichen Raumes von religiösen Partikularismen. Laizisten glauben an einen starken, das gesamte öffentliche Leben regulierenden Staat. Angesichts massiver Globalisierungsprozesse, die die nationalstaatliche Autorität untergraben, verliert die laizistische Position aber an Boden. Kritiker der laizistischen Position hatten schon lange vor einer wachsenden „Pastoralmacht des Staates" (M. Foucault) gewarnt. Verfassungsliberale wollen weder dem Christentum einen rechtlichen Vorrang vor anderen Religionsgemeinschaften einräumen noch den öffentlichen Raum zu einem religionslosen Raum machen. Die Unterscheidung von staatlicher und gesellschaftlicher Sphäre, die die Selbständigkeit und Freiheit der in der Gesellschaft sich organisierenden Bürgerinnen und Bürger garantiert, ist für diese Position von grundlegender Bedeutung. Damit wird allen Staatskirchenmodellen ein Riegel vorgeschoben, zugleich aber hält es der Staat nicht für seine Aufgabe, das religiöse Leben zu reglementieren. Seine Aufgabe ist es vielmehr, individuelle wie korporative Religionsfreiheit zu gewährleisten und religiöse Akteure ebenso wie alle anderen zivilgesellschaftlichen Gruppierungen zu fördern. Das mit großer Mehrheit vom Deutschen Bundestag verabschiedete Gesetz, das den Streit um das Kölner Beschneidungsurteil beendete, verdankt sich einem verfassungsliberalen Verständnis von Religionspolitik. Angesichts vieler Misstöne beim Streit um das Kölner Urteil ist es beruhigend zu wissen, dass der Gesetzgeber religionsrechtlich und religionspolitisch besonnen agiert.

Der Titel dieses Heftes „Religion und Recht" ist mit Bedacht neutral formuliert. Man hätte sich auch einen Titel „Religion im Recht" oder „Recht in den Religionen" vorstellen können – das hätte aber eine jeweils andere thematische Zuspitzung erforderlich gemacht. Denn nicht akademische Modelle der Verhältnisbestimmung von Religion und Recht interessierte die Herausgeber, sondern Aufklärung über aktuell schwelende religionsrechtliche und religionspolitische Konflikte. Eine internationale und interreligiöse Perspektive ist dabei in einer sich globalisierenden Welt schon fast eine Selbstverständlichkeit.

Am 14. Juni 2011 verlieh die Theologische Fakultät *Harvey Cox* die Ehrendoktorwürde. Sie ehrte einen Wissenschaftler, für den seine Erfahrungen mit der geteilten Stadt Berlin in den frühen sechziger Jahren genauso prägend waren wie seine Beschäftigung mit der Theologie Dietrich Bonhoeffers. Mit seinem Buch „The Secular City" (1965), das millionenfach verkauft und in viele Sprachen übersetzt wurde, errang Cox internationalen Ruhm. Die deutsche Version des Titels „Stadt ohne Gott?" bewegt sich am Rande der Verfälschung des Inhalts. Nur das

Fragezeichen rettet den Titel vor dem Vorwurf der Fehlinformation. Denn die
Botschaft von Harvey Cox lautete damals wie heute gerade nicht, dass die modernen Städte gottlos seien. Der Klappentext von damals fasst den Inhalt sachgemäß
zusammen: „Nicht als Hindernisse des Glaubens und der Erfüllung des Mensch-
seins sieht er Verweltlichung und Urbanisierung an, sondern als positive Zeichen
dessen, was Gott in der Welt tut. Anonymität und Mobilität des einzelnen Menschen kennzeichnen die moderne Industriegesellschaft. Cox beurteilt sie optimi-
stisch: Die Anonymität empfindet er als Herausforderung zur Reife, als Befreiung
aus der Befangenheit in Konventionen und Traditionen zu großer moralischer
Verantwortung." Cox sah damals in der säkularen Stadt „ein gegenwärtiges Zeichen des Gottesreiches" – nicht nur in dem Sinne, dass nach dem Zeugnis der Apo-
kalypse des Johannes das kommende Reich Gottes eine Stadt sein wird, sondern
auch in dem Sinne, dass der Prozess der Modernisierung uns zu ständigem Aufbruch zwingt. Wie hat sich die Perspektive von Harvey Cox auf die säkulare Stadt
seither verändert? In seinem Vortrag, der den Reigen der Beiträge eröffnet, lässt
Cox keinen Zweifel daran, dass er die Wiederentdeckung des Religionsthemas für
einen signifikanten Wandel in globaler Perspektive hält. Von einer „Wiederkehr
der Religion" will er gleichwohl nicht sprechen, denn diese sei nie weg gewesen.
Die intellektuellen Eliten hätten den religiösen Impulsen auf die säkulare Kultur
schlicht zu wenig Aufmerksamkeit geschenkt. Das westliche Narrativ, demzufolge Religionslosigkeit notwendiges Resultat der Modernisierung sei, sei inzwischen als intellektueller Kolonialismus durchschaut. Europa und die USA verlören
ihren Status als Avantgarde. Sie könnten aber einen Beitrag zu einem neuen Kos-
mopolitismus leisten.

Es ist kein Zufall, dass die Debatten über die Rolle der Religion in der Öffentlichkeit dann besonders leidenschaftlich geführt werden, wenn es um die Kinder
geht. Wer hat das Recht, die heranwachsende Generation religiös-weltanschaulich
zu prägen? Müssen es Schülerinnen und Schüler ertragen, dass sie mit kopftuch-
tragenden Lehrkräften und Kreuzen in Klassenzimmern konfrontiert werden?
Wer bestimmt eigentlich die Inhalte des Religionsunterrichts? Ist Schülerinnen
und Schülern ein öffentliches Gebet auf dem Schulgelände gestattet? Oder präziser: Kann es überhaupt verboten werden? Die Frage des Schülergebets beschäftigte
drei Instanzen: das Verwaltungsgericht Berlin, das Oberverwaltungsgericht Berlin-Brandenburg und schließlich das Bundesverwaltungsgericht in Leipzig. Die
Schulleitung eines Gymnasiums in Berlin-Wedding hatte einem islamischen
Schüler das Beten in der Schule untersagt. Über die rechtliche Problematik des
Falles klärt *Tobias Schieder* auf, die pädagogischen Kollateralschäden besichtigt
Rolf Schieder.

Nicht zuletzt aufgrund seiner Erfahrungen als UN-Sonderberichterstatter über Religions- und Weltanschauungsfreiheit warnt der Erlanger Politikwissenschaftler *Heiner Bielefeldt* davor, das Menschenrecht auf Glaubensfreiheit leichtfertig auf dem Altar kultureller oder politischer Homogenisierungsprogramme zu opfern. Die Religionsfreiheit sei nicht nur durch religiöse Fundamentalisten und Kulturalisten, sondern auch durch Säkularisten bedroht, die die Religionen aus dem öffentlichen Raum zu drängen suchen.

Christian Polke kann in seinem Vergleich der Fassung des Menschenwürdebegriffs bei Hans Joas und Jürgen Habermas zeigen, dass nach wie vor zwei Begründungsstrategien miteinander konkurrieren: Trotz der Würdigung der Rolle der Religionen bei der Genese der Idee der Menschenwürde gilt für Habermas gleichwohl, dass Genese und Geltung zu unterscheiden sind, mithin partikulare Religionstraditionen für eine universale Begründung der Idee der Menschenwürde ausfallen. Demgegenüber plädiert Hans Joas dafür, die Entstehung der Idee der Menschenwürde in einen ideengeschichtlichen Prozess einzuordnen, den schon É. Durkheim als „culte de l'individu" bezeichnet hat und den Joas die „Sakralisierung der Person" nennt. Joas verbindet mit dieser mentalitätsgeschichtlichen Rekonstruktion des Menschenwürdebegriffs die These, dass notwendige Wertegeneralisierungen nicht gegen die partikularen Religionskulturen durchgesetzt werden können, sondern dass dieser Prozess sich in, mit und durch diese vollziehen muss.

Wie ein solches „in, mit und durch" von einer religiösen Minderheit erfolgreich praktiziert werden kann, zeigt Rabbi *Tsvi Blanchard*, Professor für jüdisches Recht an der Humboldt-Universität zu Berlin. Er präsentiert vier Fallstudien – aus der Mischna um 200 n. Chr., aus Südafrika, aus Japan und den USA –, in denen Mediations- und Kompromissfähigkeit aus den religiösen oder weltanschaulichen Traditionen selbst erwachsen und wie umgekehrt eine rücksichtslose Durchsetzung von Universalitätsansprüchen die Achtung eben jener Werte gefährdet, für die der Universalitätsanspruch eigentlich institutionalisiert wurde.

Dem Wunsch deutscher Bürgerinnen und Bürger islamischen Glaubens nach besser ausgebildeten Religionslehrkräften kommen immer mehr Bundesländer nach und richten an ihren Universitäten Institute für die Ausbildung von islamischen Lehrkräften ein. Das wirft die Frage nach der Einrichtung von islamischen theologischen Fakultäten in Analogie zu katholischen und protestantischen Fakultäten auf. *Christian Waldhoff*, Staatsrechtler an der Humboldt-Universität zu Berlin, führt in die diffizilen und komplexen Problemkonstellationen ein. Die jüngsten Auseinandersetzungen um den Professor für Islamische Religionspädagogik an der Universität Münster, Mouhanad Khorchide, zeigen, wie prekär das

Verhältnis von islamischen Gruppierungen zu den Professoren für Islamische Theologie in Deutschland ist. Nach der Veröffentlichung seines Buches „Islam ist Barmherzigkeit" forderten ihn islamische Organisationen aus Hamburg auf, öffentlich zu bereuen und zu den Grundsätzen des Islam zurückzukehren. Darüber hinaus wurde die Einrichtung von Lehrstühlen für Islamische Theologie als Versuch erachtet, einen Staatsislam in Deutschland zu etablieren. Khorchide wies die Vorwürfe zurück und forderte die Muslime in Deutschland auf, trotz unterschiedlicher theologischer Meinungen die Etablierung einer islamischen Theologie an deutschen Fakultäten als gemeinsames Ziel zu verfolgen.[1] Hier zeigt sich eine grundlegende Differenz zu den christlichen Theologien an den Universitäten: Diese genießen mittlerweile das uneingeschränkte Vertrauen der Kirchen.

Der lange Weg der Integration des Islam in die deutsche Gesellschaft sollte nicht noch zusätzlich durch xenophobe Vorurteile behindert werden. Bei der Frage der Kompatibilität von Scharia und deutscher Rechtsordnung plädiert der Erlanger Rechtwissenschaftler *Mathias Rohe* für mehr Gelassenheit. Selbstverständlich entscheide allein die deutsche Rechtsordnung in allen relevanten Bereichen darüber, welche Normen Anwendung finden und durchgesetzt werden. Selbst wenn es in besonderen privatrechtlichen Fällen, wie etwa bei einer Scheidung einer nach nicht-deutschem Recht eingegangenen Ehe, zu einer Abwägung der Rechtstraditionen kommt, so sind dabei stets die Prinzipien deutschen Rechts leitend. Rohe expliziert luzide und engagiert die pluralen Grundlagen islamischer Normativität und warnt vor einer fiktiven Essentialisierung „des Islam". Sein Beitrag schließt mit einem kritischen Rückblick auf die deutsche Beschneidungsdebatte des Jahres 2012.

Den thematischen Abschluss bilden zwei Beiträge zum kirchlichen Arbeitsrecht, die trotz eines ähnlichen Fazits in der Unterschiedlichkeit ihrer Begründung bemerkenswert sind. Der Theologe *Michael Haspel* hält das Konzept der „Dienstgemeinschaft" für unzeitgemäß und für theologisch fragwürdig. Selbst wenn das Konzept unter Tendenzschutzgesichtspunkten von Staats- und Arbeitsrechtlern akzeptiert werde, so fehle dem Begriff ein theologischer Grund. Der Begriff entspreche weder dem protestantischen Berufsverständnis noch nehme er die Differenz zwischen einem katholischen und einem evangelischen Kirchenverständnis ernst. Der Begriff sei von Juristen, nicht von Theologen geprägt worden. Aber auch die empirische Wirklichkeit – nur noch knapp 50 Prozent aller Arbeit-

---

1   www.uni-muenster.de/ZIT/Personen/Professoren/personen_khorchide_mouhanad.html#klarstellung (28.06.2013).

nehmer bei der Diakonie gehören der evangelischen Kirche an – legt es nahe, auf den Begriff der „Dienstgemeinschaft" zu verzichten und auch den „dritten Weg" im Arbeitsrecht zu überdenken. Vorsichtiger argumentiert *Hendrik Munsonius*, wissenschaftlicher Mitarbeiter am kirchenrechtlichen Institut der EKD in Göttingen. Als Jurist ist er bereit, den Begriff der „Dienstgemeinschaft" als „Glaubensbegriff" zu akzeptieren. Dieser müsse dann aber auch an alle Arbeitnehmerinnen und Arbeitnehmer als solcher kommuniziert werden. „Dienstgemeinschaft" sei offenbar keine ein für alle Mal gegebene Wirklichkeit, sondern ein Gestaltungsauftrag. Beide Beiträge konvergieren in der Forderung an Kirche und Diakonie, das Besondere ihrer sozialen Tätigkeit präziser zu reflektieren und zu kommunizieren.

Angesichts einer zunehmenden Pluralisierung des religiösen Feldes ist es nicht zu erwarten, dass Konflikte, die einer rechtlichen Regelung bedürfen, abnehmen werden. Das macht aber erhöhte religionshermeneutische Kompetenzen bei staatlichen Entscheidungsträgern erforderlich. In dieser Lage ist es eigentlich eine merkwürdige Ressourcenverschwendung, wenn die Theologischen Fakultäten fast ausschließlich für die Ausbildung kirchlichen Personals genutzt werden. Für Studierende der Rechts und Gesellschaftswissenschaften wären theologische und religionswissenschaftliche Grundkenntnisse ebenso hilfreich wie elementare Einsichten in das Religionsverfassungsrecht auf Seiten künftiger Pfarrerinnen und Pfarrern. Aber auch in der Forschung ist eine verstärkte transfakultäre Kooperation zwischen juristischen und theologischen Fakultäten dringlich.

Wolfgang Hubers Dankesrede anlässlich der Verleihung des Karl-Barth-Preises am 11. September 2012 auf der Wartburg mit dem Titel „Unerledigte Anfragen an die Theologie" dokumentieren wir am Ende dieses Heftes.

Rolf Schieder

I. Beiträge zum Thema

Harvey Cox

Religion and Politics in the Secular City

On June 26, 1963 I stood on the Schöneberg Rathaus Platz here in Berlin along with 120,000 other people to hear President John F. Kennedy deliver one of his most famous and eloquent speeches, the one in which he said "Ich bin ein Berliner!". I had just finished my doctorate at Harvard and had been in Berlin for a year, serving as an Ecumenical Fraternal Worker, living in the Bundesallee and teaching in the Gossner Mission's lay education center in East Berlin. I commuted four days a week through Checkpoint Charlie. It was an utterly formative year for me, during which I made many friends and struggled with all three of the terms in my topic – religion, secularism and politics.

„Ich bin ein Berliner!"

On both sides of the Wall I found myself immersed in the theology of Dietrich Bonhoeffer and even got to know some people who had been his co-workers. For a year, Berlin had been both my home and my teacher. When I returned to America in 1963 soon after President Kennedy's visit, I started a book, which was published in 1965. In it I drew on my rich experiences here, including the secularization debate, political theology and Bonhoeffer's famous question: How do we speak of God in a non-religious idiom, in a secular age? My intended title for the book was *God in the Secular City*, but the publisher suggested it would sell better simply as *The Secular City*. He was probably right, but the American title, without the word "God", prompted some scholars to lump me in mistakenly with the so-called "death of God" theologians of the 1960's, although I had explicitly and forcefully differed with them in *The Secular City*. It did not help when the title of the German edition was translated (without my approval) into „Stadt ohne Gott?". Many people probably overlooked the question mark. But the thesis of the book was, and still is, a response to Bonhoeffer's question: How do we speak of God in a secular age?

To the publisher's amazement – and mine – the book became a bestseller. It was translated into seventeen languages and eventually sold a million copies.

I still do not understand quite why. Transporting Bonhoeffer's "non-religious" theology from increasingly secular Europe to still famously "religious" America was a daunting, perhaps even a quixotic, enterprise. Still, after nearly half a century, the book is still undergoing translation, most recently into Chinese and Bulgarian. Apparently questions about the relationship between the religious, the secular and the political remain pressing. In fact, as I will suggest in a moment, events of the past few decades have rendered them even more urgent.

I am pleased to return to Berlin and to these questions, because in the years since 1965 a torrent of literature on these topics has flooded academic and church circles. The reasons for this deluge are not hard to discern. Europeans and even some Americans were discovering that their different forms of secularity placed them in a distinct minority in the world. The reason for this is not just some "resurgence of religion" many speak of. Rather religious impulses that had remained quiescent and out of sight once again became visible. In the West many elites had either not noticed these impulses or had dismissed them as the fading residues of a bygone era. In the non-western world they had also continued to be present, but were often temporarily stifled by the imposition of Western laws, education, capitalist economic practices, and colonialism. In some cases colonized people reached back into religious traditions to retrieve symbols and rituals to deploy as weapons against a domination they saw as originating in the secular-Christian West. The "return of the sacred" was also a distinctly political event.

The revolt of "the majority world" against "the West" was of course very selective. Not everything was rejected. Some found democracy attractive. But because western domination had often destroyed traditional mediating institutions, many newly freed democracies soon degenerated into authoritarianism. Some, not all, were drawn to the idea of the sovereign national state. But others, especially in the Muslim sphere, remained suspicious of breaking the pan-Islamic *umma* into separate states. In the past decades we have watched these tendencies play out, most recently in the Arab world.

There was one particularly significant, and for some a surprising, victim of "de-westernization" and post-colonialism. That unexpected victim was secularism. Those westerners who advocated some form of secularism for the majority world often believed they were the bearers of a more advanced civilization. They sponsored a *mission civilatrice* that would rescue benighted peoples from the chains of obscurantism and religion. The secularism the West brought was allegedly non-religious, even anti-religious in some of its forms. Mostly, however, secularism insisted that religion should be strictly confined to the private and personal spheres, a peculiar idea in much of the non-western world. Under secularism the state would be neutral. Education would be non-religious, preparing citizens of any faith or none for citizenship. Secularism was alleged to be fair and rational, progressive and – especially – more civilized. To be *modern* meant to be *secular*. Turkish Kemalism, imposed by a few Turks on all the others, is the most drastic example: Away with the beards and the scarves! But aside from certain privileged elites, the majority of people in what is now called "the majority world" remained deeply distrustful of the whole idea of secularism. Many suspected that it was yet another foreign yoke being pressed on them.

This turn of events shocked scholars into a new, often tempestuous, discussion about the nature of the "secular". In *The Secular City* I had argued that secularization was in large measure a product of Christianity. The same thesis is now advanced by a group of younger thinkers such as the Italian philosopher Gianni Vattimo, who maintains that secularization is the historical continuation of Christianity, expressing its essential self-emptying kenosis. He celebrates it. The Canadian philosopher, Charles Taylor, on the other hand, in *A Secular Age*[1], also contends that secularization is a product of Latin Christendom. But he sees it as a distortion, not a fulfillment. Both writers raise a pressing question: What do we mean by "secular"? Taylor distinguishes three levels of the secular. The first is the institutional separation of religion ("the church") from the state. The second is a palpable decline in the practice of religious rites such as church attendance. The third is a change in "conditions of belief", the cultural atmosphere, what he terms "the social imaginary". But Taylor's portrait has not gone unchallenged. Scholars in *Varieties of Secularism in a Secular Age*[2] contend that all three of Taylor's levels are questionable. In regard to the first, church-state separation, they remind us that "separation" is anything but a fixed concept. It is historically conditioned and appears quite varied from time to time and place to place. French *laïcité*, American constitutional separation of church, German public support for religion, and British "established church secularity" express very different faces of "secularity". It also has varies consequences. By most measures, religious life in America, with its legally mandated separation, is much more robust than in Germany, France or the UK. Separation and secularism can hardly be equated.

About Taylor's second level, religious practice, these critics doubt just how much of a decline there has really been. They deploy statistics and clergy complaints of low attendance and "indifferentism" from previous centuries. And they

---

1   C. Taylor, A Secular Age, Harvard 2007.
2   M. Warner/J. VanAntwerpen/C. Calhoun (Hg.), Varieties of Secularism in a Secular Age, Harvard 2010.

remind us that the pre-modern period, sometimes presented to us as an era of nearly universal religiousness (when belief was "axiomatic" according to Taylor) was in fact characterized by heresies, skepticism and indifference. Otherwise why did the Catholic Church need to resort to inquisitions and to evangelizers like the Dominicans? Besides, some thoughtful researchers, especially in France, contend that today "religiousness" may be changing, becoming more diffuse, rather than declining. Religion may be adapting to new conditions that make the old attendance statistics and belief-unbelief scales less dependable.

Regarding the third level, "conditions of belief" in the contemporary world, was it actually the Enlightenment, urbanization, science or one of the other alleged causes that brought on the current so-called "secular age"? Or did something else also contribute? For example, did the "shock of recognition" felt by the West, during its global expansion upon discovering that there were alternative religions, contribute to changing the conditions of belief in the West itself? The medieval age knew about "Jews, Turks and heretics", as the formula in the old English Book of Common Prayer has it, but the discovery of so many more religions raised questions about the very nature of religion and – therefore, inevitably, about the nature of secularism. Furthermore, these other religions show no sign of disappearing. Far from it, they are even more visible now due to communications technologies and migration. The prediction by an American Protestant bishop in 1900 that since Christianity was the religion of the "dominant powers", by the end of that century it would be the only religion in the world has come to naught. But then, neither has Marx's prediction of the disappearance of religion nor Bonhoeffer's secular "world come of age" arrived. In short, the relationship of religions and secularism is far more complex than most people had anticipated. But one clear result is this: The received "secularization thesis" has been eviscerated and is now in tatters. Still, something has indeed changed, and is continuing to change. Neither religion nor secularization is what it used to be. But what has changed and why?

The Scarf Dance

Symbols are powerful. Take the headscarf for example. What is the inner meaning of the tempestuous argument that erupted recently in Europe – to the puzzlement of many Americans – about the piece of cloth some women wear on their heads? Surely this tempest is not just about scarves. It is about a certain crisis in the Enlightenment-Secular self-understanding of Europe. It is a replay, this time on home soil, of a conflict that once played out abroad. But the same arguments

214   Harvey Cox

and prejudices are still deployed. Sometimes scarves are attacked in the name of *laicité*, sometimes in the name of "Judeo-Christian values". But the same hoary old arguments are retrieved and deployed. Recently a Member of Parliament in the Danish People's Party has likened the headscarf to the swastika. "Muslims", says Pia Kjaersgaard, a leader of the party, "are people who are at a lower level of civilization, with their own primitive and cruel customs like honor killings, forced marriages, *halal* slaughtering, and blood feuds [...] They have come to a Denmark that left the dark ages hundreds of years ago".[3]

Is this a case of "The empire strikes back"? Around what appears at first to be a trivial argument about a piece of wearing apparel, deeper arguments about secularity, gender, politics and religion, which some had thought solved long ago, all come roaring back. The scarf is a superb example of the *multiple of meanings* that can be imposed on a single object. It is useless to ask for a single answer to the question: What does it "mean"? The scarf has no *inherent* meaning. It "means" what-ever its wearer or its viewer want it to mean – and these may be different meanings. It has contradictory political meanings. In Turkey a woman may not appear in court wearing one, but in Saudi Arabia she may not appear in public without one. Histor-ians have also reminded us that during the period of French and other colonialism, wearing Muslim dress was often a quiet but visible expression of rebellion. Worn in Europe today, to some Europeans it conjures a dark fear of the Islamization of the continent. For many Muslim women who wear it in public settings it sends a double message. To the secular-Christian world it says, "I am a *Muslim* woman proud of my cultural heritage, and I refuse to bow to the dictates of the latest fashions from Prada." To her Muslim – especially male – co-religionists the scarf wearing woman is saying, "I am a Muslim *woman*, taking my rightful place in the public arena. I am out. I refuse to languish in the kitchen or the harem."

The scarf controversy is only one among many indications that the standard, inherited Euro-American narrative of evolution from religious obscurantism into secular modernity has become highly questionable. It was a myth, *un grand récit* that we in the West have told ourselves for a long time. If our secularism seemed to be a minority position in the world, many of us insisted that we were simply ahead and that the world would sooner or later catch up. We expected to see our narrative re-enacted in the non-western world, and meanwhile our version of world history provided an ideological rationale for Euro-American imperial projects: "Take up the white man's burden." (Rudyard Kipling, "The White Man's Burden").

---

3 P. Hockenos, Europe's Rising Islamophobia, The Nation v. 09.05.2011, 12.

But this story is coming unwoven, and a new narrative has not yet been spun. As religions, for good or for evil, soar into public prominence all around the world, Europe and America appear no longer to be the *avant garde* of world history.

The unraveling of the secularization narrative had begun before the persistence of religion and the unavoidable reality of religious and cultural pluralism became so starkly noticeable. That narrative had been an optimistic one. But the 20th century with its gulags and holocausts and ruthless bombings of civilians, turned out to be something quite different from the apex of progress. "Secular" and anti-religious regimes seemed just as capable as their religious predecessors of grave horrors. Ms. Kjaersgaard's claim that we in the West live at "a higher level of civilization" sounds far less plausible in 2012 than it might have in 1912.

Is there a link between the secular and modernity? Today the thrust toward modernity continues, but there turn out to be multiple ways, not just one, to be "modern". Some modernities are secular in one of its many forms; some are not. There are also multiple ways of being "secular". The "secularity" I described in The *Secular City*, spawned by Christianity, has now been joined by other "secularities", spawned by Confucian, Buddhist and Muslim cultural traditions. New religious mutations are emerging. Pentecostalism, the fastest growing wing of Christianity, mainly in the non-western world, is expanding in part because it offers people a way of being both "modern" and religious or "spiritual" at the same time.

Basin Street Blues

What can we say about the future of the Secular City, its politics and its religion? Aristotle once mused on the question: "What is a city?" He dismissed the idea that either physical size or population defines a city. His answer was, "A city is a place where strangers meet." Our question then becomes, can the "secular" in the Secular City be understood as only one among the many worldviews that inform and sustain those who are – at some level – the strangers who live within it? Can the religions engage in dialogue with the secular the way they sometimes engage each other? Can the secular understand itself not as the *summum bonum* of history, but as one possible worldview among others? Can the secular become one voice in the choir?

Where can we look for clues to answer these questions? We have already noted that secularism is the sometimes unwanted, unexpected, even rebellious child of a Judeo-Christian culture. But like other children, it has inherited both some of the good features of its parents and – alas – some of the less attractive qualities like its exclusivity, its expansionism and its zeal.

Perhaps secularism can take the next step toward maturity by recognizing that it is itself not a uniform or univocal phenomenon. I have already mentioned the book *Varieties of Secularism in a Secular Age*. The title encapsulates the book's thesis: There is not a single "secularism." Within its realm there are denominations, sects and schismatics, traditionalists and radicals. Intra-secular disputes are often rancorous. Maybe secularism needs its own ecumenical movement.

Are we talking here about the vexed idea of "multiculturalism"? If so, then an American must tread very carefully. As a nation made up of immigrants, Americans can sometimes be haughty about our mixed multitude and snidely dismissive of countries that find immigration to be a threat. But Americans have little reason to swagger. We are a country founded on the near eradication of an indigenous people who were described in the Declaration of Independence as "savages". America's wealth and prosperity were built in large part on the enslaved toil of a people kidnapped from their own land, their culture denigrated and their historical memory erased. Roman Catholics were not viewed as full citizens for many decades, and African-Americans were denied voting rights in large parts of the country until the 1960's. Today some scholars continue to issue dire warnings against the threat to the "Protestant Ethic" posed by immigrants from Latin America. There is little reason for Americans to boast.

If a true city is a place "where strangers meet", it cannot be mono-cultural. It must be a place where the music, culture, art, and religions of the people meet. As an amateur musician, I am the grateful beneficiary of these streams. Jazz is neither African nor American: It is Afro-American, the product of the African *diaspora* in the New World. It came to birth in one of the least mono-cultural cities in America, New Orleans. Interaction with Latin America and the Caribbean has given us salsa, bossa nova and reggae. Where would American music be without the Jewish *diaspora* which brought us George Gershwin and Leonard Bernstein?

As we envision the future of the Secular City, I suggest that we use the term "cosmopolis". It conjures a world city, a pluralistic polis. But, given the ever swirling currents of history, such a city cannot by definition ever be arrived at. It is always incomplete, a work in progress. This is where jazz provides a useful analogy. First, jazz musicians do not rely on a score. They improvise within a chord sequence. They are creators, but within a structure. They are both composers and performers at the same time. There is no blueprint for cosmopolis. We will need to make it up as we go along.

Secondly, jazz is mutually responsive music. It does not rely on baton waving conductors. No one is leading. Jazz players frequently engage in what is called "changing fours". One musician improvises a phrase for four measures, then another picks up on what he or she has just created and elaborates it into a new configuration. Then the process repeats itself. Sometimes jazz groups "pass fours" around to everyone in the ensemble. Cosmopolis will have to be more like a jazz group than a marching band.

As a place where strangers meet, the cosmopolis must nourish genuine encounter. I disagree with my late colleague Prof. Huntington who predicted a "clash of civilizations". He was right to suggest that at the core of every civilization there is a religious tradition. I would add that it is more like a chord sequence than a fully written score. But Huntington was wrong to forecast an inevitable clash. His is a flawed and fatalistic reading. History shows that when religions meet each other they do sometimes clash, but more often they change, mingle and mutate. As Buddhists, Muslims and Hindus move into the West, the West changes, but so do these world faiths. We can see this happening in our own faith; as Christianity moves into the "majority world", its theologies, liturgies and christologies also change. While preserving the core of the Gospel, Christianity in Beijing and Bangalore will be different from the Christianity of Boston or Berlin.

In a few days I will leave Berlin again. I am not sure I will ever have the chance to return. But Berlin will always be a part of me, and now that I have been honored by this great university, I hope that with gratitude, pride and humility I too can say, "Ich bin ein Berliner!"

Zusammenfassung

Ist das Säkulare das *summum bonum* der kulturellen Entwicklung oder eine Weltanschauung neben anderen? Aristoteles definierte die Stadt als den Ort, an dem Fremde sich begegnen. Auch die säkulare Stadt müsste daher ein Ort sein, an dem sich Säkulare und Religiöse, wie bei einer Jazzband improvisierend und gegenseitig anregend, begegnen. Eine solche „Cosmopolis" wäre, gerade in ihrer Unvollkommenheit und ihrem stetigen Werden, ein erstrebenswertes Ziel.

Can the secular understand itself not as the summum bonum of history, but as one worldview among others? Aristotle defined the city as a place where strangers meet. So the secular city can be a place where religious and secular people meet and, like jazz musicians always improvising and elaborating as they go, learn to understand each other. Such a "Cosmopolis", though imperfect and always in the making, would be a goal worth striving for.

ROLF SCHIEDER UND TOBIAS SCHIEDER

Schülergebete in öffentlichen Schulen

Grundrecht oder Verletzung des Neutralitätsgebots des Staates?

Die Diesterweg-Schule liegt an der Böttgerstraße 2 im Berliner Stadtteil Wedding. Sie macht einen aufgeräumten Eindruck – trotz eines auf die Neugestaltung harrenden Schulhofes und einer im Bau befindlichen Turnhalle. Nicht ausgelassen, sondern ausgesprochen diszipliniert bewegen sich die mehrheitlich aus Migrantenfamilien stammenden Kinder auf dem Schulgelände. Etwa ein Drittel der Mädchen tragen ein Kopftuch. Die Schülerinnen und Schüler unterhalten sich mehrheitlich auf Deutsch mit Berliner Akzent.

Ein Gespräch mit der Schulleiterin über die aktuelle religiöse Lage und künftige religionspädagogische Herausforderungen an der Schule nimmt am 24. Mai 2013 einen bemerkenswerten Verlauf. Die Schulleiterin teilt gleich zu Beginn kurz und bündig mit, dass sie sich zum Thema Religion an der Diesterweg-Schule nicht mehr äußere. Auf die Frage: „Haben Sie den Eindruck, dass Sie die in den Gerichtsakten eindrücklich beschriebenen Probleme an Ihrer Schule gelöst haben?", antwortete sie: „Nicht ich habe die Probleme gelöst, die Gerichte haben das getan!" Seit den Gerichtsurteilen sehe die Schulleitung keinen Anlass mehr, das Problem zu thematisieren. Der Religionsunterricht, den die Schule anbiete, gebe hinreichend Raum, Fragen und Herausforderungen religiöser Pluralität zu thematisieren.

Trifft die Einschätzung der Schulleiterin zu? Haben die Gerichte das Problem wirklich gelöst? Und ist es pädagogisch geschickt, sich einem Gespräch über die Kultur des Umgangs mit Religion an dieser Schule zu verweigern? Zumal dann, wenn im Leitbild der Schule sowohl das „Erlernen der Kultur" und das „Lernen über Kulturen" eine zentrale Rolle spielen. Ausdrücklich heißt es im „Leitbild" der Schule, dass „die Existenz verschiedener Kulturen an unserer Schule" eine „besondere Ressource" sei: „Tagtäglich werden dadurch – auch außerhalb des Unterrichts – Erfahrungen über unterschiedliche Lebensformen und -wege ausgetauscht. Diese Interkulturalität wird von Schülern, Eltern und Lehrern als eine Bereicherung empfunden."[1] Wie man den Kulturbegriff unter völliger Ausblendung von Religionskultur pädagogisch sinnvoll zur Geltung bringen kann, war nicht zu erfahren – die Schulleitung verweigerte darüber das Gespräch. Gesprächsfähigkeit in Sachen Religion ist offenbar eine Kompetenz, zu deren Erwerb Berliner Lehrkräfte erst noch ermutigt werden müssen.

1. Die Rechtslage

Die gerichtliche Auseinandersetzung zwischen dem Schüler Yunus K. und der Diesterweg-Schule in Berlin-Wedding durchlief bis zu einem abschließenden Urteil drei Instanzen. Vorausgegangen war eine einstweilige Anordnung durch das Verwaltungsgericht Berlin, die die Schule verpflichtete, dem Schüler zu gestatten, sein Gebet in der Mittagspause zu verrichten. Wie kam es dazu, dass die letzte Instanz, das Bundesverwaltungsgericht in Leipzig, das Verbot des Mittagsgebets durch die Schulleitung am Ende dennoch billigte? Welche Konsequenzen hat das Urteil für andere Schulen in Berlin? Ist das rituelle Mittagsgebet damit an allen Berliner Schulen höchstrichterlich untersagt? In diesem Essay wird zunächst der rechtliche Sachverhalt geklärt. Dann werden die religionspädagogischen Konsequenzen, die aus dem Rechtsstreit zu ziehen sind, diskutiert.

1.1. Öffentliches Beten ist ein Grundrecht von Verfassungsrang

Was waren die maßgeblichen rechtlichen Kriterien für die Urteilsfindung?[2]

Der Schüler wandte sich zunächst an das Verwaltungsgericht Berlin mit dem Antrag, festzustellen, dass er berechtigt sei, in der von ihm besuchten Schule außerhalb der Unterrichtszeit ein islamisches Gebet zu verrichten. Ausgangspunkt für die Prüfung dieser Rechtsfrage war bei allen Instanzen Art. 4 Abs. 1 und 2 GG, der Glaubens- und Religionsausübungsfreiheit gewährleistet. Die Freiheitsgaran-

---

1   Das Leitbild findet sich auf der Homepage des Diesterweg-Gymnasiums; www.diesterweg-gym-nasium-berlin.de/Schule/leitbild.html (03.06.2013).

2   Die Urteile sind im Internet abrufbar:

    1) Urteil des VG Berlin v. 29.09.2009; Az.: 3 A 984.07; www.gerichtsentscheidungen.berlin-bran-denburg.de/jportal/?quelle=jlink&docid=JURE100054709&psml=sammlung.psml&max=true&bs =10

    2) Urteil des OVG Berlin-Brandenburg v. 27.05.2010; Az.: OVG 3 B 29.09; www.gerichtsentschei-dungen.berlin-brandenburg.de/jportal/?quelle=jlink&docid=MWRE100001916&psml=samm-lung.psml&max=true&bs=10

    3) Urteil des BVerwG v. 30.11.2011; Az.: 6 C 20/10; www.bverwg.de/entscheidungen/entschei-dung.php?ent=301111U6C20.10.0&add—az=6+C+20.10&add—datum=30.11.2011 (03.06.2013).

tie des Art. 4 Abs. 1 und 2 GG umfasst nicht nur die innere Freiheit zu glauben oder nicht zu glauben, sondern auch die äußere Freiheit, den Glauben zu bekunden und zu verbreiten, sowie sein gesamtes Verhalten an den Lehren seines Glaubens auszurichten und seiner inneren Glaubensüberzeugung gemäß zu handeln.[3] Die Verrichtung des Gebets fällt in den durch Art. 4 Abs. 1 und 2 GG gewährleisteten Schutzbereich. Dies gilt auch im Bereich der Schule. Insoweit waren sich alle mit der Frage befassten Gerichte einig.

Jede Untersagung des Gebets stellt also einen rechtfertigungsbedürftigen Eingriff in einen elementaren Schutzbereich dar. Die Rechtfertigung eines solchen Eingriffs ist nach der Judikatur des Bundesverfassungsgerichts an enge Voraussetzungen gebunden. Die Religionsfreiheit ist von der Verfassung vorbehaltlos gewährleistet.[4] Jede Einschränkung muss sich aus der Verfassung selbst ergeben.[5] Dies können Grundrechte Dritter sowie Gemeinschaftswerte von Verfassungsrang sein.[6] Die konkrete Beschränkung darf dann nur durch oder aufgrund eines hinreichend bestimmten Gesetzes vorgenommen werden, das zum Schutz dieser Belange von Verfassungsrang erlassen wurde.[7]

Als gesetzliche Grundlage identifizieren die Gerichte den § 46 Abs. 2 Satz 3 des Schulgesetzes Berlin. Hiernach sind die Schülerinnen und Schüler an Vorgaben gebunden, die dazu bestimmt sind, das Bildungs- und Erziehungsziel der Schule zu erreichen und das Zusammenleben und die Ordnung in der Schule aufrechtzuerhalten. Diese Generalklausel kann allerdings nur dann zur Einschränkung der Religionsfreiheit des Schülers herangezogen werden, wenn die erlassene Vorgabe durch die Schule in verhältnismäßiger Weise der Abwehr einer konkreten Gefahr für einen Belang von Verfassungsrang dient. Mit anderen Worten: Es muss ein Belang von Verfassungsrang gefährdet sein, der im konkreten Fall schwerer wiegt als die Religionsfreiheit des Schülers.

Die Gerichte zogen zur Klärung des Sachverhalts
– die Religionsfreiheit der Mitschüler (Art. 4 Abs. 1 und 2 GG),
– das Erziehungsrecht der Eltern (Art. 6 Abs. 1 GG),
– die staatliche Verpflichtung zur religiös-weltanschaulichen Neutralität,
– den staatlichen Erziehungsauftrag (Art. 7 Abs. 1 GG)
– sowie den Schulfrieden (Art. 7 GG) in Betracht.

---

3   BVerfG, Neue Juristische Wochenschrift 43 (2003), 3111.3112, m. w. N.
4   BVerfG (s. Anm. 3), m. w. N.
5   BVerfG (s. Anm. 3), m. w. N.
6   BVerfG (s. Anm. 3), m. w. N.
7   BVerfG (s. Anm. 3), 3115.

Mit wünschenswerter Deutlichkeit stellten sowohl das Verwaltungsgericht Berlin in erster als auch das Bundesverwaltungsgericht in letzter Instanz klar, dass allenfalls die Wahrung des Schulfriedens ein Belang von Verfassungsrang sein kann, auf dessen Grundlage das Recht des Schülers, außerhalb der Unterrichtszeit in der Schule zu beten, beschränkt werden darf.

1.2. Einschränkungen nur durch andere Rechtgüter von Verfassungsrang

Die Argumentation des Bundesverwaltungsgerichts, die von Kommentatoren „schulmäßig"[8] genannt wurde, lässt sich so zusammenfassen: Die *Religionsfreiheit der Mitschüler* wird durch das Gebet nicht berührt.

> „Nach der grundgesetzlichen Konzeption der Religionsfreiheit ist es von vornherein unmöglich, dass der einzelne Gläubige, zu welchem religiösen oder weltanschaulichen Bekenntnis er sich auch immer bekennen mag, gegen einen anderen ein Recht auf religiöse Nicht-Identifikation hätte. Das Menschenbild des Grundgesetzes geht vielmehr davon aus, dass der Einzelne in eine vielfältige, pluralistische Gesellschaft gestellt ist, in der die unterschiedlichsten religiösen und weltanschaulichen Überzeugungen vertreten werden, miteinander konkurrieren und infolgedessen auch um Anhänger werben. Deshalb garantiert Artikel 4 Abs. 1 und 2 GG niemandem das Recht, von anderen nicht durch Beispiel oder Verkündigung in seinem Glauben verunsichert zu werden."[9]

Eine „Drittwirkung" der Religionsfreiheit mit der Folge, dass der einzelne Gläubige sich mit öffentlichen Glaubensbekundungen und Glaubenswerbung zurückhalten müsse, kennt das grundgesetzliche Konzept der Religionsfreiheit nicht.[10]

Insofern ist auch die Einlassung der Schule sowie des Oberverwaltungsgerichts, das Gebet hätte „werbenden Charakter", für die rechtliche Beurteilung irrelevant. Das Bundesverwaltungsgericht nimmt zusätzlich noch eine Abgren-

---

8 F. Hufen, Grundrechte: Religionsfreiheit in der Schule, Juristische Schulung 52,7 (2012), 663-665: 663.664.

9 Vgl. m.w.N.: R. Herzog, Art. 4 Rn. 73, in: Th. Maunz/G. Dürig (Hg.), Grundgesetz. Kommentar, München ⁵³2009.

10 Vgl. Herzog, Art. 4 (s. Anm. 9).

zung zum Kopftuchurteil des Bundesverfassungsgerichts vor,[11] indem es klarstellt, dass den Schülern in keinem Fall die gleichen Verpflichtungen der religiösen Zurückhaltung gegenüber den Mitschülern treffen, wie diese für eine Lehrkraft gelten. Auch aus der Funktion der Grundrechte als Schutzpflichten des Staates ergibt sich keineswegs eine Verpflichtung des Staates, das Gebet zu verbieten. Weder werden die Mitschüler zur Teilnahme gezwungen, noch sind sie dem Gebet ohne Ausweichmöglichkeit „ausgesetzt".

Auch das *Erziehungsrecht der Eltern* aus Artikel 6 Abs. 1 GG, das auch das Recht auf religiöse Erziehung umfasst, geht nicht weiter als die Religionsfreiheit der Kinder selbst. Eltern von Kindern, die ihre Kinder vor dem Kontakt mit religiösen Äußerungen anderer Kinder bewahren möchten, können also nicht von der Schule fordern, diese müsse dafür sorgen, dass andere Kinder das eigene Kind nicht religiös beeinflussen.

Auch die *religiös-weltanschauliche Neutralität des Staates* ist durch die Gestattung des Gebetes in der Schule nicht berührt. Das Neutralitätsgebot verbietet dem Staat die Identifikation mit einer bestimmten Glaubensrichtung sowie die Errichtung einer „Staatskirche". Dennoch ist die staatliche Neutralität nicht als strikte Trennung zwischen staatlicher und religiöser Sphäre im Sinne einer *laïcité* nach französischem oder türkischem Vorbild zu verstehen. Die staatliche Neutralität im Sinne des Grundgesetzes ist eine übergreifende, offene Neutralität.[12] Der Staat verhält sich neutral, um den einzelnen Staatsbürgern nichtneutrale, bekenntnisgebundene Optionen zu eröffnen. Er bewährt seine Neutralität, indem er die Vielfalt der von den Staatsbürgern eingenommenen religiösen und weltanschaulichen Positionen bejaht und nicht als Lästigkeit in den verschiedenen Lebensbereichen zu nivellieren versucht.[13] Nur wenn einseitige religiöse Bekundungen dem Staat zugerechnet werden können, etwa weil sie von einer Lehrkraft vorgenommen werden, kann die weltanschauliche Neutralität des Staates verletzt sein.

Einem Schüler die Verrichtung des Gebets nicht zu verbieten, stellt keine Privilegierung desselben oder seiner Religion dar. Vielmehr gilt umgekehrt: Wer das Argument der religiös-weltanschaulichen Neutralität des Staates anführt, um so ein Verbot religiöser Bekundungen von Schülerinnen und Schülern an einer

---

11 BVerfGE 108, 282.
12 E.-W. Böckenförde, Der säkularisierte Staat. Sein Charakter, seine Rechtfertigung und seine Probleme im 21. Jahrhundert, München 2007, 12ff.
13 Vgl. v. Campenhausen, in: H. v. Magoldt/F. Klein/C. Starck, Grundgesetz Kommentar, Band 3, München ⁵2005, 1917f.; VG Berlin (s. Anm. 2).

Schule ins Feld zu führen, zeigt, dass er mit der religionsrechtlichen Systematik des Grundgesetzes nicht vertraut ist. Der freiheitssichernde Gehalt des Neutralitätsgebots würde mit einer solchen Argumentation in sein Gegenteil verkehrt.[14]

Auch der staatliche Erziehungsauftrag aus Art. 7 Abs. 1 GG wird durch die Verrichtung eines Gebetes nicht berührt. Der Schüler verlangte weder die Freistellung vom Unterricht noch sonstige organisatorische Vorkehrungen, die sich in irgendeiner Weise auf den Unterricht hätten auswirken können. Denn das Gebet sollte in der Pause verrichtet werden. Der staatliche Erziehungsauftrag steht der Ausübung eines Gebetes durch einen Schüler in der unterrichtsfreien Zeit nicht entgegen. Wenn man sich einmal vorstellt, wie viele Gebete täglich vor Klassenarbeiten von Schülerinnen und Schülern gesprochen werden, dann wird deutlich, dass sich Gebete und „staatlicher Erziehungsauftrag" schwerlich ausschließen können – ganz abgesehen davon, dass die Verfassungen der Bundesländer Nordrhein-Westfalen, Baden-Württemberg und Bayern die „Erziehung zur Ehrfurcht vor Gott" von allen ihren Lehrkräften fordern. In Berlin ist das freilich nicht der Fall.

Möglich ist jedoch, dass die *Aufrechterhaltung des Schulfriedens* das Verbot des Gebets rechtfertigen kann. Mit „Schulfrieden" ist ein Zustand der Konfliktfreiheit und der Konfliktbearbeitung gemeint, der einen ordnungsgemäßen Unterrichtsablauf ermöglicht, damit der staatliche Bildungs- und Erziehungsauftrag verwirklicht werden kann.[15] Inwiefern eine Gefährdung des Schulfriedens durch das Gebet eines Schülers zu befürchten ist, war Tatfrage. Das OVG Berlin-Brandenburg hat dies mit Verweis auf die zahlreichen religiös motivierten Konflikte an der Schule bejaht. Das Bundesverwaltungsgericht sah sich an diese tatsächliche Feststellung gebunden und nahm keine Überprüfung des Sachverhaltes mehr vor.

Ist die Gefährdung des Schulfriedens dem Grunde nach festgestellt, dann muss die Untersagung des Gebetes aber noch einer Verhältnismäßigkeitsprüfung standhalten. Das Verbot muss geeignet sein, den Schulfrieden zu bewahren; es muss ferner das bei gleicher Wirksamkeit mildeste Mittel zur Konfliktbewältigung darstellen; und schließlich dürfen bei einer Abwägung zwischen Mittel und Zweck die Nachteile nicht überwiegen.

Es ist schon vonvorne herein zu fragen, ob ein Gebetsverbot überhaupt geeignet ist, den Schulfrieden zu befördern. Gänzlich ausgeschlossen erscheint dies *a priori* nicht. Ein milderes Mittel wäre allerdings die Einrichtung eines Gebetsrau-

---

14 Deutliche Worte finden hier sowohl das VG Berlin sowie das BVerwG (s. Anm. 2).

15 M. w. N.: BVerwG (s. Anm. 2).

mes gewesen, der es dem Schüler ermöglicht hätte, im privaten Rahmen zu beten, ohne den Schulbetrieb und damit den Schulfrieden zu stören. Die Einrichtung eines Gebetsraumes kann jedoch an organisatorische Grenzen stoßen. Eben dies sei an der Diesterweg-Schule der Fall, hatte das Oberverwaltungsgericht festgestellt. Das Bundesverwaltungsgericht sah sich auch hier an die Feststellung des OVG gebunden.

Einem Verbot sind stets erzieherische Mittel vorzuziehen. Erklärtes Erziehungsziel der Schule ist es, ein tolerantes Miteinander zu ermöglichen. Das stellt das Bundesverwaltungsgericht ausdrücklich fest:

> „Die Schule kann danach nicht stets sogleich gegen religiös geprägtes Verhalten eines Schülers vorgehen, wenn es Gegenreaktionen und Unruhe bei anderen Schülern auslöst. Von Fällen bewusster und gewollter Provokation abgesehen, stört nicht der Schüler den Schulfrieden, der nur von der ihm im Grundgesetz verheißenen Glaubensfreiheit Gebrauch macht, sondern derjenige, der daran in einer Weise Anstoß nimmt, die mit den Geboten der Toleranz nicht vereinbar ist. Hierdurch ausgelöste Störungen geben Anlass, sich damit etwa im Unterricht mit dem Ziel, wechselseitiges Verständnis zu wecken, auseinanderzusetzen. Anderenfalls hätten es einzelne oder wenige Schüler in der Hand auch bei einem an sich offenen Klima in der Schule durch unduldsames Anstoßnehmen Störungen herbeizuführen, die dann zum Anlass einseitigen Einschreitens genommen werden."

Man muss hinzufügen: Auch einzelne Lehrkräfte und Schulleiter hätten es dann in der Hand, die Religionsfreiheit willkürlich zu beschränken. Vor allem wenn die Störung des Schulfriedens nicht durch den betenden Schüler, sondern durch Mitschüler verursacht wird, müssen sich die erzieherischen Mittel gegen diejenigen richten, die am Gebet Anstoß nehmen. Erst wenn erzieherische Mittel keinen Erfolg mehr versprechen, kommt ein Verbot in Betracht. Mit anderen Worten: Ein Verbot ist erst dann gerechtfertigt, wenn eine Schule öffentlich bekennt und vor Gericht glaubhaft machen kann, dass sie das Problem pädagogisch nicht mehr lösen kann, mit anderen Worten: als Schule versagt hat. Ob eine Schule gut beraten ist, einen solchen pädagogischen Offenbarungseid zu leisten, muss die Schulleitung und die zuständige Schulverwaltung selbst klären.

Damit die Verhältnismäßigkeit zwischen Zweck (Wahrung des Schulfriedens) und Mittel (Verbot des Gebets) gewährleistet bleibt, muss die Gefährdung des Schulfriedens einen bedenklichen Schweregrad erreicht haben. Angesichts der drohenden Gewissenskonflikte für den gläubigen Schüler, der Bedeutung der Religionsfreiheit und der Bezüge dieser Freiheit zur Menschenwürde ist ein Verbot des Gebetes in der Schule nur in Ausnahmefällen angemessen.

Da die tatsächlichen Feststellungen des OVG der Überprüfung durch das Bundesverwaltungsgericht nicht unterliegen, scheiterte der Schüler letztendlich mit seiner Klage. Ob die Bewertung der Situation an der Schule tatsächlich nicht der Revision unterlag, ist in der Literatur umstritten.[16] Für die grundsätzliche rechtliche Bewertung ist dies aber irrelevant. Die grundsätzlichen Aussagen des Bundesverwaltungsgerichts zur Frage der Zulässigkeit des Gebets in der Schule werden hierdurch nicht in Frage gestellt. Sie kommen hierdurch vielmehr erst richtig zur Geltung.

2. Die Problematik des Urteils des Oberverwaltungsgerichts

Sowohl das Urteil des Verwaltungsgerichts Berlin als auch das Urteil des Bundesverwaltungsgerichts stellen in aller Deutlichkeit klar: Beten in der Schule ist grundsätzlich erlaubt. Die Schule ist kein religionsfreier Raum. Staatliche Neutralität gegenüber den Religionsgemeinschaften bedeutet nicht, religiöse Äußerungen aus dem öffentlichen Raum zu verbannen. Jegliches Verbot muss sich an den Maßstäben der grundrechtlich gewährleisteten Religionsfreiheit messen. Nur wenn der Schulfrieden erheblich gestört ist und so das Erziehungsziel der Schule gefährdet wird, ist ein Verbot auf Grundlage des Schulgesetzes möglich.

Damit ist nicht ausgeschlossen, dass der Gesetzgeber, also das Land Berlin, ein Verbot religiöser Äußerungen im schulischen Raum beschließt. Aber ein solches gesetzliches Verbot muss sich an den Maßstäben der Religionsfreiheit nach Art. 4 Abs. 1 und 2 GG messen lassen. Es wird allenfalls eine generalisierende Gefahreneinschätzung ermöglichen können.[17] Die generelle Verbannung religiöser Äußerungen aus der Schule ist aber aufgrund der verfassungsrechtlichen Vorgaben nicht möglich.

Die im ersten Abschnitt vorgenommene Darstellung der rechtlichen Gesichtspunkte orientierte sich im Aufbau an den Urteilen des Verwaltungsgerichts und des Bundesverwaltungsgerichts. Das Bundesverwaltungsgericht argumentiert auf der Grundlage der bestehenden verfassungsgerichtlichen Rechtsprechung zur Religionsfreiheit aus Art. 4 Abs. 1 und 2 GG weitgehend fehlerfrei und stringent. Fragwürdig ist allein das Endergebnis, bei dem sich das Gericht an die tatsächlichen Feststellungen der Vorinstanz gebunden sah.

---

16 Vgl. C. Enders, JuristenZeitung 67 (2012), 363ff.

17 Vgl. J. Skrzypczak/C. Hörich, „Verbot öffentlichen Betens in der Schule?", Landes- und Kommunalverwaltung 2012, 449–454.

Das Urteil des OVG Berlin-Brandenburg hingegen fällt deutlich aus dem Rahmen. Schon die Fragestellung des Gerichts wirkt voreingenommen. Es fragt nämlich, ob der Schüler einen Anspruch auf Verrichtung seines Gebetes gegenüber der Schule habe. Damit wird aber die „Beweislast"[18] auf den Schüler abgewälzt, die dieser gar nicht hat. Nun muss nicht mehr die Schule sich für ihr angestrebtes Verbot rechtfertigen, sondern der Schüler muss darlegen, dass er an der Schule einen Anspruch auf Religionsfreiheit hat. An späterer Stelle im Urteil fragt sich das OVG gar, ob die Schule das Gebet „dulden" müsse. Diese Fragestellung macht deutlich, dass die religionsrechtliche Ausgangslage vom Oberverwaltungsgericht Berlin-Brandenburg grundsätzlich missverstanden wurde. Die Freiheit des Schülers zum Gebet hat als der Normalzustand zu gelten. Nicht dieser muss sich rechtfertigen, vielmehr muss die Schulleitung in der Lage sein, rechtlich haltbare Gründe für ein Verbot beizubringen.

Freilich kommt auch das OVG Berlin-Brandenburg sehr zügig zu dem Ergebnis, dass ein Anspruch auf das Gebet grundsätzlich aufgrund von Art. 4 Abs. 1 und 2 GG besteht. Gegen diesen Anspruch wird dann aber die „negative Glaubensfreiheit" der Mitschüler, das Erziehungsrecht der Eltern, der Schulfrieden sowie das Gebot der religiös-weltanschaulichen Neutralität des Staates geltend gemacht.

Dann würdigt das Oberverwaltungsgericht die Darstellung der kulturellen und religiösen Konflikte an der Schule, wie sie von der Schulverwaltung vorgetragen wurden. Es unterlässt die rechtliche Prüfung, inwiefern die angesprochenen Belange überhaupt einem Gebet eines Schülers auf dem Schulgelände entgegenstehen können. Genau darauf fokussiert dann das Bundesverwaltungsgericht sein Urteil – und kritisiert damit implizit das Urteil des Oberverwaltungsgerichts. Das OVG macht sich also einfach und direkt an eine Abwägung, ohne präzise festzustellen, was genau abzuwägen ist. So kommt es am Ende zu der in keiner Hinsicht nachvollziehbaren Unterscheidung zwischen dem stillen Gebet, das ja nach wie vor erlaubt sei, und dem vom Kläger begehrten rituellen Pflichtgebet. Der Eingriff in die Religionsfreiheit wird vom OVG wegen der doch noch bestehenden Möglichkeit eines stillen Gebets als nicht schwerwiegend eingestuft. Allerdings widerspricht sich hier das Gericht selbst, da es kurz vorher noch Gutachten eines Islamwissenschaftlers zitiert, aus denen hervorgeht, dass im Islam – anders als im Christentum – ein grundlegender Unterschied zwischen dem stillen Gebet und

---

18 Im Verwaltungsprozess gilt der Amtsermittlungsgrundsatz, weshalb sich Fragen nach der formalen Beweislast nicht stellen. Dennoch ist die Frage nicht unwichtig.

dem rituellen Pflichtgebet besteht. Die Abwägung zwischen einem erlaubten stillen und einem verbotenen rituellen Gebet hat sich weit von den verfassungsrechtlichen Vorgaben entfernt, die das Bundesverfassungsgericht für die Einschätzung religiöser Fragen durch die Gerichte aufgestellt hat. Die Gerichte sind bei der Feststellung, was der einzelne aufgrund seiner Religion als für sich verbindlich erachtet, auf eine Plausibilitätsprüfung beschränkt.[19] Gerade das Selbstverständnis der Religionsgemeinschaften ist hierbei zu beachten.[20] Vor diesem Hintergrund klingt es wie Hohn, wenn das Gericht dem Kläger ein stilles Gebet empfiehlt.

Die rechtlichen Erwägungen des Gerichts sind – wie auch die umfassende Kritik des Bundesverwaltungsgerichts zeigt – nicht haltbar. Warum wurde das Urteil dann nicht aufgehoben? Das verdankt sich dem Umstand, dass das OVG den Schulfrieden im Wedding massiv bedroht sah und das Bundesverwaltungsgericht sich nicht in der Lage sah, dieser Einschätzung zu widersprechen. Da aber als *ultima ratio* ein Verbot des Gebets zur Wahrung des Schulfriedens möglich ist, wies das Bundesverwaltungsgericht die Klage des Schülers letztlich ebenfalls ab.

Es bleibt aber die Frage, ob an der Schule tatsächlich notstandsähnliche Zustände herrschen.[21] Der Sieg der Schule bzw. des Landes Berlin sollte für die Verantwortlichen kein Grund zur Freude sein. Das Bundesverwaltungsgericht stellt deutlich heraus, dass das Verbot des Gebetes nur als *ultima ratio* zulässig ist – also nur, wenn die Schule nicht mehr in der Lage ist, dem Schüler das Gebet zu ermöglichen, ohne den Schulfrieden zu gefährden. Der Blick auf einige grundlegende ordnungsrechtliche Prinzipien kann die Brisanz der Feststellung des Bundesverwaltungsgerichts verdeutlichen: Der Schüler müsste nämlich beim Ausspruch eines Verbotes – ordnungsrechtlich gesprochen – als „Notstandspflichtiger"[22] in Anspruch genommen werden.[23]

Das Polizei- und Ordnungsrecht hat differenzierte Kategorien zur Verantwortlichkeit und Verhältnismäßigkeit entwickelt. Die Begrifflichkeiten sind im außerjuristischen Sprachgebrauch nicht geläufig. Dennoch ist ein Blick hierauf, gerade was die Verantwortlichkeit für die Störung des Schulfriedens betrifft, we-

---

19 BVerfGE 24, 236, 247.

20 BVerfGE 24, 236, 247.

21 Über die Anwendbarkeit der Figur des Polizeilichen Notstandes (entspricht der Heranziehung eines Nichtstörers) im Schulverhältnis vgl. Enders (s. Anm. 16), 363.

22 Synonym zu Nichtstörer.

23 Ausführlich zu dieser Problematik: Skrzypczak/Hörich, Verbot öffentlichen Betens (s. Anm. 17), 449.

gen ihrer klaren Struktur erhellend.[24] Bei der Frage, inwiefern eine Person im öffentlichen Recht für die Beseitigung einer Störung herangezogen werden kann, ist der Begriff der „Polizeipflicht" geprägt worden. Das Ordnungsrecht kennt verschiedene Kategorien der Verantwortlichkeit. Zunächst ist der Handlungsstörer zu nennen. Das ist derjenige, der eine Störung durch sein Verhalten zurechenbar verursacht.[25] Dass das Gebet selbst unmittelbar störend für den Schulfrieden war, wurde in keiner Instanz festgestellt. Vielmehr ging die Schulleitung davon aus, dass sich durch das Gebet schwelende religiöse Konflikte an der Schule verschärfen würden, das Gebet also mittelbar zu schweren Beeinträchtigungen führen könne. Bei mittelbaren Beeinträchtigungen kennt das Ordnungsrecht die Figur des Zweckveranlassers. Als Zweckveranlasser herangezogen werden kann aber nur, wer die Störung billigend in Kauf nimmt. Auch hiervon kann im gegebenen Fall keine Rede sein. Der Schüler wollte nicht provozieren oder schwelende Konflikte verschärfen. Insofern bleibt allein eine Verantwortlichkeit als Nichtstörer oder als Notstandspflichtiger.[26] Eine Inanspruchnahme kommt nur soweit und solange in Betracht, wie kein anderer Pflichtiger sinnvollerweise[27] herangezogen werden kann und auch die Schule außerstande ist, die Störung selbst, etwa durch erzieherische Maßnahmen, Einrichtung eines Raumes oder ähnliches, zu beseitigen.[28] Eine Notstandssituation kann sich keine Schule und auch keine Verwal-

---

24 So besteht nicht die Gefahr, sich in den auf den ersten Blick „weichen" Kriterien einer Abwägung zu verlieren.

25 Vgl. § 13 ASOG Berlin.

26 So auch H. Rubin, Das islamische Gebet in der Schule, Jura 34 (2012), 718; Vgl. § 16 ASOG Berlin. Als weitere Kategorie kennt das Ordnungsrecht den sogenannten Zustandsstörer (§ 14 ASOG Berlin). Diese Kategorie erfasst Verantwortlichkeiten für gefahrverursachende Gegenstände aufgrund einer Eigentümer- oder Besitzerstellung und ist hier nicht von Bedeutung.

27 Im Ordnungsrecht gilt das Opportunitätsprinzip. Die Wahl der Mittel und Verantwortlichen ist dem Hoheitsträger überlassen und steht in dessen pflichtgemäßem Ermessen. Leitgedanke ist die effektive Gefahrenabwehr. Die doppelte Subsidiarität bei der Inanspruchnahme des Notstandspflichtigen grenzt das Auswahlermessen ein.

28 Zur Verdeutlichung ein kurzer Vergleich aus dem Versammlungsrecht: Ein Demonstrationszug möchte gerne eine bestimmte Route durch die Innenstadt am Rathaus vorbei nehmen. Diese Route wird von Gegendemonstranten besetzt. Die Polizei befürchtet Zusammenstöße. Eine Umleitung des Demonstrationszuges an der Innenstadt vorbei ist zwar, zur Vermeidung dieser Zusammenstöße möglich aber eben erst, wenn weder die Gegendemonstranten in Anspruch genommen werden können, noch die Polizei selbst die Sicherheit gewährleisten kann. Die Anordnung der Umleitung erfolgt dann auf Grundlage des Versammlungsgesetzes und die Demonstration wird als „Nichtstörer", als letztes Mittel in Anspruch genommen.

tung wünschen. Die angestrebten Erziehungsziele[29] wurden dann offensichtlich nicht erreicht. Schulische Bildung und Erziehung an Berliner Schulen sollen die Schülerinnen und Schüler befähigen, die eigene Kultur sowie andere Kulturen kennen zu lernen und zu verstehen, Menschen anderer Herkunft, Religion und Weltanschauung vorurteilsfrei zu begegnen, zum friedlichen Zusammenleben der Kulturen durch die Entwicklung von interkultureller Kompetenz beizutragen und für das Lebensrecht und die Würde aller Menschen einzutreten. Wie sollen diese Ziele aber jemals an der Diesterweg-Schule erreicht werden, wenn die dort tätigen Lehrkräfte die Gerichte in Anspruch nehmen müssen und zur Wahrung des Schulfriedens die ansonsten rechtmäßige Ausübung der selbstverständlichsten Freiheiten untersagen müssen.

Statt einen langen Rechtsstreit über die grundsätzliche Zulässigkeit eines Verbotes zu führen, wäre die hier investierte Energie besser in die Beseitigung der prekären Zustände geflossen. Durch den Rechtsstreit ist immerhin ein zuverlässiger Indikator für das Erreichen des Erziehungsziels nach § 3 Abs. 3 Nr. 3 SchulG Berlin[30] gewonnen. Ist dieses Erziehungsziel an einer Schule auch nur annähernd verwirklicht, so besteht für ein Verbot weder Anlass noch Grund.

3. Religionspädagogische Erwägungen

Es ist also ein pädagogisches Armutszeugnis, wenn es der Gerichte bedarf, um den Schulfrieden an einer Schule wieder herzustellen. Und es braucht schon einen starken Glauben an die Macht des Staates, wenn man mit den Urteilen die Hoffnung verbindet, die in der Urteilsbegründung des OVG in lebendigen Farben gezeichneten Zustände an der Diesterweg-Schule würden sich auf diesem Wege verbessern lassen. Glaubt jemand ernsthaft, dass mit einem Verbot des rituellen Mittagsgebets Machtkämpfe rivalisierender Jugendlicher beendet werden können? Die Verächtlichmachung von Minderheiten wird weitergehen und der aus Großbritannien bekannte Versuch von islamistischen Jugendlichen, ihre Version des Islam zu propagieren, wird auf diesem Wege nicht zu stoppen sein. Wer diese

---

29 § 3 SchulG Berlin.

30 „Schulische Bildung und Erziehung sollen die Schülerinnen und Schüler insbesondere befähigen, [...] die eigene Kultur sowie andere Kulturen kennen zu lernen und zu verstehen, Menschen anderer Herkunft, Religion und Weltanschauung vorurteilsfrei zu begegnen, zum friedlichen Zusammenleben der Kulturen durch die Entwicklung von interkultureller Kompetenz beizutragen und für das Lebensrecht und die Würde aller Menschen einzutreten, [...].“

Jugendlichen durch schulische Verbote noch dazu ermutigt, Religion zum Identitätsmarker zu machen, sollte sich nicht darüber wundern, dass der Schulfrieden gestört ist.

Die Diesterweg-Schule steckt in der Säkularismusfalle. In ihrer alten Schulordnung fand sich zwischen dem Handyverbot und Vorschriften zum Schutz der Umwelt unter der Ziffer 16 folgende Regelung: „Die Diesterweg-Schule ist in weltanschaulicher und religiöser Hinsicht dem Neutralitätsgebot der Schule verpflichtet. Die Ausübung religiöser Riten erfolgt im Rahmen des Religionsunterrichts." Diesen Passus muss man wohl so interpretieren: Der Religionsunterricht ist nicht in das Schulprofil der Schule integriert, sondern der Ort, an dem ansonsten verbotene religiöse Rituale vollzogen werden. Dabei wäre religiöse Bildung möglicherweise gerade die Maßnahme, mit deren Hilfe man den Islamisten an der Schule das Wasser abgraben könnte. Denn deren Auslegung des Islam ist eine Minderheitenmeinung – und gerade darauf könnte ein Islamunterricht als ordentliches Lehrfach nachhaltig aufmerksam machen. Stattdessen deutet die Schulleitung das Neutralitätsgebot als strikte Nichtbefassung mit der Religionsfrage, anstatt es lediglich als Privilegierungsverbot bei gleichzeitiger Moderationspflicht zu lesen.

Anstatt der Schulleitung zu empfehlen, die mit Hilfe religiöser Semantik geführten Konflikte durch mehr religiöse Aufklärung zu lösen, unterstützte das Oberverwaltungsgericht den Verdrängungskurs der Schule auch noch – und zwar mit bemerkenswert schiefen Argumenten. So wird behauptet, die Schule müsse zwischen „positiver" und „negativer Religionsfreiheit" ausgleichen. Was aber soll man sich unter „negativer Religionsfreiheit" vorstellen? Eine Analogiebildung zur „positiven" und „negativen Pressefreiheit" erlaubt einen frischen Blick auf diese juristische Unterscheidung, die sich in keinem Gesetzestext findet, sondern lediglich ein Kommentar dazu ist. Die positive Pressefreiheit garantiert jeder Zeitung das Erscheinen. Die negative Pressefreiheit garantiert jedem Bürger, dass sie von niemandem gezwungen werden dürfen, die BILD-Zeitung zu lesen – sie dürfen sogar das Lesen von Presseerzeugnissen ganz unterlassen. Allerdings wäre es absurd, wenn diejenigen, die von ihrem Grundrecht auf negative Pressefreiheit Gebrauch machen, auf das Verbot von Presserzeugnissen zu drängen, weil sie sich von diesen belästigt fühlen. Genauso verhält es sich mit der Religion. Jeder darf sie praktizieren, muss dies aber nicht. Wer sie nicht praktizieren will, hat aber keinen Anspruch auf Schutz vor der Religiosität seiner Mitbürgerinnen und Mitbürger, sofern sich diese in den Grenzen der Gesetze bewegt.

Das Oberverwaltungsgericht scheint aber ein Verständnis von „negativer Religionsfreiheit" zu haben, demzufolge Atheisten und Agnostiker einen Anspruch darauf haben, von Staats wegen vor religiösen Bürgerinnen und Bürgern geschützt zu werden. Dieses Denken folgt einer Logik, der zufolge das Nichtreligiöse das Normale und das Religiöse das Abweichende ist. Übersehen wird dabei, dass auch ein Atheist und ein Agnostiker von seinem Recht auf „positive Religions- und Weltanschauungsfreiheit" Gebrauch macht. Auch der Glaube an keinen Gott ist ein Glaube. Religion ist eine Weltanschauung, die mit Gott rechnet. Daneben gibt es Weltanschauungen, die statt an Gott an die Natur, die Evolution, die Selektion, die Macht, das Böse etc. glauben. Aber für diesen Glauben muss man genauso das Recht auf „positive Religions- und Weltanschauungsfreiheit" in Anspruch nehmen, wie für einen Glauben im Rahmen der Glaubenslehren der großen Weltreligionen.

Das Grundgesetz selbst kennt weder eine „negative" noch eine „positive Religionsfreiheit" – das sind rechtswissenschaftliche Interpretamente, die an den Verfassungstext herangetragen werden. Gleiches gilt für den im Urteil stark strapazierten „Erziehungs- und Bildungsauftrag des Staates". Auch davon ist im Grundgesetz nicht die Rede. Dort heißt es lediglich, dass das gesamte Schulwesen unter der „Aufsicht des Staates" stehe. Dass aus dieser passiven, auf Subsidiarität setzenden Formulierung im Grundgesetz in den letzten Jahren von den Verfassungsrichtern ein „Erziehungsauftrag des Staates" gemacht wurde, sagt sehr viel über die in Deutschland herrschende Staatsfrömmigkeit. Es scheint ein unhinterfragter zivilreligiöser Konsens zu sein, dass der Staat ein hervorragender Erzieher sei, der Kinder und Jugendlichen vor den schädlichen Einflüssen der Religionen zu schützen habe. Es scheint an der Zeit, geltend zu machen, dass jeder Bürger ein Recht auf „negative Zivilreligionsfreiheit" hat, das mich als Bürger vor erzieherischen Übergriffen des Staates zumindest dann zu schützen hat, wenn sich der Staat Eingriffe in meine positive Religionsfreiheit erlaubt.

Die Schulleitung der Diesterweg-Schule kann sich auf den Lorbeeren des errungenen Sieges nicht ausruhen. Vielmehr ist ihr zu empfehlen, sich mit dem Kollegium in Ruhe in die Schriften des Namenspatrons der Schule zu vertiefen. Dieser große Pädagoge des 19. Jahrhunderts war der Überzeugung, dass eigentlich jeder Lehrer ein Religionslehrer sei.[31] Zwar war ihm jede konfessionelle Indoktrination zuwider, aber die Exklusion des Religionsthemas aus dem Schulcurriculum käme ihm heute genauso gewaltsam vor wie die staatskirchliche Restauration im 19. Jahrhundert. Die Diesterweg-Schule braucht einen gebildeten Diskurs

---

31 F. A. W. Diesterweg, Jeder Lehrer – ein Religionslehrer (1852), in: Dialog Schule-Wissenschaft. Klassische Sprachen und Literaturen 10, 3–14.

über Religion. Nicht Verbote, sondern ein offener Dialog über religiöse Pluralität sichern den Schulfrieden.

Dieser Dialog kann aber nur dann stattfinden, wenn zunächst die Lehrkräfte selbst sich nicht nur religionskundliche Grundkenntnisse aneignen, sondern zum offenen interreligiösen Dialog befähigt werden. Geradezu grotesk mutet es an, wenn die Diesterweg-Schule einerseits in ihrem Leitbild davon spricht, dass die Vielfalt der Kulturen an der Schule ein hohes Potential bereit halte, wenn aber andererseits Kultur unter strikter Ausblendung von Religion thematisiert wird. Das wird dem Kulturbegriff weder in historischer noch in lebensweltlicher Hinsicht und schon gar nicht im Blick auf die Bedeutung religionshermeneutischer Kompetenzen für die Zukunft der Schülerinnen und Schüler gerecht.

Inzwischen ist der Schulordnungsartikel, das religiöse Leben betreffend, geändert worden. Dort heißt es jetzt: „Die Diesterweg-Schule ist in weltanschaulicher und religiöser Hinsicht dem Neutralitätsgebot des Staates verpflichtet. Die demonstrative Ausübung von religiösen Riten und weltanschaulichen Handlungen ist im Interesse des Schulfriedens untersagt."[32] Bereits die Tatsache, dass sich ein derart verfassungsrechtlich problematisches Verbot in der Schulordnung unter der Rubrik „Allgemeines" neben der Aufforderung zum gegenseitigen Respekt und Bedeutung der deutschen Sprache findet, ist bemerkenswert. Das Junktim zwischen dem Neutralitätsgebot des Staates und dem Verbot religiöser Riten belegt, dass die Kernaussagen des Bundesverwaltungsgerichts zum Neutralitätsgebot des Staates und dessen Auswirkungen im schulischen Bereich entweder nicht verstanden oder bewusst ignoriert wurden.

Ein Verbot in dieser allgemeinen Form hat das Bundesverwaltungsgericht nicht gebilligt. Es hat lediglich entschieden, dass im gegebenen Einzelfall das Verbot zur Wahrung des Schulfriedens ausgesprochen werden konnte. Die Feststellung der Gefährdung des Schulfriedens muss aber zwingend stets von neuem im Einzelfall erfolgen. Die generelle Abschätzung, dass das Beten auf dem Schulgelände den Schulfrieden gefährdet, obliegt in formeller Hinsicht allein dem Gesetzgeber. Im Falle von politischen Äußerungen beispielsweise ist diese Abwägung zulasten des Grundrechts der Meinungsfreiheit ausgefallen und wurde vom Ge-

---

32 Abrufbar unter: www.diesterweg-gymnasium-berlin.de/service/schuelerschaft-eltern/schulordnung.html.

33 Inwiefern ein gesetzliches Verbot des Betens auf dem Schulgelände zulässig wäre, soll an dieser Stelle nicht erschöpfend erörtert werden. Auch ein gesetzliches Verbot begegnet schwerwiegenden Bedenken; vgl. für den Fall der Meinungsfreiheit: D. Suhr, Ein Schul-Fall zur streitbaren Meinungsfreiheit, Neue Juristische Wochenschrift 20 (1982), 1065–1070.

setzgeber in § 48 Abs. 5 SchulG Berlin verboten.[33] Ob dies aber auch für die Ausübung der Religionsfreiheit gelten kann, ist für Berliner öffentliche Schulen noch nicht geklärt. Rechtsstaats- und Demokratieprinzip verpflichten den Gesetzgeber die wesentlichen Entscheidungen im Schulwesen selbst zu treffen, insbesondere dann, wenn wichtigen Gemeinschaftsrechten oder Rechten Dritter der Vorrang vor dem Grundrecht der Religionsfreiheit eingeräumt werden soll.[34] Schon aus diesem Grunde ist das in der Schulordnung niedergelegte generelle Verbot des Betens auf dem Schulgelände verfassungswidrig.

Bedenklich ist aber auch die Unterscheidung zwischen einer demonstrativen und einer nicht demonstrativen Religionsausübung. Das Verbot zielt offensichtlich auf das muslimische Pflichtgebet mit den vorgeschriebenen „demonstrativen" Niederwerfungen in Richtung Mekka. Christen, Atheisten oder Agnostiker sind von einem so formulierten Verbot nicht betroffen. Gerade so wahrt die Schule die von ihr ins Feld geführte religiös weltanschauliche Neutralität nicht.

Die religionspädagogische Strategie der Diesterweg-Schule ist eine Verdrängungsstrategie. Für eine Weile mag das konfliktlösende Wirkungen zeigen – um eine dauerhafte und nachhaltige, vor allem aber pädagogisch verantwortliche Strategie handelt es sich nicht. Die Wiederkehr des Verdrängten ist ein vielfach beobachtetes und beschriebenes sozialpsychologisches Phänomen, das auch die Diesterweg-Schule nicht ignorieren kann. Man kann sich des Eindrucks nicht erwehren, als sei Religion „der Elephant im Wohnzimmer" der Diesterweg-Schule. Mit der Metapher vom Elephanten im Wohnzimmer soll darauf aufmerksam gemacht werden, dass es für soziale Gruppen zuweilen Probleme gibt, die so groß geworden sind, dass man sich scheut, sie zu thematisieren. Durch Verschweigen verschwinden sie aber nicht. Man darf also gespannt sein, wann sich die Diesterweg-Schule zu einem gebildeten Umgang mit ihren Religionskulturen durchringt.

Zusammenfassung

Im Jahre 2008 vollzog ein muslimischer Schüler an der Diesterweg-Schule in Berlin das rituelle Mittagsgebet während der Pause im Flur der Schule. Die Schulleitung untersagte daraufhin das Beten auf dem Schulgelände. Der Schüler klagte gegen dieses Verbot und berief sich auf seine grundrechtlich gesicherte Religions-

---

34 Vgl. Suhr, Schul-Fall (s. Anm. 33); Zur Meinungsäußerung in der Schule anhand bayrischen Verfassungsrechts: BayVerfGH, Neue Juristische Wochenschrift 20 (1982), 1089; zur Wesentlichkeitslehre im Schulrecht m.w.N.: BVerfG, Neue Juristische Wochenschrift 17 (1982), 921.

freiheit. Das Verwaltungsgericht Berlin gab 2009 dem Schüler recht, das Oberverwaltungsgericht hingegen sah eine Gefährdung des Schulfriedens für gegeben und gab der Schulleitung recht. Das Bundesverwaltungsgereicht in Leipzig unterstrich in seiner Urteilsbegründung das grundsätzliche Recht der Schüler auf freie Religionsausübung an der Schule, sofern dadurch weder der Unterricht beeinträchtigt noch der Schulfrieden in nicht hinnehmbarer Weise gefährdet sei. Ein Gebetsverbot komme nur in begründeten Einzelfällen in Frage. Die betroffene Schule las das Urteil freilich als Bestätigung ihres Gebetsverbotes, das sie mit der „religiös-weltanschaulichen Neutralität des Staates", der sich die Schule verpflichtet wisse, begründet. Dieser Essay analysiert die Urteile und erörtert die pädagogischen Probleme.

In 2008, a Muslim student prayed publicly in the hallway of the Diesterweg-Schule in Berlin-Wedding. Thereupon the director of the school prohibited public prayers arguing that this might cause religious conflicts. The student sued the school for violating his right of religious freedom. While the Verwaltungsgericht ruled in favor of the student, the Oberverwaltungsgericht turned him down by arguing that such a prayer might endanger what it called "Schulfrieden" ("peace of the school"). The Bundesverwaltungsgericht as the highest judicial authority made clear that prayers by students are protected by the basic law – infringements are only justifiable in case of a proven conflict with other basic rights. In any case there can be no general prohibition. Nevertheless the Diesterweg-Schule felt encouraged and keeps the prohibition up. This essay analyses the legal reasoning of the courts involved and discusses the pedagogical problems.

HEINER BIELEFELDT

Die Religions- und Weltanschauungsfreiheit als Menschenrecht

I. Alte und neue Vorbehalte

Das Menschenrecht der Gedanken-, Gewissens-, Religions- und Weltanschauungsfreiheit (im Folgenden meist kurz „Religionsfreiheit" genannt) kann vielfältige Ängste auslösen. Beispielsweise war es für die römisch-katholische Kirche anderthalb Jahrhunderte lang der größte Stolperstein auf dem schwierigen Weg in die Moderne, bis mit der Konzilserklärung „Dignitatis Humanae" im Dezember 1965 schließlich die Wende zu seiner Anerkennung gelang.[1] In vielen Regionen der Welt stößt die Religionsfreiheit auch heute noch auf grundsätzliche Widerstände, weil man sie mit modernen Emanzipationsbestrebungen sowie mit tief reichenden Pluralisierungs- und Säkularisierungsprozessen in Verbindung bringt, die althergebrachte religiöse und religionspolitische Verhältnisse unter Veränderungsdruck stellen. Daher rührt das Interesse, dieses Menschenrecht konservativ einzuhegen, es auf einen Kanon traditionell akzeptierter Religionen zu begrenzen und dem Staat zugleich Möglichkeiten einzuräumen, im Namen der öffentlichen Ordnung oder der nationalen Identität religiös-weltanschauliche Freiheits- und Gleichberechtigungsansprüche in Schranken zu weisen. Besonders häufig richten sich restriktive, diskriminierende oder gar offen repressive Maßnahmen gegen Konvertiten, Dissidenten, neue religiöse Bewegungen, missionierende Gemeinschaften oder solche Gruppierungen, die irgendwie mit dem „Ausland" in Verbindung zu stehen scheinen.[2]

Während solche konservativen Vorbehalte alt bekannt und vielerorts nach wie vor verbreitet sind, artikuliert sich neuerdings – vor allem in Westeuropa – verstärkt auch eine im Namen von Liberalismus oder Säkularismus vorgebrachte Skepsis,[3] die die Religionsfreiheit mit religiösem Klientelismus, Unfreiheit und

---

1 Vgl. M. Heimbach-Steins, Religionsfreiheit. Ein Menschenrecht unter Druck, Paderborn 2012.

2 Vgl. dazu die länder- bzw. themenspezifischen Berichte, die ich in meiner Funktion als UN-Sonderberichterstatter für Religions- und Weltanschauungsfreiheit durchführe, verfügbar unter: www.ohchr.org/EN/Issues/FreedomReligion/Pages/Annual.aspx.

3 Es sei hier nur angemerkt, dass die beiden Begriffe Liberalismus und Säkularismus keineswegs austauschbar sind.

dem Interessen an der Wahrung etablierter Privilegien assoziiert. Gelegentlich wird unterstellt, es handele sich um ein „Sonderrecht" der religiös Interessierten, das mit menschenrechtlichen Prinzipien von Universalismus, Gleichheit und Nicht-Diskriminierung nicht zusammenpasse. Die Vorbehalte münden manchmal in die Behauptung, dass die Religions- und Weltanschauungsfreiheit in den Kanon der Menschenrechte nicht eigentlich hineingehöre. Reicht es nicht, so die neuerdings immer öfter aufgeworfene Frage, wenn alle Menschen in ihrer Privatsphäre respektiert werden und ihre Rechte auf Meinungs-, Versammlungs- und Vereinigungsfreiheit haben? Wäre es nicht an der Zeit, sich auf die Französische Revolution zu besinnen, die in ihrer Menschen- und Bürgerrechtserklärung von 1789 kein eigenes Recht auf Religionsfreiheit kannte, sondern sich auf die Klarstellung beschränkte, dass im Rahmen der Meinungsfreiheit alle Anschauungen, „selbst religiöser Art", frei geäußert werden dürften?[4]

Die Religionsfreiheit steht somit, idealtypisch zugespitzt, von zwei Seiten unter Druck: von Seiten eines religiösen oder religionspolitischen Konservatismus, der Angst vor der Freiheit hat, immer deutlicher aber auch von Seiten eines mehr oder minder liberalen Säkularismus, der mit dem Thema Religion generell Schwierigkeiten hat. Die komplementären Befürchtungen bestärken sich vielfach wechselseitig. Im Blick auf einen sich derzeit ausbreitenden religionspolitischen Autoritarismus, insbesondere in großen Teilen der islamischen Welt, finden religionskritische Säkularisten Argumente für eine restriktive Agenda, die Gesichtspunkten der Religionsfreiheit generell wenig Raum belässt. Genau dadurch nähren sie wiederum den Verdacht mancher Konservativer oder Traditionalisten, dass im Namen der westlichen Moderne zuletzt die Zerschlagung religiöser Identitäten und die Auflösung religiöser Loyalitätsbande drohen. In Gesellschaften, die noch am Erbe postkolonialer Demütigung zu tragen haben, können solche Befürchtungen mit Verschwörungsvorstellungen verschmelzen und sich sogar zur – nicht selten bewusst geschürten – politischen Paranoia auswachsen.

Der vorliegende Aufsatz hat zum Ziel, die Religions- und Weltanschauungsfreiheit, die in der Allgemeinen Erklärung der Menschenrechte, im Internationalen Pakt über bürgerliche und politische Rechte und anderen internationalen Dokumenten als Menschenrecht verbürgt ist,[5] gegen alte wie neue Vorbehalte zu

---

4   Artikel 10 der Erklärung der Menschen- und Bürgerrechte vom August 1789 lautet: „Niemand soll wegen seiner Anschauungen, selbst religiöser Art, belangt werden, solange deren Äußerung nicht die durch das Gesetz begründete öffentliche Ordnung stört."

5   Die Religionsfreiheit findet sich auf globaler Ebene in Artikel 18 der Allgemeinen Erklärung der Menschenrechte von 1948 und ebenfalls in Artikel 18 des Internationalen Pakts über bürgerliche

verteidigen. Dabei geht es allerdings nicht um eine bloß theoretische Ausräumung von Missverständnissen, wie sie in Sachen Religionsfreiheit tatsächlich in großer Zahl existieren, sondern darüber hinaus um die Erarbeitung einer konsequenten menschenrechtlichen Perspektive, die sich in einer entsprechenden *Praxis* der Religionsfreiheit bewähren muss. Zur Orientierung dienen dabei die Prinzipien, die den Menschenrechtsansatz im Ganzen tragen. Es sind dies (1) der normative Universalismus, wonach die Menschenrechte *allen Menschen* aufgrund ihrer Würde zukommen; (2) die *freiheitliche Ausrichtung* der Menschenrechte; schließlich (3) das schon im Universalismus angelegte Postulat der *Gleichberechtigung*, praktisch ausformuliert in Verboten der Diskriminierung.[6] Formelhaft verdichtet findet sich diese Struktur in Artikel 1 der Allgemeinen Erklärung der Menschenrechte, dessen viel zitierter erster Satz lautet: „Alle Menschen sind frei und an Würde und Rechten gleich geboren."

II. Privilegierung religiös engagierter Menschen?

Der Verdacht der Privilegierung religiös interessierter Menschen liegt beim Begriff der Religionsfreiheit geradezu auf der Hand. Deshalb gilt es immer wieder daran zu erinnern, dass es sich dabei nur um die Kurzformel für ein Menschenrecht handelt, das weitaus umfassender angelegt ist und dessen eingangs bereits zitierter vollständiger Titel „Gedanken-, Gewissens-, Religions- und Weltanschauungsfreiheit" lautet. Im Englischen heißt es weniger schwerfällig „freedom of thought, conscience, religion or belief". Der Gesamttitel ist vermutlich zu lang, als dass er sich im alltäglichen Sprachgebrauch durchhalten ließe. Und während es einigermaßen üblich geworden ist, im Englischen zumindest von „freedom of religion or belief" zu sprechen, wirkt im Deutschen selbst die entsprechende Doppelformel „Religions- und Weltanschauungsfreiheit" schon zu umständlich, als dass sie gegenüber der gängigen Kurzformel eine Chance auf regelmäßige Verwendung hätte.[7] Umso wichtiger sind dann aber erläuternde Klarstellungen.

---

und politische Rechte von 1966. Im November 1981 verabschiedeten die Vereinten Nationen außerdem die Erklärung zur Abschaffung aller Formen religiöser Intoleranz und religiös oder weltanschaulich basierter Diskriminierung. Hinzu kommen regional-völkerrechtliche Verbürgungen wie Artikel 9 der Europäischen Menschenrechtskonvention von 1950 sowie Garantien in einzelstaatlichen Verfassungen.

6 Vgl. H. Bielefeldt, Philosophie der Menschenrechte, Darmstadt 1998.

7 Im Folgenden werde ich gelegentlich die Kurzformel, gelegentlich die umfassendere Bezeichnung verwenden.

Als Menschenrecht bezieht sich die Religionsfreiheit keineswegs nur auf einen partikularen Kreis religiös Interessierter. Sie gilt nicht lediglich dem „homo religiosus" im engeren Sinne, sondern hat Relevanz *für alle Menschen*, insofern es ihre grundlegenden Überzeugungen und damit ggf. einhergehenden ethischen oder rituellen Praktiken schützt. Der für das Monitoring des Internationalen Pakts über bürgerliche und politische Rechte zuständige UN-Ausschuss hat dies 1993 in einem „General Comment" zu Artikel 18 (also zur Religions- und Weltanschauungsfreiheit) in wünschenswerter Klarheit herausgestellt und aus dem menschenrechtlichen Universalismus die Konsequenz einer weiten Auslegung gezogen. Eine häufig zitierte Kernaussage dieses General Comment lautet: „Artikel 18 schützt theistische, nicht-theistische und atheistische Anschauungen sowie das Recht, sich zu keiner Religion oder Weltanschauung zu bekennen. Die Ausdrücke ‚Weltanschauung' und ‚Religion' müssen in weitem Sinne ausgelegt werden. Artikel 18 beschränkt sich in seiner Anwendung nicht auf traditionelle Religionen und Weltanschauungen oder auf solche Religionen und Weltanschauungen, die ähnliche institutionelle Merkmale und Praktiken aufweisen wie traditionelle Religionen."[8]

Die den Anwendungsbereich der Religions- und Weltanschauungsfreiheit definierende Linie verläuft demnach nicht, wie oft unterstellt, zwischen religiösen und nicht-religiösen Positionen, sondern zwischen den *grundlegenden Überzeugungen,* die für die Lebensführung und die Identität eines Menschen (oder einer Gruppe von Menschen) schlechthin konstitutiv sind, und weniger grundlegenden Positionen. In der Präambel der UN-Erklärung zur Abschaffung aller Formen religiöser Intoleranz und religiös oder weltanschaulich basierter Diskriminierung von 1981 heißt es, dass Religion bzw. Weltanschauung für den Menschen „einer der fundamentalen Elemente in seiner Konzeption des Lebens" seien. Mit Paul Tillich gesprochen: Religion – und Ähnliches ließe sich von der Weltanschauung sagen – ist das, was einen Menschen „unbedingt angeht".[9]

Was das im Einzelnen heißt, muss in der Auseinandersetzung mit konkreten Fällen freilich immer wieder neu erarbeitet werden. Der Europäische Gerichtshof für Menschenrechte hat im Urteil von 1982 verlangt, dass die im Rahmen der Reli-

---

8 UN-Menschenrechtsausschuss, General Comment Nr. 22, Abschnitt 2. Zit. (mit leichten Korrekturen der Übersetzung) nach: Deutsches Institut für Menschenrechte (Hg.), Die „General Comments" zu den VN-Menschenrechtsverträgen. Deutsche Übersetzung und Kurzeinführungen, Baden-Baden 2005, 92.

9 Auf dieses Konzept von Tillich berufen sich W.C. Durham/B.G. Scharffs, Law and Religion. National, International, and Comparative Perspectives, New York 2010, 46.

gions- und Weltanschauungsfreiheit geschützten Überzeugungen „a certain level of cogency, seriousness, cohesion and importance" aufweisen müssen.[10] Damit hat er formale Kriterien aufgestellt, die verhindern sollen, dass der Anwendungsbereich dieses Menschenrechts ins Triviale oder Beliebige abrutscht, die aber gleichzeitig für eine unabsehbare Vielfalt von Positionen offen bleiben. Vor einigen Jahren gab der Straßburger Gerichtshof für Menschenrechte beispielsweise einem Gefängnisinsassen in Polen Recht, der als strikter Vegetarier fleischlose Kost verlangt und sich dabei auf sein Gewissen berufen hatte,[11] und jüngst hat der Gerichtshof unter Verweis auf die Gedanken-, Gewissens-, Religions- und Weltanschauungsfreiheit auch den menschenrechtlichen Status der Militärdienstverweigerung aus Gewissensgründen in einem Urteil gehärtet.[12] In der Praxis des UN-Ausschusses über bürgerliche und politische Rechte bilden Fälle gewissensbasierter Militärdienstverweigerung übrigens das Gros der (insgesamt nicht besonders zahlreichen) Individualbeschwerden, zu denen der Ausschuss unter Berufung auf Artikel 18 Stellung genommen hat.

Der Einwand, dass die Religions- und Weltanschauungsfreiheit auf eine Privilegierung religiös engagierter Menschen hinauslaufe, lässt sich demnach mit guten Gründen zurückweisen. Es bleibt allerdings dabei, dass dieses Menschenrecht in der Praxis vieler Staaten tatsächlich auf einen Kanon vorab bestimmter Religionen verkürzt wird. In Ägypten sind dies drei Religionen (Judentum, Christentum, Islam), in Indonesien sechs (Islam, Hinduismus, Buddhismus, Katholizismus, Protestantismus, Konfuzianismus), in der Volksrepublik China abgesehen vom Atheismus fünf (Buddhismus, Taoismus, Katholizismus, Protestantismus, Islam)[13], und in der Verfassung Griechenlands heißt es etwas kryptisch, dass „alle bekannten Religionen" frei seien.[14] Partikularistische Verengungen im Verständnis und in der Praxis der Religions- und Weltanschauungsfreiheit sind, wie diese exemplarische Liste zeigt, nach wie vor weit verbreitet. Dass sich etwa auch Atheisten und Agnostiker auf dieses Recht berufen können, hat sich selbst in Europa keineswegs überall herumgesprochen und findet in der Rechtspraxis vieler Staaten keine angemessene Berücksichtigung. Insofern bleibt der menschenrechtliche Universalismus als kritischer Stachel gegen verengte Auffassungen wichtig.

---

10 EGMR zu Campbell & Cosans v. United Kingdom, (appl. 7511/76 & 7743/76) vom 25. Februar 1982.

11 Vgl. EGMR zu Jokobski v. Poland (appl. 18429/06) vom 7. Dezember 2010.

12 Vgl. EGMR zu Bayatyan v. Armenia (appl. 23459/03) vom 7. Juli 2011.

13 Die genannten Beispiele sind entnommen aus: U.S. Department of State. 2011 annual report on international religious freedom, abgerufen unter: www.state/gov./g/drl/rls/irf.

14 Vgl. Artikel 13 Absatz 2 der Griechischen Verfassung.

III. Ein weniger liberales Recht?

Der freiheitliche Charakter ist dem Menschenrecht der Religionsfreiheit, sollte man meinen, geradezu auf die Stirn geschrieben, und er wird in den einschlägigen völkerrechtlichen Verbürgungen tatsächlich festgehalten und weiter ausdifferenziert. Artikel 18 des Internationalen Pakts über bürgerliche und politische Rechte stellt klar, dass der Mensch im inneren Bereich der Gedanken-, Gewissens-, Religions- und Weltanschauungsfreiheit keinen legitimen Einschränkungsmöglichkeiten unterliegt; in ihrem „forum internum" ist dieses Freiheitsrecht demnach absolut geschützt. Dies schließt auch die Möglichkeit des Glaubenswechsels ein.[15] Geschützt – wenn auch nicht völlig frei von möglichen Einschränkungen[16] – sind aber auch äußere Manifestationen von Religion und Weltanschauung (im „forum externum"), die gleichermaßen individuelle wie kommunitäre Praktiken einschließen und im privaten wie im öffentlichen Raum stattfinden können.

Es handelt sich bei der Religionsfreiheit also um ein *umfassendes Freiheitsrecht der Menschen*, in Fragen von Religion und Weltanschauung ihren je eigenen Weg zu finden, für die eigene Position einzutreten, sich einer Religionsgemeinschaft anzuschließen oder eine solche zu verlassen, neue Vereinigungen zu bilden, religiöse Rituale allein oder in Gemeinschaft mit anderen auszuüben, Religionskritik zu formulieren oder den eigenen Glauben gegen solche Kritik zu verteidigen, die Kinder nach den familiären Überzeugungen zu erziehen, religiöse oder weltanschauliche Literatur zu erwerben (auch aus dem Ausland zu importieren) und sie in der Gesellschaft zu verbreiten, das Leben allein und zusammen mit anderen nach den eigenen Glaubensüberzeugungen zu gestalten und dies auch öffentlich kundzutun.[17] Da Freiheitsrechte dadurch definiert sind, dass sie die Entschei-

---

15 Vgl. UN-Menschenrechtsausschuss, General Comment Nr. 22, Abschnitt 5: „Der Ausschuss weist darauf hin, dass die Freiheit, eine Religion oder Weltanschauung ‚zu haben oder anzunehmen', notwendig die Freiheit einschließt, eine Religion oder Weltanschauung zu wählen, einschließlich insbesondere des Rechts, seine gegenwärtige Religion oder Weltanschauung durch eine andere Religion oder Weltanschauung zu ersetzen oder einen atheistischen Standpunkt einzunehmen, sowie des Rechts, seine Religion oder Weltanschauung zu behalten." Vgl. auch den Jahresbericht an die Generalversammlung vom 9. September 2012, den ich in meiner Funktion als UN-Sonderberichterstatter für Religions- und Weltanschauungsfreiheit dem Thema „the right to conversion as part of freedom of religion or belief" gewidmet habe.

16 Die Grenzen legitimer Einschränkungen der Religionsfreiheit im forum externum finden sich beispielsweise in Artikel 18 Absatz 3 des Internationalen Pakts über bürgerliche und politische Rechte.

17 Vgl. P.M. Taylor, Freedom of Religion. UN and European Human Rights Law and Practice, Cambridge 2005, 203ff.

dung, ob und wie jemand von seiner Freiheit Gebrauch macht, den betroffenen Menschen überantworten, gibt es neben der „positiven" Religionsfreiheit notwendig auch die „negative" Religionsfreiheit. Sie umfasst also auch das Recht, sich religiös oder weltanschaulich *nicht* zu betätigen, *nicht* zu interessieren, *nicht* zu bekennen, sich *keiner* Glaubensgemeinschaft anzuschließen usw. Beide Aspekte gehören wie zwei Seiten einer Medaille zusammen.

Gleichwohl hält sich hartnäckig die Vorstellung, dass die Religionsfreiheit ein „weniger liberales" Recht sei. Dazu dürften vor allem Debatten und Positionierungen zum Thema Blasphemieverbote beigetragen haben, in denen die Religionsfreiheit immer wieder als eine Art Gegenrecht zum urliberalen Recht der Meinungsfreiheit aufgebaut worden ist. Selbst in der Rechtsprechung des Europäischen Gerichtshofs für Menschenrechte wurde ein solcher Antagonismus gelegentlich konstruiert. Das bekannteste Beispiel ist das Urteil Otto-Preminger-Institut gegen Österreich. Dabei ging es um den Film „Das Liebeskonzil", den die österreichischen Behörden aus dem Verkehr gezogen hatten, weil sie darin einen Angriff auf die Gefühle der christlichen Bevölkerung sahen. In seinem Urteil vom 20. September 1994 absolvierte der Straßburger Gerichtshof Österreich vom Vorwurf einer Verletzung der Meinungsfreiheit, da es im Schutz religiöser Gefühle einen legitimen Grund für die Einschränkung der Meinungsfreiheit sah.[18] Die Mehrheit der Richter unterstellte dabei einen grundsätzlichen Konflikt zwischen Meinungsfreiheit und Religionsfreiheit, wobei letztere auch den Schutz religiöser Gefühle beinhalte. Genau dies wird allerdings von drei Straßburger Richtern kritisiert. In ihrem Minderheitenvotum betonen sie, dass es ein Recht auf Schutz religiöser Gefühle in der Europäischen Menschenrechtskonvention gar nicht gebe und zumal aus der Religionsfreiheit nicht hergeleitet werden könne.[19]

---

18 Die entscheidende Passage lautet: „The issue before the Court involves weighing up the conflicting interests of the exercise of two fundamental freedoms guaranteed under the Convention, namely the right of the applicant association to impart to the public controversial views and, by implication, the right of interested persons to take cognisance of such view, on the one hand, and the right of other persons to proper respect for their freedom of thought, conscience and religion, on the other hand." EGMR Otto-Preminger-Institut v. Austria (appl. 13470/87) vom 20. September 1994, Abschnitt 55.

19 Vgl. EGMR, Otto-Preminger-Institut v. Austia, Joint Dissenting Opinion of the Judges Palm, Pekkanen and Makardzyk, Abschnitt 6: „The Convention does not, in terms, guarantee a right to protection of religious feelings. More particularly, such a right cannot be derived from the right to freedom of religion, which in effect includes a right to express views critical of the religious opinions of others."

Über mehr als zehn Jahre hinweg zeigte sich eine ähnliche Konfliktkonstella-
tion in den Vereinten Nationen, nämlich den heftigen Debatten über die „Bekämpfung von Religionsdiffamierungen", die im UN-Menschenrechtsrat (bzw.
bis 2006 seiner Vorgängerinstitution: der UN-Menschenrechtskommission) sowie
in der UN-Generalversammlung stattfanden. Resolutionen, die von der Organisation der Islamischen Kooperation, einer Staatenorganisation mit derzeit 57 Mit-
gliedstaaten, zwischen 1999 und 2010 zu diesem Thema regelmäßig vorgebracht
wurden, fanden immer wieder eine Mehrheit.[20] Gleichzeitig stießen sie auch auf
starke Kritik und wurden zumal von den westlichen Staaten meist einstimmig
abgelehnt. Höhepunkt der Auseinandersetzung war der Streit um die dänischen
Mohammed-Karikaturen in den Jahren 2005 und 2006, auf die viele Muslime
weltweit empfindlich reagierten. Die teils bis heute anhaltende Empörung ist angesichts des provokativen, verletzenden Charakters der Karikaturen durchaus
nachvollziehbar. Gleichwohl erweisen sich die Resolutionen zu „combating defamation of religions" bei näherem Hinsehen als hoch problematisch. Denn sie er-
wecken den Eindruck, Religionen als solche könnten Rechtsschutz gegen
etwaige Verletzungen ihrer Reputation beanspruchen – eine Vorstellung, die die
Systematik der Menschenrechte völlig sprengt. Außerdem legen die Resolutionen
mit ihrem Ruf nach staatlichen Verbotsmaßnahmen autoritäre Lesarten nahe. Die
Gegner fürchteten zu Recht, dass dadurch in letzter Konsequenz eine Anti-
blasphemie-Gesetzgebung Pakistanischen Typus, in der vage definierte Delikte
sogar die Todesstrafe nach sich ziehen können,[21] eine menschenrechtssemanti-
sche Deckung erhalten könnte.

Der Sache nach tritt in den Resolutionen zur Bekämpfung von Religionsdiffamierung eine Art „Ehrschutz" für Religionen – genauer gesagt: für bestimmte Religionen, insbesondere den Islam – an die Stelle eines Freiheitsrechts der Menschen. Menschenrechtlich ist dies ein Irrweg.[22] Die Religionsfreiheit für das
Anliegen der autoritären Bekämpfung von so genannten Religionsdiffamierun-

---

20 Vgl. Commission on Human Rights resolutions 1999/82, 2000/84, 2001/4, 2002/9, 2003/4, 2004/6,
    2005/3; General Assembly resolutions 60/150, 61/164, 62/154, 63/171, 64/156, 65/224; Human Rights
    Council resolutions 4/9, 7/19, 10/22, 13/16. Vgl. dazu kritisch: R.C. Blitt, The Bottom Up Journey
    of "Defamatation of Religion" from Muslim States to the United Nations: A Case Study of the
    Migration of Anti-Constitutional Ideas, Studies in Law, Politics and Society 56 (2011), 121–211.
21 Vgl. Freedom House, Policing Belief: The Impact of Blasphemy Laws on Human Rights, Washing-
    ton 2010, 69–87 (zu Pakistan).
22 Vgl. J. Temperman, Blasphemy, Defamation of Religions and Human Rights Law, Netherlands
    Quaterly of Human Rights 26/4 (2008), 485–516.

gen in Anspruch zu nehmen, hieße im Ergebnis, ihren freiheitsrechtlichen Charakter zu leugnen. Es gehört zu den Verdiensten von Asma Jahangir, UN-Sonderberichterstatterin für Religions- und Weltanschauungsfreiheit von 2004 bis 2010, solchen Versuchen einer antiliberalen Umdeutung der Religionsfreiheit systematisch widersprochen zu haben. Auf dem Höhepunkt der Auseinandersetzung um die dänischen Mohammed-Karikaturen stellte sie klar, dass die Religionsfreiheit nicht das Recht beinhalte, von Religionskritik verschont zu bleiben.[23] Statt als Bremse gegen den Gebrauch der Meinungsfreiheit zu fungieren, weise die Religionsfreiheit mit der von ihr geschützten Komponente geistig-kommunikativer Freiheit eine positive Nähe zum Recht auf Meinungsfreiheit auf. Wer die Religionsfreiheit zu einer systematischen Gegeninstanz zur Meinungsfreiheit aufbaut, leiste damit nicht allein unverhältnismäßigen Beschränkungen der Meinungsfreiheit ideologische Rückendeckung, sondern verdunkele vor allem auch den menschenrechtlichen Sinn der Religionsfreiheit selbst. Jahangir machte sich damit für eine konsequent universalistische und freiheitsrechtliche Interpretation der Religions- und Weltanschauungsfreiheit stark.

Im Jahre 2011 verzichtete die Organisation der Islamischen Kooperation (OIC) erstmals seit langem darauf, Resolutionsentwürfe zum Thema „combating defamation of religions" einzubringen. Mehrere Akteure – darunter die UN-Hochkommissarin für Menschenrechte Navi Pillay, der Generalsekretär der OIC Ekmeleddin Ihsanoglu sowie das US-Außenministerium unter Hillary Clinton – hatten sich im Vorfeld darum bemüht, die zum leeren Ritual erstarrte Konfrontation zu überwinden und wieder Bewegung in die Debatte zu bringen.[24] Zu diesem Zweck wurde ein neues, produktiveres Themenfeld eröffnet, nämlich die Bekämpfung religionsbezogener Intoleranz und Stigmatisierungen. Die von der OIC im März 2011 im UN-Menschenrechtsrat vorgelegte Resolution trägt den komplizierten Titel: "Combating intolerance, negative stereotyping and stigmatization of, and discrimination, incitement to violence and violence against persons based on religion or belief". Sie konnte im Konsens verabschiedet werden.[25] Diese Resolution 16/18 des Menschenrechtsrats fungiert seitdem als Referenzdokument in den ein-

---

23 Vgl. Report of the Special Rapporteur on freedom of religion or belief, Asma Jahangir, and the Special Rapporteur on contemporary forms of racism, racial discrimination, xenophobia and related intolerance, Doudou Diène, Implementation of General Assembly Resolution 60/251 of 15 March 2006 entitled "Human Rights Council", A/HRC/2/1., 10.

24 Clinton und Isanoglu starten außerdem eine Serie von Konferenzen, die unter dem Begriff „Istanbul Process" firmiert.

25 Vgl. Human Rights Council resolution 16/18 vom 24. März 2011.

schlägigen Debatten der Vereinten Nationen. Während die vormaligen Resolutionen zur Religionsdiffamierung den Eindruck erweckten, Religionen als solche (oder jedenfalls einige von ihnen) sollten unter rechtlichen Schutz gestellt werden, bezieht sich Resolution 16/18 auf den Menschen als den Träger von Rechten gegen Stigmatisierung, Diskriminierung und Hassrede; der Titel der Resolution nennt in diesem Sinne „persons" als die zu schützenden Subjekte. Dies ist eine entscheidende Differenz.

Bei aller Nähe zwischen Meinungsfreiheit und Religionsfreiheit sind konkrete Kollisionen zwischen menschenrechtlichen Anliegen im Bannkreis der beiden Rechte natürlich nicht von vornherein ausgeschlossen. Wenn im Namen der Meinungsfreiheit vorgebrachte polemische Attacken gegen bestimmte Religionen oder Weltanschauungen und ihre Anhängerschaft eine solche Schärfe erreichen, dass sie die gesellschaftlichen Beziehungen vergiften oder gar ein Klima der Einschüchterung schaffen, in dem manche Menschen sich nicht mehr trauen, sich öffentlich zu ihren Überzeugungen zu bekennen oder ihren Glauben sichtbar zu praktizieren, kann dies zu Beeinträchtigungen der Religions- und Weltanschauungsfreiheit führen. Dagegen vorzugehen und Abhilfe zu schaffen, ist dann ein menschenrechtliches Gebot. Deshalb hat das UN-Hochkommissariat für Menschenrechte in den letzten Jahren eine Debatte dazu geführt, welche Maßnahmen gegen Aufstachelung zu ethnischem und religiösem Hass ergriffen werden sollen. Das zentrale Ergebnis mehrerer Workshops, die zu diesem Thema 2011 in allen Kontinenten stattfanden, besteht in der Einsicht, dass religionsbezogenen Formen von „hate speech" am besten mit „more speech" zu begegnen ist.[26] Gefordert sind vor allem mediale und zivilgesellschaftliche Gegeninitiativen, Richtigstellungen und breit angelegte öffentliche Solidaritätsaktionen, während strafrechtliche Sanktionen oder andere restriktive Maßnahmen nur in extremen Fällen gerechtfertigt werden können und stets an hohe rechtsstaatliche Hürden gebunden bleiben müssen.

Selbst in akuten Kollisionsfällen zwischen Religionsfreiheit und Meinungsfreiheit besteht die wichtigste Form der Abhilfe also wiederum in einem gezielten Gebrauch der Meinungsfreiheit und anderer kommunikativer Freiheitsrechte. Schon deshalb wäre es unsinnig, einen abstrakten Gegensatz zwischen Religionsfreiheit und Meinungsfreiheit aufzubauen. Vielmehr können sich beide Rechte

---

26 Die Ergebnisse der Workshops von Wien, Nairobi, Bangkok, Santiago de Chile mündeten in einen Rabat Plan of Action, der am 5. Oktober 2012 in der Marokkanischen Hauptstadt verabschiedet wurde.

wechselseitig unterstützen: Wie die Religions- und Weltanschauungsfreiheit nur dort gedeihen kann, wo die Menschen die Möglichkeit haben, ihre Gravamina öffentlich zu artikulieren, so setzt im Gegenzug die Meinungsfreiheit den Respekt vor den Überzeugungen – insbesondere den identitätstiftenden religiösen und weltanschaulichen Überzeugungen – der Menschen voraus. In solcher wechselseitiger Verwiesenheit aber wird zugleich deutlich, dass die Religionsfreiheit, recht verstanden, genauso „urliberal" ist wie die Meinungsfreiheit.

IV. Ambivalenzen des Säkularitätsbegriffs

Wie stark skeptische Vorbehalte gegen die Religionsfreiheit auch in unseren Breiten mittlerweile sind, zeigte sich jüngst in der Diskussion über die rituelle Knabenbeschneidung, die durch das Urteil des Kölner Landgerichts vom 7. Mai 2012[27] ausgelöst wurde. Zweifellos handelt es sich um ein schwieriges Thema, bei dem unterschiedliche Gesichtspunkte zusammenzuführen sind. Die prinzipiellen Gegner der Beschneidung ließen der Religions- und Weltanschauungsfreiheit indessen generell wenig Raum. Nicht selten vermittelten sie sogar den Eindruck, als sei dieses Menschenrecht ein Relikt aus vormodernen Zeiten, das in einer säkularen modernen Rechtsordnung eigentlich nichts mehr zu suchen habe.[28] Die Beschneidungsdebatte gibt damit ein Beispiel für die Zweideutigkeit, die dem Begriff der Säkularität und seinen Derivaten von Anfang an anhaftet und die bis heute fortbesteht.

Dass die Religions- und Weltanschauungsfreiheit systematisch in Spannung zur Säkularität der staatlichen Rechtsordnung stünde, erweist sich bei näherem Hinsehen freilich als ein Missverständnis. Vielmehr findet die Säkularität von Staat und Recht in diesem Menschenrecht sogar ihre normative Grundlegung. Wenn der Staat seine Bindung an die Religions- und Weltanschauungsfreiheit einschließlich des darin enthaltenen Gleichberechtigungsanspruchs ernst nimmt, dann darf er sich nämlich nicht mit einer bestimmten religiösen oder weltanschaulichen Tradition auf Kosten der Angehörigen anderer Traditionen und Überzeugungen identifizieren. Die von dorther gebotene „Nicht-Identifikation" folgt gleichsam aus dem menschenrechtlichen Strukturprinzip der „Nicht-

---

27 Vgl. Landgericht Köln, Az. 151 Ns 169/11. Das Urteil vom 7. Mai 2012 wurde erst Ende Juni der breiteren Öffentlichkeit bekannt.

28 Vgl. H. Bielefeldt, Der Kampf um die Beschneidung, Blätter für deutsche und internationale Politik, September 2012, 63–71.

Diskriminierung".[29] Sie ist zugleich Ausdruck des Respekts vor der Freiheit der Menschen, sich in Fragen von Religion und Weltanschauung selbst zu orientieren. Insofern lässt sich der menschenrechtliche Sinn des Neutralitätsprinzips näherhin mit der Formel der „respektvollen Nicht-Identifikation" qualifizieren.

Der Grundsatz der „respektvollen Nicht-Identifikation" bildet gleichsam die Tiefengrammatik des säkularen Rechtsstaats, der sich von dorther als bescheiden und anspruchsvoll zugleich erweist. Die Bescheidenheit zeigt sich in der *inhaltlichen Selbstbeschränkung* seines Geltungsanspruchs: Der Staat ist weder Heilsinstrument noch Instanz einer umfassenden Sinnorientierung. Als säkularer, „rein weltlicher" Staat steht er nicht im Dienste einer religiös-weltanschaulichen Wahrheit oder eines religiösen Gesetzes. Vielmehr überlässt er die Suche nach Sinn und nach umfassender Wahrheit den Menschen, denen es obliegt, als Individuen und in Gemeinschaft mit Anderen in Freiheit ihren Lebensweg zu finden. Genau in dieser Option für die Freiheit der Menschen zeigt sich zugleich der positive normative Anspruch, den der säkulare Rechtsstaat formuliert und für den er einsteht. Denn für die Ermöglichung der Freiheit, und zwar der gleichen Freiheit aller, trägt der Staat *grundlegende politisch-rechtliche Verantwortung*, die ihrerseits auf den Respekt vor der Würde jedes Menschen als den tragenden Grund jeder rechtlichen Ordnung verweist.[30] Die respektvolle Nicht-Identifikation kann im Übrigen durchaus einhergehen mit förmlichen Kooperationsbeziehungen zwischen Staat und Religionsgemeinschaften. Es geht keineswegs um eine abstrakte und letztlich sogar völlig unrealistische Beziehungslosigkeit zwischen Staaten und religiösen oder weltanschaulichen Gemeinschaften, wie gelegentlich postuliert worden ist, sondern um *Fairness* in solchen Kooperationsbeziehungen, die so gestaltet sein sollen, dass der Staat nicht einseitig Partei nimmt, sondern sich auf die Vielfalt in der Gesellschaft affirmativ einlässt.

Nun orientieren sich keineswegs alle Staaten, die sich „säkular" nennen, an dem so verstandenen normativen Prinzip respektvoller Nicht-Identifikation. Vielmehr manifestiert sich im weiten semantischen Feld der Säkularität eine tiefe Zweideutigkeit, die oft für Verwirrung und Missverständnisse sorgt.[31] In Vergan-

---

29 Vgl. ähnlich J. Oebbecke, Das deutsche Recht und der Islam, in: A.Th. Khoury/P. Heine/J. Oebbecke, Handbuch Recht und Kultur des Islams in der deutschen Gesellschaft, Gütersloh 2000, 287–327: 292.

30 Vgl. H. Bielefeldt, Auslaufmodell Menschenwürde? Warum sie in Frage steht und warum wir sie verteidigen müssen, Freiburg i. Br. 2011.

31 Vgl. H. Lübbe, Säkularisierung. Geschichte eines ideenpolitischen Begriffs, Freiburg i. Br. 1965. Ähnlich zweideutig bleibt auch das Begriffsfeld von Laizität. Vgl. dazu J. Maclure/C. Taylor, Laizi-

genheit und Gegenwart finden sich allerlei Beispiele für Bekenntnisgemeinschaften mit einem umfassenden weltanschaulichen Deutungsanspruch, die teils ausdrücklich unter dem Begriff des Säkularen firmieren. Ein klassisches Beispiel wäre die „secular society", für die ihr Gründer George Hollyoake Mitte des 19. Jahrhunderts den quasi-religiösen Slogan „science is the available providence of man" formulierte.[32] Auch in Deutschland sind Ende des 19. Jahrhunderts säkularistische Weltanschauungsgemeinschaften entstanden, darunter die von Friedrich Jodl und Ferdinand Tönnies gegründete „Deutsche Gesellschaft für Ethische Kultur".[33] Wie sehr eine säkularistische Weltsicht religiöse Sprache annehmen kann, illustrieren die „monistischen Sonntagspredigten", die der „Monistenbund" um den Darwinjünger Ernst Haeckel herausgegeben hat.[34]

Falls der weltanschauliche Säkularismus sich anschickt, die Staatsmacht zu okkupieren, kann dies zu neuen Varianten von Konfessionsstaatlichkeit führen. Ein Beispiel für solche Aspirationen bietet die um die Mitte des 19. Jahrhunderts von Auguste Comte entworfene Wissenschaftsreligion, die er „religion de l'humanité" nannte. Deren „soziokratischer" Anspruch ist ganz analog zu den theokratischen Vorstellungen Joseph de Maistres und anderer Denker der katholischen Gegenrevolution konstruiert, deren Position Comte zwar bekämpft, für die er aber zugleich offene Bewunderung hegt.[35] An die Stelle des traditionellen christlichen Klerus treten in seiner Fortschrittsvision wissenschaftlich ausgebildete Soziologen, die als „Priester der Humanität" im Bund mit den aufsteigenden Kräften von Wirtschaft und Industrie das öffentliche Leben formieren und die Staatsgewalt auf ihr um „Liebe, Ordnung und Fortschritt" zentriertes Bekenntnis verpflichten sollen.[36] Der Sache nach handelt es sich bei der Vision Comtes um das Konzept eines säkularistischen Bekenntnisstaates, der alle verfügbaren Mittel einsetzt, um dem neuen Wissenschafts- und Fortschrittsglauben hegemoniale Geltung zu verhelfen. Der türkische Kemalismus, vor allem in seiner revolutionären Frühphase, war von solchen Vorstellungen stark geprägt, die in politischen Auseinanderset-

---

tät und Gewissensfreiheit, Frankfurt a. M. 2011. Maclure und Taylor plädieren in diesem Buch für eine „offene Laizität", die sie von kulturkämpferischen und weltanschaulichen Varianten klar absetzen.

32 Vgl. G. J. Holyoake, English Secularism. A Confession of Belief, Chicago 1896, 35.

33 Vgl. Lübbe, Säkularisierung (s. Anm. 31), 42.

34 Vgl. Lübbe, Säkularisierung (s. Anm. 31), 51.

35 Vgl. A. Comte, Système de Politique Positive ou Traité de Sociologie, Instituant la Religion de l'Humanité, Bd. 3, Osnabrück 1967, 605.

36 Vgl. Comte, Système, Bd. 1 (s. Anm. 35), 321ff.

zungen in der Türkei auch heute immer wieder aufflammen.[37] Noch einmal ein Säkularismus eigener Prägung entstand im Kontext der kommunistischen Staaten, die für religiöses Leben nur umgrenzte private Spielräume ließen.

Angesichts dieser (hier nur in dünnen Strichen skizzierten) komplexen Geschichte überrascht es nicht, dass „säkulare" Positionierungen bis heute oft mehrdeutig klingen, woraus sich dann die Aufgabe ergibt, genau hinzuhören und auf Klärungen zu drängen. Voraussetzung dafür, dass dies gelingen kann, ist aber in jedem Fall eine klare kategoriale Unterscheidung zwischen einem weltanschaulichen Säkularismus einerseits, wie er auch heute vertreten wird,[38] und der spezifischen Säkularität des freiheitlichen Rechtsstaats andererseits. Bei der Säkularität des Rechtsstaats handelt es sich um ein Fairnessprinzip, das im Dienste der gleichberechtigten Umsetzung der Religions- und Weltanschauungsfreiheit aller steht. Es ist kein Selbstzweck oder Wert an sich, sondern hat den Stellenwert eines staatlichen Prinzips „zweiter Ordnung", das nur in Rückbindung zu dem ihm normativ vorgelagerten Menschenrecht der Religions- und Weltanschauungsfreiheit Sinn ergibt.[39] Der säkulare Rechtsstaat unterscheidet sich, so gesehen, von einem säkularistischen Bekenntnisstaat nicht nur graduell, sondern prinzipiell, ja er stellt letztlich sogar dessen systematisches Gegenteil dar.

Diese Klarstellung ist nicht zuletzt auch für die Kritik von Staatsreligionen wichtig. In der islamischen Welt ist das Modell der Staatsreligion – typischerweise verbunden mit einem verfassungsrechtlich verbürgten Sonderstatus für die islamische Scharia – nach wie vor weit verbreitet, und unter den arabischen Staaten bildet es den Regelfall.[40] Aber auch in Europa gibt es eine Reihe von Staaten mit offizieller Religion.[41] Hinzu kommt, dass abseits von förmlichen Staatsreligionen

---

37 Vgl. L. Tezcan, Religiöse Strategien der „machbaren" Gesellschaft. Verwaltete Religion und islamistische Utopie in der Türkei, Bielefeld 2003.

38 Charakteristische Komponenten eines weltanschaulichen Säkularismus lassen sich hierzulande beispielsweise im Umfeld der Giordano-Bruno-Stiftung ausmachen.

39 Vgl. ähnlich auch M.C. Nussbaum, Liberty of Conscience. In Defense of America's Tradition of Religious Equality, New York 2008, 20: "The idea that there should be a 'separation of church and state' is mentioned a lot, but I argue that it should be seen as posterior to the ideas of equality and liberty."

40 Vgl. T. Stahnke/R.C. Blitt (Hg.), The religion-state relationship and the right to freedom of religion or belief: A comparative textual analysis of the constitution of predominantly Muslim countries, in: Georgetown Journal of International Law 36 (2005), 947–1077.

41 Vgl. G. Robbers, Status und Stellung von Religionsgemeinschaften in der Europäischen Union, in: M. Minkenberg/U. Willems (Hg.), Politik und Religion. Politische Vierteljahresschrift, Sonderheft 33 (2002), Wiesbaden 2003, 139–163.

verschiedene Varianten einer staatlichen Privilegierung bestimmter Religionen existieren, die etwa unter Berufung auf deren Prägekraft für die historisch-kulturelle Identität des Landes auf die Etablierung einer faktischen Staatsreligion hinauslaufen können. Dass sich daraus jeweils – im Einzelnen sehr unterschiedlich ausgeprägte – Probleme für eine diskriminierungsfreie Gewährleistung der Religions- und Weltanschauungsfreiheit aller ergeben, ist zumindest eine nahe liegende Vermutung, die sich in vielen konkreten Fällen bestätigt. Obwohl Staatsreligionen und andere Varianten von offiziellem Status bestimmter Religionen im internationalen Recht nicht verboten sind, stehen diejenigen Staaten, die an einer solchen Konstruktion festhalten, zumindest unter einem verschärften Beweisdruck darzulegen, dass dies nicht de facto oder gar de jure zu einer diskriminierenden Ungleichbehandlung der Angehörigen anderer Religionen oder Weltanschauungen führt.[42]

Nun halten die Apologeten staatsreligiöser und ähnlicher offizieller Privilegierungen gern dagegen, das Verbot diskriminierender Ungleichbehandlung sei im Kontext der Religions- und Weltanschauungsfreiheit von vornherein illusionär. Jedem Staat, so eine immer wieder zu hörende Unterstellung, liege unvermeidlich ein leitendes Bekenntnis zugrunde; bei den säkularen Staaten sei dies eben der Säkularismus, der seinerseits eine postreligiöse Weltanschauung darstelle. Die Differenz zwischen einem offiziell religiösen Staat – etwa einem islamischen Staat – und einem säkularen Staat bestehe lediglich darin, dass ersterer sein Bekenntnis offen ausweise, während letzterer dies eher verschleiere. Bei diesem schon von Carl Schmitt und seinen Jüngern gern bemühten Motiv[43] handelt es sich letzten Endes um einen dialektischen Taschenspielertrick: Die bewusste Nicht-Identifikation des Staates mit einer Religion wird unter der Hand zu einer staatlichen Identifikation mit Nicht-Religion verschoben. Jeder säkulare Staat erscheint demnach als eine gleichsam postreligiöse Variante des Bekenntnisstaates, in dem Atheisten oder Agnostiker politisch tonangebend seien, während die im traditionellen Verständnis religiös Engagierten in einem solchen Staat angeblich

---

42 Vgl. UN-Menschenrechtsausschuss, General Comment Nr. 22, Abschnitt 9: „Die Tatsache, dass eine Religion als staatliche Religion anerkannt oder als offizielle oder herkömmliche Religion eingebürgert ist oder dass ihre Anhänger die Mehrheit der Bevölkerung ausmachen, darf in keiner Weise den Genuss eines der durch den Pakt, insbesondere durch Artikel 18 und 27, garantierten Rechte beeinträchtigen oder zu irgendeiner Diskriminierung der Anhänger anderer Religionen oder von Nichtgläubigen führen."

43 Vgl. C. Schmitt, Politische Theologie. Vier Kapitel zur Lehre von der Souveränität, Berlin 1990 (unveränderter Nachdruck der 2. Auflage von 1934).

zwangsläufig unter Diskriminierung leiden müssten. Zwar gibt es historische Beispiele für säkularistische Weltanschauungsstaaten – etwa unter den Vorzeichen des Staatskommunismus; der säkulare Rechtsstaat ist seinem Anspruch nach aber nicht nur graduell, sondern prinzipiell anders orientiert, indem er die Religionsfreiheit zum Maßstab nimmt.

Es bleibt daher wichtig, kategorial klar zu unterscheiden zwischen der in der Religions- und Weltanschauungsfreiheit begründeten Säkularität des Rechtsstaats einerseits und den verschiedenen Varianten eines – möglicherweise auf politischen Einfluss oder sogar auf Okkupation der Staatsmacht zielenden – weltanschaulichen Säkularismus andererseits. Man wird zugeben müssen, dass es nicht einfach ist, diese begriffliche Differenzierung auf eine komplexe Wirklichkeit zu beziehen, in der religiöse, weltanschauliche, kulturelle und politische Faktoren zumeist in einer schwer auflösbaren Gemengelage auftreten. Wer aus der Erfahrung solcher phänomenalen Ambivalenz die Konsequenz zieht, auf eine kategoriale Verteidigung eines säkularen Rechtsstaats gleich ganz zu verzichten, beraubt sich damit freilich von vornherein der Möglichkeit, überhaupt eine grundsätzliche Alternative zur staatlichen Diskriminierung aufgrund von Religion oder Weltanschauung zu präsentieren.

V. Eintreten für eine konsequent menschenrechtliche Perspektive

Dass die Religions- und Weltanschauungsfreiheit skeptische Rückfragen auslöst, ist keine neue Erfahrung. Relativ neu ist allerdings, dass die grundsätzlichen Anfragen nicht nur von konservativer Seite, sondern verstärkt auch aus liberaler oder säkularistischer Perspektive vorgebracht werden. Daraus ergeben sich kommunikative Herausforderungen gegenüber unterschiedlichen Zielgruppen.[44]

Religiös Konservativen, die sich mit konsequenter Religions- und Weltanschauungsfreiheit schwer tun, ist die Einsicht zuzumuten, dass das Zusammenleben in unseren irreversibel pluralistischen Gesellschaften nur gelingen kann, wenn der Staat allen Menschen gleichermaßen ihre Freiheitsrechte garantiert. Die Namen Gottes sind vielfältig, und in manchen religiösen Traditionen kommt Gott gar nicht vor; prophetische Religionen, die über den Rang der Propheten untereinander seit Jahrhunderten streiten, stehen neben Religionen, die von Prophe-

---

44 Ausführlicher dazu: H. Bielefeldt, Misperceptions of Freedom of Religion or Belief, in: Human Rights Quarterly, Februar 2013, 35–69.

ten nichts wissen; und was dem einen als heilig gilt, ist für den anderen womöglich blasphemisch oder überhaupt nicht nachvollziehbar. Bestimmte religiöse Traditionen, Identitäten, Praktiken, Gesetze und Institutionen als solche unter staatliche Kuratel zu stellen und womöglich gegen Kritik, Infragestellung und Konkurrenz zu schützen, muss zwangsläufig in die Irre führen. Die Folgen sind Diskriminierungen, Ausgrenzungen, gesellschaftliche Spaltungen und alle damit einhergehenden Verwerfungen. Subjekte von Rechtsansprüchen im Feld von Religion und Weltanschauungen können deshalb nur die *Menschen* in ihrer Würde, Freiheit und Gleichberechtigung sein. Menschenrechtlich geschützt ist nicht die Wahrheit der Religion, sondern die freie Wahrheitssuche der Menschen, nicht die Heiligkeit des göttlichen Gesetzes, sondern die persönliche und gemeinschaftliche Freiheit religiöser Lebensführung, nicht der Vorrang der einen wahren Kirche, sondern die Möglichkeit zur öffentlichen Manifestation vielfältiger Überzeugungen.

Dass der Mensch im Zentrum des Rechts steht, ist für liberales Denken gewiss keine Zumutung, sondern pure Selbstverständlichkeit. Nicht (mehr) ganz so selbstverständlich mag allerdings mittlerweile die Einsicht sein, dass für viele Menschen religiöse Orientierungen und Praktiken existenzielle Bedeutung haben und dass eine freiheitliche Gesellschaft dafür Raum geben muss, und zwar nicht nur in der Privatsphäre, sondern auch in der Öffentlichkeit.[45] Die pragmatische Anthropozentrik des staatlich gesetzten säkularen Rechts darf nicht verwechselt werden mit einer ideologischen Orientierung der Rechtsordnung an einer exklusiv anthropozentrischen Weltsicht, die für religiöse Überzeugungen, Rituale und Expressionen allenfalls noch Duldung aufbringt. In der Debatte um die Knabenbeschneidung in Deutschland hat sich teilweise ein ätzend-verächtlicher Tonfall gegenüber Menschen mit religiösen Grundüberzeugungen Bahn gebrochen, der schwer zu ertragen ist. Dies hat deutlich werden lassen wie wichtig es ist, die Liberalität der pluralistischen Gesellschaft, zu der das Menschenrecht der Religionsfreiheit beiträgt, auch gegen doktrinäre Verhärtungen in manchen Ausprägungen von Liberalismus oder Säkularismus immer wieder neu zur Geltung zu bringen.

Schließlich muss es darum gehen, das Verständnis und die Praxis der Religions- und Weltanschauungsfreiheit konsequent an den menschenrechtlichen Strukturprinzipien von Universalismus, Freiheit und Gleichberechtigung auszu-

---

45 Vgl. J. Habermas, Religion in der Öffentlichkeit. Kognitive Voraussetzungen für den „öffentlichen Vernunftgebrauch" religiöser und säkularer Bürger, in: ders., Zwischen Naturalismus und Religion. Philosophische Aufsätze, Frankfurt a. M. 2005, 119–154.

richten. Denn klientelistische Verengungen sowie antiliberale und mehr noch anti-egalitäre Umdeutungen der Religions- und Weltanschauungen finden sich in vielen Varianten. Der freiheitsrechtliche Gehalt der Religionsfreiheit wird durch Projekte einer Bekämpfung von „Religionsdiffamierung", durch identitätspolitische Anerkennungsforderungen, durch Vorstellungen staatlich behüteter interreligiöser Harmonie oder durch Wünsche nach Abdrängung von Religionen aus dem öffentlichen Leben abgefangen, relativiert oder gar ins Autoritäre hin verbogen. Und auch der Anspruch auf gleichberechtigte Verwirklichung dieses Menschenrechts in einem religiös-weltanschaulichen neutralen säkularen Rechtsstaat trifft immer wieder auf prinzipielle Widerstände oder wird als von vornherein sinnlos abgewiesen. Für konkrete Kritik an Missverständnissen und einer oft inkonsequenten Praxis der Religions- und Weltanschauungsfreiheit gibt es insofern viele gute Gründe. Die Kritik sollte aber zum Ziel haben, den Stellenwert dieses Menschenrechts zu stärken. Denn ohne Achtung vor den religiösen und weltanschaulichen Grundüberzeugungen der Menschen und ihren überzeugungsgestützten individuellen und gemeinschaftlichen Praktiken sind Menschenrechte letztlich gar nicht denkbar.

Zusammenfassung

Das Menschrecht der Religionsfreiheit steht von zwei Seiten unter Druck: einerseits wollen Traditionalisten und Konservative dieses Recht im Interesse einer Homogenität der Gesellschaft beschneiden, andererseits will ein liberaler Säkularismus die Religion aus dem öffentlichen Raum ins Private drängen. Das Menschenrecht auf Gedanken-, Gewissens-, Weltanschauungs- und Religionsfreiheit privilegiert weder religiöse Menschen noch schränkt es die Freiheitsrechte anderer etwa in der Weise ein, dass die Meinungsfreiheit es nicht erlaubt, den Glauben anderer Menschen verächtlich zu machen. Unter der Säkularität des Staates ist dessen respektvolle Nichtidentifikation mit einer Religion zu verstehen, nicht aber die Durchsetzung eines weltanschaulichen Säkularismus. Gegenüber Religionskritikern wie gegenüber Vertretern einer Staatsreligion ist der Stellenwert des Menschenrechts auf Religionsfreiheit immer wieder zu stärken.

The human right of religious freedom is often challenged – on the one hand by religious conservatives who would like to use religion to homogenize society, on the other hand by liberal secularists who would like to see religion as a merely private affair. Freedom of thought, conscience, religion or belief does not privilege religious persons nor does it stand in conflict with other human right like freedom of speech. A state's secularity points to the principle of non-identification with any religion, but is does not mean that the state should promote a secular worldview. Freedom of religion should be defended against those who would like to have a religion privileged by the state and against those would like to dispel religion from the public sphere.

CHRISTIAN POLKE

Die Idee der Menschenwürde

Zwischen Sakralität der Person und Versprachlichung des Sakralen

1. Umstrittene Menschenwürde – eine Idee auf der Grenze zwischen Recht, Moral und Religion

Von Isaiah Berlin, dem großen Ideenhistoriker, stammt das folgende Zitat, das den Auftakt zu meinen Überlegungen bilden soll:

> „Ideen müssen einem etwas bedeuten. Ein Intellektueller ist jemand, der sich wünscht, daß die Ideen so interessant wie möglich sind. Wenn man Ideen, die man erörtert, nicht für interessant hält, gleichgültig, welchen Überzeugungen man selbst anhängt, bleibt die Ideengeschichte ein schematischer Katalog von ungeprüften Doktrinen, furchtbar langweilig und irreal. [...] Wenn man sich für Ideen interessiert und diese Ideen einem etwas bedeuten, dann muß man sich auch für ihre Geschichte interessieren, denn Ideen sind keine Monaden, sie entstehen nicht im leeren Raum, sie stehen in Verbindung mit anderen Ideen, Überzeugungen, Lebensformen, Anschauungen – solche Anschauungen, ‚Weltanschauungen‘ sind Bestandteile dessen, was wir ‚geistiges Klima‘ nennen, und prägen die Menschen, ihr Handeln und ihr Empfinden genauso, wie materielle Faktoren und der historische Wandel dies tun."[1]

Vielleicht für keine andere Idee, für kein anderes Ideal, für keinen anderen Wert – die Verwendung der Begriffe bleibt hier bewusst im Vagen – gilt diese Charakterisierung mehr als für die Menschenwürde. Als prägender Begriff des soziomoralischen Klimas unserer Gegenwart von besonderer Bedeutung zeigt sich die Umstrittenheit seiner Deutungen auf dem Feld der Biowissenschaften und ihrer technologischen Anwendungen ebenso wie im interkulturellen und globalpolitischen Streit um die Sicherung von Menschenrechten. Dabei verschärft sich die

---

1 I. Berlin/R. Jahanbegloo, Den Ideen die Stimme zurückgeben. Eine intellektuelle Biographie in Gesprächen, Frankfurt a. M. 1994, 41. Eine umfassendere Berücksichtigung der insbesondere für die Neuzeit charakteristischen Umstrittenheit von Idealen (bzw. Werten) findet sich in der Skizze: I. Berlin, Das Streben nach dem Ideal, in: ders., Das krumme Holz der Humanität. Kapitel der Ideengeschichte, Berlin ²2003, 25–54.

Debattenlage immer dann, wenn er wie im deutschen Grundgesetz mit einer höchsten Wertigkeit verbunden wird, der eine absolute Vorrangstellung zukommt.[2] Als zentraler Marker im moralischen und weltanschaulichen Vokabular unserer Lebenswelt stellt er einen Schwellenbegriff dar, der sich jedenfalls nicht auf das rechtliche oder ethisch-politische Terrain beschränken lässt.[3]

So betrachtet lässt sich ermessen, warum sich die Menschenwürdevorstellung hinsichtlich ihrer Begründungen wie ihrer Reichweite und ihren Konsequenzen in regelmäßigen Abständen heftigen Auseinandersetzungen ausgesetzt findet. Stets geht es in solchen Debatten auch ums Grundsätzliche. Gerade deswegen verwundert es nicht, wenn sich in diesen Streitigkeiten auch Kirchen und ihre Theologen zu Wort melden und öffentlich Position beziehen. Wo in einem Ideal so etwas wie das letzte „Tabu"[4] einer pluralistischen Gesellschaft infolge „falscher" Deutungen infrage gestellt wird, können die Vertreter der „richtigen" Meinung nicht schweigen. Selbstredend, dass in solchen Debatten jede Position für sich die eigentlich zutreffende beansprucht.

Im Folgenden wird diese Kontroverse unter dem Gesichtspunkt der Frage nach der „richtigen" Begründung von und Argumentationsweise für die Geltung von Menschenwürde beleuchtet. Da mit diesem Ideal der Fluchtpunkt des modernen Universalismus, nicht nur, aber besonders für rechtsstaatliche Demokratien benannt ist, geht es dabei stets auch um die Auseinandersetzung mit dem kulturellen Wertepluralismus, von denen die Gesellschaften dieser Rechtsordnungen geprägt sind. Der Untertitel meines Beitrags verweist sodann auf die beiden Kontrahenten, die zur Profilierung dieses sozialtheoretischen Grundproblems herangezogen werden: Jürgen Habermas und Hans Joas. Ersterer drängt mit seiner These von der „Versprachlichung des Sakralen" auf die Möglichkeit und Verwirklichung einer relativ kontextenthobenen, rein rationalen und moralisch verallgemeinerbaren Begründung von Menschenwürde und den daraus folgenden Men-

---

2 Dies belegt schon die Formulierung von Art. 1 GG, die in ihrer rhetorischen Prägnanz weit über die sonst übliche Rechtssprache hinausreicht.

3 Vgl. M. Moxter, Unterwegs zum Recht. Eine Vorerinnerung an die Horizonte des Würdebegriffs, in: P. Bahr/H. M. Heinig (Hg.), Menschenwürde in der säkularen Verfassungsordnung. Rechtswissenschaftliche und theologische Perspektiven, Tübingen 2006, 73–91. Moxter spricht von „Schwellen der Begriffsgeschichte" (ebd., 91), deren Betrachtung erst die Mehrdimensionalität der Würdekategorie freizulegen vermag.

4 Zur Tabufunktion von Menschenwürde unter dem Gesichtspunkt moderner Religionstheorie vgl. U. Barth, Herkunft und Bedeutung des Menschenwürdekonzepts. Der Wandel der Gottesebenbildlichkeitsvorstellung, in: ders., Religion in der Moderne, Tübingen 2003, 345–371.

schenrechten. Diese These prägt nicht nur seine Ansätze von Diskursethik und Rechtstheorie, sondern sie bildet auch noch den unausgesprochenen Hintergrund seines „Übersetzungsmodells", wie er es in seinen Beiträgen zur Rolle der Religion seit der Friedenspreisrede 2001 entwickelt hat. Demgegenüber hat Joas in den letzten Jahren verstärkt ein gegenläufiges Modell einer Verständigung über den universalen Wert der Menschenwürde – verstanden als Sakralität der Person – vorgeschlagen, der partikulare Begründungsformen im Ansatz einer „affirmativen Genealogie" dem interkulturellen Gespräch zugänglich machen will. Beide Ansätze beziehen sich, wie gleich noch zu zeigen sein wird, auf gemeinsame Referenzautoren; und doch stehen sie in einem relativ starken Kontrast zueinander. Für eine ethisch-theologische Betrachtung dieser Debatte heißt dies, dass eine bloß synthetisierende Ergänzung eines der Modelle durch Überlegungen des anderen nicht in Frage kommen kann. Vielmehr wird sich zeigen, dass hinter beiden Ansätzen nicht nur ein differentes Verständnis hinsichtlich der Begründungslast liegt, denen sich religiöse Wertüberzeugungen in einer pluralistischen Öffentlichkeit zu unterziehen haben. Mehr noch verweist die Kontroverse zwischen Habermas und Joas auf eine Herausforderung, vor die auch jede theologische Ethik sich gestellt sieht, nämlich: wie sie das Verhältnis zwischen hermeneutischen und normativen Aspekten ihrer Theoriebildung zu beschreiben gedenkt und inwiefern es ihr gelingt, Normenanalyse und hermeneutische Werttheorie in ein produktives Verhältnis zueinander zu setzen. An der Idee der Menschenwürde erhalten diese scheinbar abstrakten Grundlegungsfragen nur ihre besonders gravierende moralische wie politische Brisanz.

2. Versprachlichung des Sakralen und das Konzept der Menschenwürde bei Jürgen Habermas

Jürgen Habermas' groß angelegter Theorieentwurf einer „Theorie des kommunikativen Handelns" stellt eine kritische Gesellschaftstheorie dar, die sich zugleich als Rekonstruktion der normativen Implikationen der Moderne versteht.[5] Im Wesentlichen geschieht dies durch die Verschränkung von philosophisch orientierter, aber entlang der Interpretation von soziologischen Klassikern entwickelter

---

5   Vgl. J. Habermas, Theorie des kommunikativen Handelns, Bd. 1: Handlungsrationalität und gesellschaftliche Rationalisierung, Bd. 2: Zur Kritik der funktionalistischen Vernunft, Frankfurt a. M. (1981) 1995. Im Folgenden abgekürzt: TKH I/II.

Handlungstheorie mit der Analyse sozialer Ausdifferenzierungs- und Rationalisierungsprozesse. Diesem Ansatz ist die Unterscheidung der Bereiche von System und Lebenswelt[6] geschuldet, deren immer stärkere Entkoppelung voneinander die größte Herausforderung für ein kommunikatives Handlungsmodell darstellt. Habermas will demnach an der Selbststeuerung sozialer Prozesse durch Handlungssubjekte festhalten und die darin implizierten normativen Ansprüche und Anforderungen freilegen. Damit sind im Kern bereits die späteren diskursethisch und rechts- wie demokratietheoretisch[7] entfalteten Gedankengänge angedeutet.

Obgleich der weitläufigen Entfaltung seines Werkes hier nicht weiter nachgegangen werden kann, ist für unsere Fragestellung von Bedeutung, dass im Kontext dieser Überlegungen zum ersten Mal die Formel von der „Versprachlichung des Sakralen" vorgetragen wird und sie darin – sehe ich es recht – ihre konsequenteste Darstellung findet. Eingeführt wird sie von Habermas in dem Teil seiner „Theorie des kommunikativen Handelns", in dem er sich mit den Positionen von Émile Durkheim und George Herbert Mead auseinandersetzt.[8] Dies zu erwähnen ist von einigem Belang, weil Habermas beide Autoren als Kronzeugen für eine Umstellung vom zweckrationalen auf das kommunikative Handlungsmodell heranzieht. Unabhängig von der Richtigkeit dieser mittels einer interpretativen Zusammenschau beider Werke vorgenommenen Deutung steht für die These von der Versprachlichung des Sakralen insbesondere die Beschäftigung mit Durkheims Religions-, Rechts- und Moralsoziologie ein. Dessen sozialevolutionäre Überlegungen zur Ausdifferenzierung der entsprechenden Funktionssphären werden dabei gekoppelt mit der Mead entnommenen sprachtheoretischen Differenzierung von propositionalen, illokutionären und expressiven Kommunikationsstilen und Sprachformen. Insbesondere den ersten beiden, vornehmlich aber der zweiten, gilt die Aufmerksamkeit von Habermas, ausweichlich ihres normativen, weil auf Wahrheit und Richtigkeit ausgerichteten Geltungs- und Verpflichtungscharakters. Dem korreliert dann das bei Durkheim präsentierte Modell der

---

6   Zur Auseinandersetzung mit Habermas' Werk vgl. den Sammelband: A. Honneth/H. Joas (Hg.), Kommunikatives Handeln. Beiträge zu Jürgen Habermas' „Theorie des kommunikativen Handelns", Frankfurt a. M. ³2002. Einwände gegenüber der harten Unterscheidung der Sphären von System und Lebenswelt finden sich in den Ausführungen von: H. Joas, Die unglückliche Ehe von Hermeneutik und Funktionalismus. Über Jürgen Habermas' Theorie des kommunikativen Handelns, in: Honneth/ders. (Hg.), Beiträge (ebd.), 144–176.

7   Vgl. J. Habermas, Faktizität und Geltung. Beiträge zur Diskurstheorie des Rechts und des demokratischen Rechtsstaates, Frankfurt a. M. (1992) 1998.

8   Zu finden in: TKH II, insbes. 69–169.

soziokulturellen Evolution, deren wesentliche Aspekte einer der Moderne einge-
schriebenen Rationalisierungstendenz die Verwissenschaftlichung der Weltbil-
dung, die Generalisierung von Werten und die Universalisierung von Recht und
Moral sowie die Individuierung des Einzelnen sind.

Die Rede von der Versprachlichung des Sakralen dient in diesem Zusammenhang zunächst als Interpretationskategorie für einen wesentlichen Zug der Moderne. Sodann aber gewinnt sie ihr Gewicht dadurch, dass sie sich wesentlich auf
die Momente der Wertegeneralisierung und der Universalisierung von Recht und
Moral bezieht. Lässt man sich mit Habermas auf „die sozialevolutionäre Frage
ein[], *in welcher Richtung* sich die für normengeleitetes Handeln bestimmenden
Ausgangskonstellationen geändert haben", dann stößt man auf die Hypothese,
„daß die sozialintegrativen und expressiven Funktionen, die zunächst von der rituellen Praxis erfüllt werden, auf das kommunikative Handeln übergehen, wobei
die Autorität des Heiligen sukzessive durch die Autorität eines jeweils für begründet gehaltenen Konsenses ersetzt wird. Das bedeutet eine Freisetzung des kommunikativen Handelns von sakral geschützten normativen Kontexten. Die Ent-
zauberung und Entmächtigung des sakralen Bereichs vollzieht sich auf dem Wege
einer *Versprachlichung des rituell gesicherten normativen Grundeinverständnisses*;
und damit geht die Entbindung des im kommunikativen Handeln angelegten
Rationalitätspotentials einher. Die Aura des Entzückens und Erschreckens, die
vom Sakralen ausgeht, die bannende Kraft des Heiligen wird zur *bindenden* Kraft
kritisierbarer Geltungsansprüche zugleich sublimiert und veralltäglicht."[9]

Offenkundig stützt sich Habermas mit seiner Rede von der Versprachlichung
des Sakralen auf Durkheims Vorstellung von der Religion als dem sozialgeschicht-
lich ursprünglichen Ort aller gesellschaftlicher Institutionen sowie ihrer zentralen Funktion als soziale Bindekraft. Darüber hinaus verbindet ihn mit diesem die
Überzeugung, wonach in der Ausbildung der Moderne die normativen und ideel-
len Potentiale der religiös-sakralen Institutionen in Recht und Moral diffundieren
bzw. auswandern[10]: „Soweit der sakrale Bereich für die Gesellschaft konstitutiv gewesen ist, treten freilich weder Wissenschaft noch Kunst das Erbe der Religion an;
allein die zur Diskursethik entfaltete, kommunikativ verflüssigte Moral kann *in
dieser Hinsicht* die Autorität des Heiligen substituieren. In ihr hat sich der archai-

---

9   TKM II, 118f. Man beachte die Anklänge an Max Weber in diesen Formulierungen: etwa, wenn
     von „Entzauberung" gesprochen oder das Verhältnis von sakral/profan demjenigen von außer-
     alltäglich/alltäglich angenähert wird. Beides findet sich gewiss auch bei Durkheim, aber nicht in
     dieser Zuspitzung.

sche Kern des Normativen aufgelöst, mit ihr entfaltete sich der rationale Sinn von normativer Geltung."[11]

Das soeben wiedergegebene Zitat stellt einen Schlüsseltext für das Verständnis der Theorie der Versprachlichung des Sakralen dar, zeigt es doch, wie diese Vorstellung sich über das ganze weitere Werk erstreckt und es orientiert. In ihm angedeutet findet sich nicht nur die harte Unterscheidung der Sphären von partikularen Ethosformen und universalistischer Moral; vielmehr wird klar, warum selbst alle späteren Würdigungen religiöser Traditionen nur unter Beachtung eines strikt kognitivistisch orientierten Übersetzungsvorbehaltes triftig sind.[12] So gesehen hat sich nicht der Kern der Überzeugung von der Notwendigkeit einer Versprachlichung des „normativ Sakralen" geändert, sondern es ist dieser lediglich ihre harte säkularisierungstheoretische Unterfütterung genommen und wird durch eine weiche Form ihrer methodischen Anwendung ersetzt. Allenfalls als Präzisierung darf demnach verstanden werden, dass damit zwar die „Gehalte, die sich die Vernunft durch Übersetzung aneignet" in philosophischer Gestalt zu eigen gemacht, der „opake Kern der religiösen Erfahrung" aber damit gerade nicht erschlossen werden kann. Denn dieser „Kern bleibt dem diskursiven Denken so abgründig fremd wie der von der philosophischen Reflexion auch nur eingekreiste, aber undurchdringliche Kern der ästhetischen Anschauung."[13]

Mit Blick auf die Frage, welche Argumentation für die Begründung des Geltungsanspruchs eines so umfassenden Ideals wie demjenigen der Menschenwürde notwendig ist, erscheint die Antwort somit klar. Nur diejenigen Formen moralischer Argumentation kommen hierfür in Frage, die aufgrund ihrer von partikularen Überzeugungsgemeinschaften enthobenen Fassung verallgemeinerbare und in Reichweite wie Einsicht universalisierbare Gründe angeben kann. Die kognitivistische Orientierung, die für alle moral- und sozialphilosopischen

---

10 In TKH II zeigt sich dies vor allem darin, wie Habermas Durkheims Religionssoziologie mit der in der Theorie der sozialen Arbeitsteilung dominanten Frage nach der Rechtsevolution und den späten moralsoziologischen Schriften verknüpft. Vgl. ebd., 119ff., 137ff.

11 TKH II, 140. In Formeln, wie der vom „Erbe der Religion", macht sich die beim frühen Habermas starke Säkularisierungsüberzeugung bemerkbar.

12 Besonders deutlich kommt dies in dem Aufsatz: Eine genealogische Betrachtung zum kognitiven Gehalt der Moral, in: J. Habermas, Die Einbeziehung des Anderen. Studien zur politischen Theorie, Frankfurt a. M. 1999, 11–64, insbes. 16ff., 50ff., zum Vorschein.

13 J. Habermas, Religion in der Öffentlichkeit. Kognitive Voraussetzungen für den öffentlichen Vernunftgebrauch religiöser und säkularer Bürger, in: ders., Zwischen Naturalismus und Religion. Philosophische Aufsätze, Frankfurt a. M. 2005, 119–154: 150.

Schriften von Habermas einschlägig ist, vermag es auch, dass er überhaupt erst
sehr spät die sachlich notwendige Differenzierung zwischen dem Begriff der Menschenwürde und der Idee der unverlierbaren Menschenrechte auch mit einer Reflexion auf die erstere Kategorie verbindet. In einer Art genealogischen Betrachtung kommt er zur Überzeugung, wonach die rechtlichen Bestimmungen erst im
20. Jh. durch die stärkere Einbeziehung der Würdekategorie eine normative Aufwertung in moralischer Hinsicht erhielten. Umgekehrt erklärt sich daraus die
„späte Karriere des Menschenwürdebegriffs in verfassungs- und völkerrechtlichen Diskussionen"[14]. So wird die Menschenwürde zugleich zu einer „moralische[n] ,Quelle', aus der sich die Gehalte aller Grundrechte speisen."[15] Im Konzept
der Menschenwürde kommt dabei ein moralischer Universalismus zum Ausdruck, der um Kulturen übergreifen wie diese transzendieren zu können mit davon losgelösten reziproken normativen Geltungsansprüchen operieren muss. An
diesem steilen Begründungsanspruch ändern auch genealogische Betrachtungen
von Begriffen nichts, welche sich der historischen Kontingenz ihrer Entstehung
und Bedeutungsfüllung widmen. Zwar wird gewürdigt, dass Erfahrungen ver-
letzter Menschenwürde „eine Entdeckungsfunktion" für deren Fortschreibung
zukommt. Doch die schon in der „Theorie des kommunikativen Handelns" vorgebrachte These von der Rationalisierung als Tendenz in der gesamten soziokulturellen Evolution findet sich auch hier wieder: „Im Lichte historischer Herausforderungen werden jeweils andere Bedeutungsaspekte der Menschenwürde
aktualisiert; diese aus verschiedenen Anlässen spezifizierten Züge der Menschenwürde können dann ebenso zu einer weiter gehenden Ausschöpfung des normativen Gehalts verbürgter Grundrechte wie zur Entdeckung und Konstruktion
neuer Grundrechte führen. Dabei dringt die im Hintergrund stehende Intuition
zunächst ins Bewusstsein der Betroffenen und dann in die Rechtstexte ein, um
dort begrifflich artikuliert zu werden."[16]

Scheint es zunächst so als würde Habermas mit seinem Ansatz einer Genealogie der Vernunft, die er in letzter Zeit zudem verstärkt auf religiöse Gehalte an-
wendet, für eine Aufwertung historischer Rekonstruktionen für die Entfaltung
normativer Geltungsansprüche plädieren, so zeigt eine genauere Betrachtung,
dass die Generalisierung von Normen sowie die Universalisierbarkeit ihrer Gel-

---

14 J. Habermas, Das Konzept der Menschenwürde und die realistische Utopie der Menschenrechte,
in: ders., Zur Verfassung Europas. Ein Essay, Berlin 2011, 13–38: 15.
15 Habermas, Konzept der Menschenwürde (s. Anm. 14), 16.
16 Habermas, Konzept der Menschenwürde (s. Anm. 14), 18.

tung weiterhin von der Ablösung ihrer kontingenten Entstehungskontexte und partikularen Ausdrucksformen abhängt: „Die beabsichtigte Genealogie hat keine Rechtfertigungsfunktion; sie soll vielmehr ein reflexives Bewusstsein von der Kontingenz des Entstehungskontextes der Hintergrundprämissen von einstweilen für gültig gehaltenen theoretischen Erkenntnissen und praktischen Einsichten fördern. [...] Die Genealogie des eigenen Vorverständnisses fördert die Bereitschaft zur gegenseitigen Perspektivenübernahme und zur Dezentrierung des eigenen Selbst- und Weltverständnisses, mit der jede Partei in einen solchen Diskurs eintreten muss."[17]

Auch das Konzept der Menschenwürde und den aus ihr als ihrer „moralischen Quelle" resultierenden Menschenrechten erlangt erst dort seinen normativen Geltungsanspruch als Ausdruck des moralischen (und rechtlichen) Universalismus, wo die Ebene einer strikt begrifflichen Rekonstruktion und rein rationalen Argumentation erreicht ist. Wie sehr die strikte Trennung von Fragen der Genesis von denjenigen der Geltung aufrechterhalten wird, zeigt auch der Umstand, dass den historischen Wurzeln dieser Habermas'schen Variante im neuzeitlichen Übergang vom Natur- zum Vernunftrecht – paradigmatisch bei Kant ausformuliert – keinerlei Begründungsfunktion zukommt. „Die normativen Ansprüche selbst begründen sich jedoch aus einer universalistischen Moral, deren Gehalte über die Idee der Menschenwürde längst in die Menschen- und Bürgerrechte Eingang gefunden haben. Allein über diesen internen Zusammenhang zwischen Menschenwürde und Menschenrechten wird jener explosive Anspruch der Moral ans Rechtsmedium hergestellt, in dem die Konstruktion gerechter politischer Ordnungen vorgenommen werden muss."[18]

Erneut beeindruckt, wie sehr das Durkheim'sche Paradigma der soziokulturellen Evolution als Rationalisierungsprozess mit dem Ziel einer Universalisierung von Recht und Moral Pate stand für die Rekonstruktion der Idee der Menschenwürde als einer Versprachlichung des als sakral empfunden Normativen in Gestalt von bindenden Grund- und Bürgerrechten. Gleichwohl sieht Habermas das Überschusspotential der Würdeidee vor Rechtssätzen, wie die Heranziehung der nicht weiter hermeneutisch analysierten Quellenmetapher und ihres utopistischen Potenzials verrät. Die Idee der Menschenwürde bildet für ihn das „be-

---

17 J. Habermas, Religion und nachmetaphysisches Denken. Eine Replik, in: ders., Nachmetaphysisches Denken II. Aufsätze und Repliken, Berlin 2012, 120–182: 143. Nur vor diesem Hintergrund kann dann auch eine dialogische Lern- und Ergänzungsfähigkeit zwischen säkularen und religiösen Positionen möglich sein (vgl. ebd.).

18 Habermas, Religion und nachmetaphysisches Denken (s. Anm. 17.), 37f.

griffliches Scharnier, welches Moral der gleichen Achtung für jeden mit dem positiven Recht und der demokratischen Rechtsetzung so zusammenfügt, dass aus deren Zusammenspiel unter entgegenkommenden historischen Umständen eine auf Menschenrechte gegründete politische Ordnung hervorgehen konnte."[19] Dennoch schreckt Habermas immer wieder vor einer Gleichbehandlung kultureller und religiöser Ethostraditionen gegenüber moraltheoretischen Argumentationsmustern im Diskurs um Geltungsanspruch und Reichweite der Idee der Menschenwürde zurück. Seine Redeweise von den „entgegenkommenden historischen Umständen", die verdächtig an Formulierungen von John Rawls erinnern, belegt das ebenso, wie die gar nicht auf ihre Doppelbödigkeit befragte Redeweise von den „Ausfallbürgschaften", die Moral und Recht „für die sozialintegrativen Leistungen aller übrigen institutionellen Ordnungen"[20] in der Moderne einnehmen (müssen). Die Folgen dieser Beschränkung des moralischen Diskurses, wenigstens mit Blick auf Begründungsfragen, werden zwar vom späten Habermas erkannt, aber selbst dann noch dienen Religionsgemeinschaften und andere zivilgesellschaftliche Gruppen allenfalls als Orte für die Regenerierung gesellschaftlicher Solidarität und nicht-moralisch einklagbarer Gerechtigkeit.[21]

3. Affirmative Genealogie und Sakralität der Person bei Hans Joas

In divergierenden Auffassungen über die Notwendigkeit der Einbeziehung von historischen und (kultur-)hermeneutischen Überlegungen in die ethische Argumentation und demzufolge zur Begründung normativer Geltungsansprüche (selbst mit universaler Reichweite) liegt die Fundamentaldifferenz zwischen dem Ansatz von Habermas und den Ausführungen von Hans Joas. Die Unterschiede

---

19 Habermas, Konzept der Menschenwürde (s. Anm. 14.), 21.
20 Habermas, Faktizität und Geltung (s. Anm. 7), 99.
21 Immer wieder hat Habermas in den letzten Jahren, darin durchaus an die erste Generation der Kritischen Theorie, Adorno und Horkheimer, anknüpfend, an die Rolle der Religion bei der Verständigung über das „Bewusstsein von dem, was fehlt" (weil es unter endlichen Prämissen als endgültig verloren erscheint) erinnert. Hinzu kommt sein Zutrauen gegenüber religiösen Überlieferungsgemeinschaften, der die Solidarität gefährdenden „entgleisenden Säkularisierung der Gesellschaft im Ganzen" entgegenzuwirken. Vgl. J. Habermas, Vorpolitische Grundlagen des demokratischen Rechtsstaates?, in: ders., Zwischen Naturalismus und Religion (s. Anm. 13), 106–118: 106, sowie: M. Reder/J. Schmidt (Hg.), Ein Bewußtsein von dem, was fehlt: Eine Diskussion mit Jürgen Habermas, Frankfurt a. M. 2008.

zwischen beiden Denkern sind weniger – wie mitunter angeführt wird – in konfessionellen oder philosophischen Mentalitäten zu finden als in grundsätzlich anders gelagerten Zugängen zu wesentlichen Problemen der Sozialtheorie. Joas' eigener Versuch einer historisch angelegten Kultursoziologie als Genealogie der Menschenrechte, wie er sie unlängst in seinem Buch über „Die Sakralität der Person"[22] gebündelt vorgelegt hat, steht im Kontext seiner früheren Überlegungen zu einer in den Traditionen des amerikanischen Pragmatismus und des hermeneutischen Historismus stehenden Handlungs- und Werttheorie.[23] Auch die in der „Sakralität der Person" an zentraler Stelle entfaltete Methodologie der „affirmativen Genealogie" ist vor diesem Hintergrund zu verstehen und setzt somit die Überlegungen aus den beiden vorangegangenen Werken zur „Kreativität des Handelns"[24] und zur „Entstehung der Werte"[25] voraus.

Schon der Titel seines jüngsten Buches verweist auf den auch bei Joas festzustellenden Einfluss von Durkheim, insbesondere dessen Beschreibung der Idealbildung, d. h. der Entstehung und Bewährung von Werten, als Sakralisierungsvorgänge. „Ich schlage vor, den Glauben an Menschenrechte und die universale Menschenwürde als das Ergebnis eines spezifischen Sakralisierungsprozesses aufzufassen – eines Prozesses, in dem jedes einzelne menschliche Wesen mehr und mehr und in immer stärker motivierender und sensibilisierender Weise als heilig angesehen und dieses Verständnis im Recht institutionalisiert wurde."[26] Bis hinein in die Formulierungen knüpft Joas dabei an Formulierungen an, die Émile Durkheim auf dem Höhepunkt der Dreyfuss-Affäre in Frankreich 1898 in seinem Aufsatz über den *Individualismus und die Rolle der Intellektuellen* verwendet hatte. Durkheim sprach damals davon, dass „das Individuum seine Würde aus einer höheren Quelle [empfängt], die es mit allen Menschen gemeinsam hat. Wenn es ein Recht auf diese religiöse Achtung hat, dann deshalb, weil es ein Stück von der Menschheit in sich trägt. Es ist die Menschheit, die verehrungswürdig und heilig ist; freilich ist sie nicht allein in ihm. Sie erstreckt sich auf alle seinesgleichen [...] Der Kult, dessen Gegenstand und Akteur es zugleich ist, wendet sich nicht an das

---

22 H. Joas, Die Sakralität der Person. Eine neue Genealogie der Menschenrechte, Berlin 2011. Im Folgenden abgekürzt: SP.

23 Zur Kennzeichnung des Werkes von Joas sehr instruktiv: W. Knöbl, Makrotheorie zwischen Pragmatismus und Historismus, in: B. Hollstein/M. Jung/ders. (Hg.), Handlung und Erfahrung. Das Erbe von Historismus und Pragmatismus und die Zukunft der Sozialtheorie, Frankfurt a. M./New York 2011, 273–315, insbes. 30ff.

24 H. Joas, Die Kreativität des Handelns, Frankfurt a. M. (1992) 1996.

25 H. Joas, Die Entstehung der Werte, Frankfurt a. M. (1997) 1999.

26 SP, 18.

Individuum als einzelnes Wesen, das seinen Namen trägt, sondern an die menschliche Person, wo auch immer sie vorkommen mag, in jedweder Form, in der sie sich verkörpert."[27]. Diese „Religion des Individuums" ist dabei das, was für Durkheim moderne Gesellschaften mit Anspruch auf egalitärem Universalismus zusammenhalten kann.

Für Joas belegen die Menschenrechtserklärungen der Revolutionen im 18. Jh. den normativen Durchbruch hin zu einer Sakralisierung der Person genauso wie die Trends zu einer stärkeren Humanisierung des Strafrechts, die etwa zeitgleich einsetzten. Anders als Durkheim aber wehrt er sich gegen den atheistisch gefärbten Säkularismus (oder eben auch Laizismus) des letzteren.[28] Für Joas gibt es keine linearen Entwicklungen, an denen sich auch nur ansatzweise das Verhältnis von religiösen oder säkularen Weltanschauungen zu den jüngsten sozialen und kulturellen Wandlungsprozessen ablesen ließe. „Der Aufstieg der Menschenrechte als ein in vieler Hinsicht neuartigen Sakralisierung der Person stellt für das Christentum – aber ebenso für andere religiöse und auch säkulare Werte- und Weltanschauungstraditionen – eine Herausforderung dar, in deren Licht ihre Anhänger sie neu deuten müssen."[29] Der Anpassungsdruck zur Neujustierung des Verhältnisses von eigener Glaubensüberlieferung und veränderten Wertebewusstsein ist demnach ein keineswegs ein für alle Mal entschiedener. Für alle Positionen gibt es potentiell die gleichen Chancen für Gelingen wie Scheitern. So liegt die Hoffnung von Joas denn auch in der Möglichkeit einer Wertegeneralisierung der Ideen von Menschenwürde und Menschenrechten, die nicht über partikulare Traditionen hinweggeht, sondern sich in, durch und mit ihnen vollzieht. Dabei verweist er u. a. auf die glücklichen Umstände bei der Abfassung der Allgemeinen Menschenrechtserklärung von 1948.[30] Doch müssen wir hier von allen weiteren materialen Ausführungen absehen, um uns sogleich der eigentlichen Frage des Verhältnisses von Genesis und Geltung in der ethischen Argumentation zuzuwenden. Was uns hier besonders interessiert, ist, wie Joas die Begründung von universalen Werten und normativen Ideen für möglich hält, ohne am Faktum ihrer Kontingenz und

---

27 É. Durkheim, Der Individualismus und die Intellektuellen (1898), dt. in: Gesellschaftlicher Zwang und moralische Autonomie, hg. v. H. Bertram, Frankfurt a. M., 54–70: 59. Joas knüpft in SP, 82ff. ausdrücklich an Durkheim an.

28 Zu Leistungsfähigkeit und Kritik des Ansatzes von Durkheim vgl. auch: H. Joas, Der Glaube an die Menschenwürde als Religion der Moderne?, in: ders., Braucht der Mensch Religion? Über Erfahrungen der Selbsttranszendenz, Freiburg i. Br. 2004, 151–168.

29 SP, 205.

30 Vgl. das sechste Kapitel von: SP, 251ff.

historischen Standortgebundenheit vorbeizugehen; und worin er sich bei alldem von Habermas unterscheidet.

„Die Sakralität der Person" stellt einen ebenso exemplarischen wie paradigmatischen Versuch dar, die Entstehung der Werte (genauer: eines Wertes) mit der ethischen Rechtfertigung durch die Entwicklung einer entsprechenden Methodologie zu verknüpfen. Die eigene Position – von Joas als „existentielle[r] Historismus" gekennzeichnet und anhand einer tiefgründigen Interpretation von Ernst Troeltschs *Opus Magnum* „Der Historismus und seine Probleme" entwickelt – geht unter dem Stichwort einer „affirmativen Genealogie" der Grundeinsicht nach, „daß es bei fundamentalen Werten zwar keine philosophische Begründung gibt, die unabhängig von aller Geschichte unbedingte universale Ansprüche erheben kann, daß uns dies aber nicht zu einer relativistischen Sichtweise zwingt, der zufolge eben alle Werte nicht als subjektive Setzungen von Individuen und Kulturen seien."[31] Eine solche Charakterisierung erklärt von selbst, warum „weder Kant noch Nietzsche" hierfür Gewährsmänner darstellen können. Mehr noch, sie verweist auf das in früheren Schriften ausgiebig dargelegte Verständnis von Werten bei Joas zurück. Für ihn sind Werte sowohl „subjektiv evident" als auch „affektiv intensiv".[32] Anders als Präferenzen oder Interessen sind sie nicht beliebig austauschbar und verweisen darüber hinaus auf die Identitätsbestimmung von Individuen als Handlungssubjekte oder auch -kollektive. Werte sind „emotional stark besetzte Vorstellungen über das Wünschenswerte".[33] Sie dienen somit als reflexive Standards zugleich der „Bewertung der in unseren Wünschen inkarnierten Bewertungen".[34] Erst aus diesen beiden Momenten wird verständlich, warum an einem im Wertbegriff implizierten Bezug zur Idee eines „an und für sich" Guten festzuhalten ist. Ohne dass damit weiterreichende metaphysische Theorien über das Wesen der Werte oder dieses Guten verbunden sein müssten, gibt diese Beobachtung bereits Aufschluss darüber, warum es als defizitär gelten müsste, würde man Werten den Anspruch auf universale Geltung von vornherein absprechen.

---

31 SP, 20.

32 Eine kurze und prägnante Darstellung seiner Theorie der Werte gibt Joas in: Die kulturellen Werte Europas: Eine Einleitung, in: ders./K. Wiegandt (Hg.), Die kulturellen Werte Europas, Frankfurt a. M. ²2005, 11–39.

33 Joas, Die kulturellen Werte (s. Anm. 32), 15.

34 Joas, Entstehung der Werte (Anm. 25), 31.

35 Bereits in *Die Kreativität des Handelns* hat Joas auf die anthropologischen Wurzeln der Werterfahrungen aufmerksam gemacht. Werte sind rückzubinden an Handlungssituationen. Die konkrete Welthabe des Menschen muss demnach als situativ erschlossen, sozial bedingt, han-

Um den Ansatz einer affirmativen Genealogie zu verstehen, muss man berücksichtigen, dass alle Werte letztlich im „Faktum der Idealbildung" als einem Merkmal menschlicher Lebensführung gegründet sind.[35] Dabei unterliegen Werte nicht einfach einer ihnen vorgegebenen normativen oder teleologischen Struktur. Deswegen können sie gar nicht rein rational begründet werden. Der Faktor der historischen Kontingenz von Werten und die Notwendigkeit fortschreibender ethischer Reflexion und Gestaltung von Wertbildungen nötigen zur „affirmativen Genealogie". Folgerichtig führt dies zwingend zur Verschränkung von Genesis und Geltung in der ethischen Argumentationsweise: „Genealogisch ist diese Methode, weil sie sich von der Vorstellung einer Kontemplation objektiver Teleologie radikal freigemacht hat, [...] ‚Affirmativ' soll diese genealogische, das heißt kontingenzbewußte Vergangenheitsrekonstruktion nun aber heißen, weil der Rückgang auf Prozesse der Idealbildung, die Entstehung von Werten, die Bindung an diese nicht negiert oder uns in einen Zustand souveräner Entscheidung über unsere Wertbindung erhebt, sondern weil er uns gegenüber dem Appellcharakter historischen verkörperten Sinns öffnet".[36] Darin liegt zugleich ihr zutiefst ethischer Zug.

Weil unsere tiefsten und höchsten moralischen Überzeugungen in kontingenten Wertbindungen wurzeln, denen ein stark motivationaler Zug innewohnt – in beidem den religiösen Überzeugungen analog, scheint es widersinnig, ihren Entdeckungszusammenhang von ihrer Begründung radikal trennen zu wollen. Dadurch würde sich die moralische Argumentation nämlich eines wesentlichen Teils ihrer Überzeugungskraft nehmen. Übrig bliebe dann allenfalls das, was bei Habermas die „schwache Kraft rationaler Motivation"[37] heißt. Mit dem Ansatz der affirmativen Genealogie will Joas somit ein Doppeltes für die Arbeit der Moral- und Sozialphilosophie erreichen: Einerseits schränkt er – gemessen an den Prämissen der Theorie von Habermas – die Verallgemeinerungsfähigkeit rein rationaler Argumentation ein, weil er den Kontingenzaspekt aller moralischen Urteile

---

delnd vollzogen und symbolisch interpretiert beschrieben werden. Dabei ist der Faktor der Kreativität zentral, auch und gerade für Wertbildung und Zwecksetzung. Vgl. etwa Joas, Kreativität des Handelns (s. Anm. 24), 238ff. Joas' Ansicht konturiert sich vor dem Hintergrund einseitig an teleologischen oder zweckrationalen Modellen orientierten Handlungskonzeptionen.

36 SP, 189f.

37 Vgl. die bei Habermas öfters wiederkehrenden Formulierungen in „Faktizität und Geltung" (s. Anm. 7, 19): „Normativität und Rationalität überschneiden sich auf dem Feld der Begründung von moralischen Einsichten, die in hypothetischer Einstellung gewonnen werden und nur die schwache Kraft der rationalen Motivation mit sich führen, jedenfalls von sich aus die Umsetzung der Einsichten in motiviertes Handeln nicht sicherstellen können."

scharf hervorhebt und dementsprechend die künstliche Trennung der Sphären von Ethos und Moral, Werte und Normen, erstpersonaler Perspektive guter Lebensführung und zweitpersonaler Perspektive von Gerechtigkeitsansprüchen ablehnt. Andererseits wird damit keineswegs jede sinnvolle Unterscheidung von Werten und Normen sowie die Möglichkeit ihrer Universalisierung preisgegeben. Konkreter differenziert werden müsste dabei allerdings die Qualität des Attraktiven von der des Restriktiven. Aufzugeben ist lediglich der Anspruch auf die zwingend kontextenthobene Begründung universaler Werte und Normen. Dann könnte auch der Verankerung von Werten und Ideen mit universalem Geltungsanspruch in je partikularen Begründungsmustern und historischen Kontexten besser entsprochen werden, sofern das Feld der ethischen Argumentation für eine Vielzahl von Positionen geöffnet würde, ohne jedoch diese erst wieder an einem künstlich gesetzten Übersetzungsvorbehalt prüfen zu wollen. Anders als Habermas braucht Joas den Kern religiöser oder anderer weltanschaulicher (bzw. ästhetischer) Erfahrungen nicht als „opak" zu setzen, weil er mit Narration[38] und historisch-soziologischer Analyse über methodisch überprüfbare Mittel verfügt, die eine Verständigung über die Entstehungsbedingungen und über die für Wertbindungen entscheidenden, ihnen zugrunde liegenden Erfahrungen erleichtern. Keines von beiden, weder Erzählung noch historische Analyse, ist freilich selbst wertneutral oder argumentationsfrei, weswegen Standortreflexivität ein methodisches Credo bleibt.[39] Alles in allem fallen somit notwendige und hinreichende

---

38 Schon in „Entstehung der Werte" hat Joas in dieser Verbindung von ethischer und genealogisch-narrativer Darstellung einen Vorzug der Entwürfe von Taylor und Ricoeur gesehen. Vgl. Joas, Entstehung der Werte (s. Anm. 25), insbes. 196ff., 268ff. Man sollte hinzufügen, dass die Aufwertung der narrativen Form nicht gleichzusetzen ist mit dem Ansatz einer narrativen Ethik. Bei Joas scheint mir der systematische Link eher darin zu liegen, dass die Erzählung – derer sich bekanntlich auch die Geschichtsschreibung bedienen muss – eben jene interpretatorische Darstellungsweise ist, die uns am sachgemäßesten Auskunft über die situative Entstehung unserer Identitätsmuster und Werteinstellungen geben kann. Eine solche Einbeziehung genealogischer und narrativer Betrachtungen in ethische Argumentationsführungen fußt somit eher auf pragmatistischen Annahmen.

39 Dabei gilt es zu beachten: „Um sich des Appells historisch verkörperten Sinns zu öffnen, bedarf es nicht der historisch-soziologischen Analyse seiner Entstehung. Wenn aber dieser Sinn, wenn historisch entstandene Ideen und Werte abstrakt geworden sind, dogmatisch oder konventionell erstarrt, dann ist historische Forschung im Sinne einer affirmativen Genealogie der Weg zur Verlebendigung, weil nur die Begegnung mit der ursprünglichen Lebendigkeit den immer schon über seine Entstehungsbedingungen hinausweisenden Sinn wieder vernehmbar macht." (SP, 202) Man könnte demnach sagen, dass hierin auch ein Schritt zur Verständigung über Werte mittels wissenschaftlich-hermeneutischer Analyse gesucht werden kann, der noch einmal deut-

Begründungen eines moralischen Universalismus nicht zusammen und bedürfen von daher klarer Unterscheidungen.[40]

Nicht überraschend dürfte nunmehr sein, dass Joas die Theorie von der Versprachlichung des Sakralen in keiner Weise überzeugend findet. Er erkennt in ihr „eine der radikalsten je vorgetragenen Säkularisierungskonzeptionen".[41] Darüber hinaus überzeugt ihn auch nicht, wie Habermas seine These im Anschluss an Durkheim entwickelt. Denn für letzteren kann sich selbst der moderne Egalitarismus, der sich in einem moralischen Individualismus als „Religion der Moderne" ausdrückt, seiner praktischen Gestaltung und rituellen Inszenierung nicht entledigen. Damit aber bleibt sein im Kern sakraler Charakter erhalten, der gerade nicht einfach in Obligationen („Bindungen") aufgeht. Vielmehr muss er sich für die sich an ihnen Orientierenden als das vornehmlich Erstrebenswert-Gute erweisen.[42] Darin liegt begründet, warum Werte sich nicht restlos als in propositionale Gehalte oder illokutionär-verpflichtende Sprechakte transformierbar erweisen. Sie gehen jedenfalls in ihnen nicht auf und ihr bindender Charakter hängt mehr an ihren affektiven Qualitäten, die eine Aufklärung über ihre Entstehungsbedingungen in der Kommunikation über Werte notwendig macht: „Werturteile verweisen auf Geschichten. Wir machen unsere Wertbindungen plausibel, verteidigen sie damit aber auch, wenn wir erzählen, wie wir oder andere zu ihnen kamen und was geschieht,

---

licher über die strikt narrativen Plausibilisierungsmöglichkeiten hinausgeht – ein für eine hermeneutisch auf Pluralität von Argumentationsweisen achtende theologische Ethik nicht ganz unwichtiger Gedanke.

40 Vgl. H. Joas, Antwort auf Lutz Wingert, in: H.W. Schäfer (Hg.), Hans Joas in der Diskussion. Kreativität – Selbsttranszendenz – Gewalt, Frankfurt/New York 2012, 116f.

41 P, 95. Für Habermas lässt sich Durkheims These von der notwendigen Sakralisierung gesellschaftlicher Ideale nicht aufrechterhalten, weil die er die auch bei Durkheim vorhandenen Rationalisierungstendenzen bekanntlich weberianisch zugleich als radikale Entzauberungsprozesse liest. Deutlich wird dies in: TKH II, 125f.

42 Vgl. É. Durkheim, Bestimmung der moralischen Tatsache, in: ders., Soziologie und Philosophie. Mit einer Einleitung von Th.W. Adorno, Frankfurt a. M. 1976, 85, sowie: Entgegnungen auf Einwände, in: ders., Soziologie und Philosophie (ebd.), 124ff. An dieser Stelle können wir sehen, inwiefern die bei Habermas stets mit einiger Hartnäckigkeit aufrechterhaltene scharfe Differenz zwischen Normen und Werten sich schließlich auch der Bedeutung der durch das als gut Erstrebenswerten in Gang gebrachten Motivation zu moralischem Handeln begibt. Wo er dennoch dieses Problems in seiner Härte ansichtig wird, flüchtet er sich bisweilen in Metaphern, wie der schon erwähnten von der „moralischen Quelle". Auch Joas kennt durchaus die Unterscheidung von Normen und Werten, nur ist diese weniger bereichsbezogen oder vernunfttheoretisch fundiert, sondern fußt in deren jeweiliger qualitativer Eigenschaft und institutionellen Verfasstheit und verläuft in etwa entlang der Durkheim'schen Unterscheidung. Vgl. Joas, Entstehung der Werte (Anm. 25), 287f.

wenn wir gegen diese Werte verstoßen. Deshalb ist biographisches, historisches und mythologisches Erzählen nicht Illustration zu didaktischen Zwecken, sondern ein notwendiger Zug der Kommunikation über Werte."[43] Gegenüber allzu leichten Missverständnissen entzieht Joas damit Werteinstellungen und -überzeugungen nicht der Kritik durch Gegenargumente, konträre Erfahrungen oder wissenschaftliche Erkenntnisse. Vielmehr sind es gerade die mit Wertüberzeugungen verbundenen Geltungsansprüche selbst, die immer wieder zur Auseinandersetzung mit Gegenpositionen treiben und dadurch auf die Probe stellen oder besser der Bewährung aussetzen.

Doch die Behandlung von Menschenwürde und Menschenrechte darf nicht auf die Frage nach sinnvoller Kommunikation über die Entstehung und den Gehalt der damit verbundenen Werte reduziert werden. Schon ihr Anspruch, als Werte und normative Ideen wahrgenommen zu werden, provoziert Forderungen nach ihrer transindividuellen Sicherung, auch jenseits subjektiver Einsichtsfähigkeit und individueller Überzeugung. Werteinstellungen sind nur dann auf Dauer gesichert, wenn sie über ihre Plausibilisierung in Wertediskursen hinaus einerseits Eingang finden in habitualisierte Verhaltensweisen und Alltagspraktiken, und andererseits jenseits momentaner Erschütterungen und Problematisierungen in institutionellen Zusammenhängen verankert sind. Keines dieser drei Elemente – Wertüberzeugungen, Praktiken und Institutionen – ist austauschbar. Vielmehr besteht zwischen ihnen ein selbst nicht als einlinig zu beschreibendes Spannungsverhältnis. Darin liegt der „soziologische Realismus" bei Joas: „Vieles bleibt dem Bewußtsein unthematisch und in Praktiken verkörpert, ohne herausgehoben und reflektiert zu werden. Damit sind auch Spannungen zwischen Werten und Praktiken wahrscheinlich. Die geltenden Praktiken können mit Verweis auf deklarierte Werte in Frage gestellt, ebenso die Werte unter Hinweis auf gelebte Praxis revidiert werden. [...] Wenn wir weiterhin annehmen, daß es neben der Praxis des Alltagslebens und der Kommunikation über Werte noch Institutionen im Sinn einer von den einzelnen Handelnden abgelösten, verpflichtend gewordenen Handlungserwartung gibt, dann wird ein Spannungsfeld sichtbar, das drei Pole hat: Werte, Institutionen, Praktiken. Auch die Institutionen, etwa das Recht, können von Werten und Praktiken abweichen. Sie werden dann von diesen aus kritisierbar, oder sie werden umgekehrt diese unter Rechtfertigungszwang setzen."[44]

---

43 SP, 256ff., 259f.
44 SP, 133. Alle paradigmatisch in Joas' Buch herangezogenen historischen Prozesse, etwa die Abschaffung von Folter und Sklaverei, dienen als Beleg für das Zusammenspiel dieser drei Handlungszusammenhänge, in und mit denen Individuen in sozialen Zusammenhängen interagieren.

4.   Über den elementaren Zusammenhang von Ritus und Normativität: ein Zwischenfazit mit Durkheim

Zusammenfassend lässt sich sagen: Habermas und Joas entwickeln ihre Positionen vor dem Hintergrund unterschiedlicher Handlungs- und Rationalitätskonzeptionen. Damit verbinden sich deutlich unterschiedliche Vorstellungen über die Gestaltung von moralischen Diskursen, über die Zulässigkeit bestimmter Argumentationsweisen und über die Legitimitätskriterien für ethische Geltungsansprüche. Dem steht nur scheinbar entgegen, dass sie ihre jeweiligen Positionen z. T. durch Bezug auf die gleichen Bezugsautoren, vornehmlich Durkheim und Mead,[45] entwickeln. Doch insbesondere der fortwährende Einfluss von Durkheim führt in der letzten Zeit zu einer weiteren Annäherung – wenn nicht der Positionen so doch hinsichtlich der Fokussierung der Herangehensweise. Dazu ist noch einmal auf den Ursprung der Idee der „Versprachlichung des Sakralen" zurückzukommen.

Allerspätestens in seiner reifen Fassung der Religionstheorie hat Durkheim die zentrale Rolle, die dem rituellen Handeln und der darin allererst möglich werdenden Erfahrung kollektiver Efferveszenz, für die Bildung sakraler (bzw. normativer) Ideale, herausgestellt.[46] Kollektive Bindungen entstehen in extrem intensiven und erregenden Zuständen kultischen Handelns und bringen so das Bewusstsein von sakralen, höheren, jedenfalls außeralltäglichen Idealen bzw. Werten oder Realitäten hervor. Nun stehen sich damit nicht einfach zwei Wirklichkeiten, eine ideale und eine reale, entgegen. Denn Idealbildungen, übrigens nicht immer von positiver Art, stellen selbst einen Teil der Wirklichkeit dar, die sie „idealisieren", indem sie ihnen ein „Ideal" als Gewolltes und Gesolltes gegenüberstellen. Mehr noch, jede Gesellschaft bedarf einer permanenten Erneuerung, Inszenierung und Kultivierung des Bewusstseins ihrer Ideale: „Die ideale Gesellschaft steht nicht außerhalb der wirklichen Gesellschaft; sie ist ein Teil von ihr; statt zwischen ihnen geteilt zu sein [...] kann man nicht der einen angehören, ohne auch der anderen anzugehören. Denn eine Gesellschaft besteht [...] vor allem aus der Idee, die sie von sich selbst macht."[47]

---

45   Die wechselseitige Interpretation beider Denker, vor allem aber die Mead-Darstellung und -Kritik in TKH II, erfahren früh die Kritik von Joas: vgl. ders., Die unglückliche Ehe (s. Anm. 6), 187ff.

46   É. Durkheim, Die elementaren Formen des religiösen Lebens (1912), Frankfurt a. M. 1994, 296ff. Der Ausdruck „Efferveszenz" wird in der deutschen Übersetzung leider sehr unglücklich mit „Gärung" wiedergegeben. Man muss daher, um sich der Pointe dieser Vorstellung nicht zu begeben, die Beschreibungen Durkheims im Zusammenhang betrachten.

47   Durkheim, Die elementaren Formen (s. Anm. 46), 566.

Hat noch der frühe Habermas mit diesen Überlegungen nur bedingt etwas anfangen können, weil der Typus des rituellen Handelns – analog zu allen spielerischen Handlungstypen, die bei Mead übrigens das Modell zur Explikation der Rollenübernahme bilden – weder in das strategische, noch in das normative und auch – zumindest vor der Versprachlichung des Sakralen – nicht in das kommunikative Handeln passen,[48] verweisen die jüngsten Äußerungen, auch und gerade unter systematischerer Einbeziehung der Religionsthematik (jenseits ihrer politiktheoretischen Bedeutung) in eine leicht andere Richtung. Ähnlich, wie Durkheim, fasst Habermas die Eigenbedeutung von Religionen darin auf, dass sie sich in rituellen, mythischen und institutionellen Zusammenhängen bewegen,[49] und darin eine ganz eigene Form von Solidaritätsbindung erzeugen können. Auch an der relativ scharfen Trennung der außeralltäglichen Weise religiöser Erfahrungen vom profanen Bereich des Alltags (und der säkularen Weltperspektiven) wird festgehalten. Und doch wird jetzt mit zunehmend positiveren Anklängen konstatiert: „Die alltägliche Kommunikation erzeugt die schwache Normativität eines übersubjektiven Sprachlogos, der den Geist für Gründe sensibel macht; die Kommunikation mit den Mächten des Heils und Unheils bringt die starke Normativität gesellschaftlicher Solidarität hervor und erneuert sie."[50] Immer noch hält Habermas freilich am Primat und dem evolutionsgeschichtlichen Fortschritt der Entwicklung propositionaler Sprachfähigkeit und -fertigkeit fest. Aber man wird doch ggf. unter der Deutung eines performativen Selbstwiderspruchs festhalten können, dass die rationale Aufklärung des Ritus (und des Mythos) selbst wiederum rückgebunden wird an deren (vorerst?) nicht zu substituierende gattungsgeschichtliche Relevanz. Wenn dies nun für die Welt des Normativen gilt, dann jedenfalls müsste von hier aus noch einmal neu die Frage der Übersetzung von re-

48 Vgl. TKH II, 136ff., wo Habermas nochmals auf die Rationalisierungsleistung zu sprechen kommt, die kulturgeschichtlich und sozialevolutionär durch die Umstellung auf eine rein rationale Argumentation mit dem Ziel konsensueller Koordination gegeben sei.

49 Vgl. die klassische Definition von Religion bei Durkheim: „Eine Religion ist ein solidarisches System von Überzeugungen und Praktiken, die sich auf heilige, d. h. abgesonderte und verbotene Dinge, Überzeugungen und Praktiken beziehen, die in einer und derselben moralischen Gemeinschaft, die man Kirche nennt, alle vereinen, die ihr angehören." (Durkheim, Die elementaren Formen [s. Anm. 46], 75)

50 J. Habermas, Die Lebenswelt als Raum symbolisch verkörperter Gründe, in: ders., Nachmetaphysisches Denken II (s. Anm. 17), 54–76: 69. In diesem Text finden sich auch erste Annäherungen an ein Verständnis von Kunst als ebenfalls symbolischer, nicht-sprachlicher Form von Kommunikation (ebd., 75).

ligiösen Gehalten in säkulare diskutiert werden. Dass diese leichte Korrektur jedoch schon in den Ansätzen stecken bleibt, ist daran zu bemerken, dass Habermas an einer letzten Abständigkeit aller Religion gegenüber der Moderne festhält: „Der sakrale Komplex hat sich nicht aufgelöst; religiöse Überlieferungen haben in der Symbiose mit dem Kultus ihrer Gemeinden ihre Vitalität bewahrt. Die Mitglieder religiöser Gemeinschaften können sogar das Privileg für sich beanspruchen, im Vollzug ihrer kultischen Praktiken den Zugang zu einer archaischen Erfahrung – und zu einer Quelle der Solidarität – behalten zu haben, die sich den ungläubigen Söhnen und Töchtern der Moderne verschlossen hat."[51] Allerdings bleibt zu fragen, warum Habermas das Zutrauen fehlt, das noch Durkheim umtrieb, nämlich den Zugang zu einer „archaischen" Erfahrung als eine Weise der stets mit der *conditio humana* gegebenen Weise der Idealbildung zu verstehen, der rituell gestaltet auch den „religiös unmusikalischen" Zeitgenossen in der Moderne zugänglich ist. Die durch Einbeziehung von kultur- und sozialanthropologischen Forschungen[52] erreichte Anreicherung seines eigenen Konzepts wird im Letzten doch wieder von seinen eigenen Voraussetzungen über rationalen Diskurs, kommunikatives Handeln und einer säkularisierungsaffinen Deutung der Moderne kassiert.

Demgegenüber kann Joas ebenfalls dem durkheimianischen Zusammenhang von Ritus und Normativität folgen und kommt doch zu einem konstruktiveren Verhältnis, insbesondere hinsichtlich des Faktums der Idealbildung. Denn rituelle Handlungskontexte, die stets auch soziale sind, sind die ausgezeichneten Orte, an denen wir uns der Attraktivität und Wahrheit, aber auch der Gefährdung und Gefährlichkeit unserer Werte vergewissern, weil wir sie als gestaltete Erfahrungsräume je neu interpretieren und uns damit unserer selbst vergewissern:

---

51 Habermas, Eine Hypothese zum gattungsgeschichtlichen Sinn des Ritus, in: ders., Nachmetaphysisches Denken II (s. Anm. 17), 77–95: 95. Wie zögerlich Habermas vornehmlich bei Fragen, welche die Religion betreffen, Selbstkorrekturen vornimmt, zeigt die Vorschaltung von „archaisch" bei der Qualifizierung von religiösen Erfahrungen. Ihr parallel ist seine Kennzeichnung des „opaken Kerns" von religiösen Erfahrungen in vorangegangenen Schriften.

52 Neben Arbeiten des Anthropologen Michael Tomasello dürften für diese Neuorientierung bei Habermas vornehmlich die Schriften von Robert N. Bellah anzuführen sein, vor allem dessen großes Werk: Religion in Human Evolution. From the Paleolitic to Axial Age, Cambridge (Ma.) 2011. Vgl. auch dessen andersgelagerte Durkheim-Interpretation, die in bestimmter Hinsicht seine spätere These von der Ausdifferenzierung und Integrierung mehrerer Stufen kultureller Evolution und humaner Repräsentationskapazitäten vorweggenommen hat: R.N. Bellah, Durkheim and Ritual, in: ders./S.M. Tipton (Hg.), The Robert Bellah Reader, Durham/London 2006, 150–180.

„Das Ritual erfordert wie das Spiel und wie alle Kreativität eine Handlungstheorie, in der nicht Zwecksetzung, Körperbeherrschung und Individualautonomie zentral sind, sondern Öffnung der Identitätsgrenzen, Freisetzung des Körpers und Bereitschaft zur Imagination neuer attraktiver Wirklichkeiten."[53] Wenn das zutrifft, dann fußt auch die Bewahrung und Weitergabe von attraktiven, weil erstrebenswerten Idealen und Ideen, so wie es für die meisten von uns diejenigen von Menschenwürde und Menschenrechten sind, darin, dass sie auf rituelle und soziale Weise vergegenwärtigt werden. Das kann und muss auch in Formen der Erinnerung an ihre Missachtung und Verletzung geschehen. Darüber baut sich gerade das von Habermas so in Vordergrund gestellte Solidaritätsbewusstsein auf, das in sich genügend motivationale wie kognitive Potentiale für die Entfaltung seiner eigenen Normativität beinhaltet. Doch bedeutet dies eben zugleich eine Erweiterung der Sphären des rationalen Diskurses, oder genauer: seine Rückbindung an andere Formen, nämlich diejenigen seiner erzählenden und expressiv gestalteten Inszenierung: „Gerade rhythmisches Sprechen und Gesang, die rituelle Wiederholung und daraus entstehende Redundanz arbeiten Symbole heraus, die in Erinnerung bleiben."[54]

Die hier noch einmal als Annäherungsversuch unternommene Argumentation zielt dann nicht auf ein bloßes „Entweder – Oder" von rationaler Argumentation und symbolisch-mythisch-kultischer Inszenierung. Denn es gibt keinen Ritus mehr, erst recht nicht nach der von Joas wie Habermas in den Vordergrund gerückten Achsenzeitrevolutionen,[55] der nicht in sich selbst schon eine Deutung beinhaltet, die man auch in sprachlich-argumentativer Weise darlegen und problematisieren kann. Die Pointe für die ethische Argumentationsweise liegt denn auch mehr darin, dass sich in diesem Wechselspiel von Ritus und seiner Interpretation, von Kultus und Mythos, das Faktum einer ethischen Idealbildung vollzieht, deren jeweilige Hermeneutik beides umfasst: eine Kommunikation über das darin als erstrebenswert Erfahrene wie auch eine Verständigung über die dar-

---

53 H. Joas, Das Ritual und das Heilige. Überlegungen zur Anthropologie kollektiver Idealbildung, unveröffentlichtes Manuskript 2012, 14. Hier werden noch einmal die Verbindungslinien zur handlungstheoretischen Grundlegung der Joas'schen Sozialtheorie in „Die Kreativität des Handelns" deutlich.

54 Joas, Das Ritual und das Heilige (s. Anm. 53), 15.

55 Vgl. Habermas, Eine Hypothese (s. Anm. 51), 77, sowie: Religion und nachmetaphysisches Denken. Eine Replik (s. Anm. 17), 120ff. Joas hat sich in vielfältiger Weise mit der Achsenzeitthematik beschäftigt, zuletzt in: The Axial Age Debate as Religious Discourse, in: R.N. Bellah/ders. (Hg.), The Axial Age and Its Consequences, Cambridge (Ma.) 2012, 9–29.

aus folgenden normativen Implikationen. Nirgendwo wird dies gegenwärtig in seiner ganzen Brisanz deutlicher wie am Problem der Verständigung über Menschenwürde und Menschenrechte. Für eine theologische Ethik stellt sich darüber hinaus die Frage, wie sie es selbst mit der Balance zwischen hermeneutischem Ansatz und normativer Theoriebildung hält.

5. Theologische Ethik zwischen Hermeneutik der Werte und Normentheorie der Moral

Damit haben wir den Punkt erreicht, von dem aus eine Entscheidung hinsichtlich der Grundlegung ethischer Diskurse, einschließlich derjenigen über Menschenwürde und Menschenrechte, getroffen werden muss. Auch für die ethisch-theologische Urteilsbildung kann es dabei nicht einfach um eine simple Synthese beider Ansätze gehen. Dass die dabei zutage getretenen Grundlegungsprobleme ihr nicht neu sind, dazu mag ein Rekurs auf die eigene Theoriegeschichte helfen. Denn die Debatte zwischen Habermas und Joas erinnert nicht nur von Ferne an die Diskussion, die zur vorletzten Jahrhundertwende zwischen Wilhelm Herrmann und Ernst Troeltsch[56] über eine strikt normen- oder eher werttheoretische Fundierung der Ethik ausgetragen wurde. Herrmann votierte in Kantischen Bahnen für eine strikt deontologisch verfahrende Analyse des Sittlichen, um von da aus die Leistung der Religion als Lösung aus den Aporien der Moral aufzuweisen. Der Autonomie moralischer Diskurse entsprach so die nicht weiter vermittelbare, sondern vorgegebene Positivität des christlichen Glaubens. Troeltsch hingegen, der nicht umsonst auch in dieser Hinsicht für Joas die Vorlage bildet, verwies auf die Notwendigkeit einer Verschränkung der normentheoretischen Analyse von Moralität mit ihrer inhaltlichen Pluralität dank geschichtlicher Vielgestaltigkeit.

Ohne hier ins Detail gehen zu können, sprachen schon damals historische Gründe, lebensweltliche Beschreibungen und wissenschaftliche Diskursfähigkeit für den Ansatz von Troeltsch. Dabei kam ihm zugute, dass er keineswegs die Notwendigkeit einer rationalen Analyse der Eigenart des Moralischen unabhängig von ihren konkreten inhaltlichen Bestimmungen bestritt. Jedoch ist diese durch

---

56 Die beiden Grundtexte sind jetzt gut dokumentiert in: W. Hermann/E. Troeltsch, Ethik. Grundprobleme der Ethik. Erläutert aus Anlass von Herrmanns Ethik. Mit einer Einleitung von H. Kreß und F. Surall, hg. von H. Kreß, Waltrop 2002.

ihre kulturellen und historischen Gestaltungen hindurch vorzunehmen.[57] Dem entspricht, dass auch Joas nicht das Vorhandensein von Normen leugnet, die ihre Universalisierbarkeit der Tatsache verdanken, dass sie aus der Konstitution der humanen Lebensform als solcher entspringen.[58] Bestritten wird demnach nicht eine mögliche inhaltliche Übereinkunft hinsichtlich derjenigen moralischen Normelemente, die Habermas' diskursethischer Fassung zugrunde liegen.[59] Allerdings wurzeln diese weniger in den normativen Implikationen eines herrschaftsfreien Diskurses als in einem diese sprachliche Kommunikationsweise noch übergreifenden anthropologischen Zusammenhang der humanen Lebensform als solcher. Zudem darf dabei nicht übersehen werden, dass es normative Erwartungen und Verpflichtungen nie jenseits ihrer kulturellen Einbettung in umfangreichere Ethosgestalten gibt. Eine Vorordnung der ersteren gegenüber den letzteren scheint deswegen unberechtigt zu sein. Dies alles spricht erneut für den Ansatz einer hermeneutisch verfahrenden, soziologisch wie historisch aufgeklärten Ethik: „Das ist der Anfang des historischen Denkens, das letztere als ein allgemeines, alles Leben umfassendes Prinzip verstanden, dessen Folge dann naturgemäß mit der Universalität und Allverknüpftheit auch die Relativität und Zufälligkeit alles Einzelnen innerhalb des Ganzen ist."[60]

Wenn die theologische Ethik zudem an der Möglichkeit eines selbstständigen Beitrags bspw. zur Plausibilisierung der Idee der Menschenwürde festhalten will, dann kann sie dies ohne in einen Offenbarungspositivismus zu verfallen am besten dadurch tun, wenn sie auf die Geschichtlichkeit aller Überzeugungen und Werteinstellungen verweist. Denn damit kommt ihr eigener Überlieferungszusammenhang ins Spiel, den es gilt mit Blick auf seine Entstehung und die in ihr gespeicherten Erfahrungen hermeneutisch zu verflüssigen. „Das aber bedeutet, daß der allgemeine geistige Gehalt nicht mehr in stumpfer substantieller und un-

---

57 Dem entspricht der Aufbau der ersten drei Vorlesungen für England und Schottland, die in der Abfolge das Problem von Ethik und Geschichtsphilosophie unter den Titeln „Die Persönlichkeits- und Gewissensmoral" (1), „Die Ethik der Kulturwerte" (2) und „Der Gemeingeist" (3) verhandeln. Vgl. KGA 17: Fünf Vorträge zu Religion und Geschichtsphilosophie für England und Schottland, hg. v. G. Hübinger, Berlin/New York 2006.

58 Vgl. nur: Joas, Entstehung der Werte (s. Anm. 25), 265ff.

59 Vgl. J. Habermas, Erläuterungen zur Diskursethik, Frankfurt a. M. 1991 und schon früher: ders., Moralbewusstsein und kommunikatives Handeln, Frankfurt a. M. 1983; vor allem: Diskursethik – Notizen zu einem Begründungszusammenhang, in: ders., ebd., 53–125.

60 E. Troeltsch, Die Zufälligkeit der Geschichtswahrheiten (1923), in: KGA 15: Schriften zur Politik und Kulturphilosophie (1918–1923), hg. v. G. Hübinger, Berlin/New York 2002, 551–569: 551.

bewußter Gestalt, auch nicht mehr in dogmatischer und autoritärer Festigkeit, schließlich nicht in wissenschaftsörtiger Allgemeingültigkeit, sondern in einer Vielzahl an individueller Totalitäten lebt, die also jede einen Anteil haben am Allgemeinen, aber ihn nur in individueller Setzung erreichen und in individuellen Gemeinschaftsbildungen auswirken."[61]

Am Modell der Übersetzbarkeit in und für andere wissenschaftliche, weltanschauliche oder lebensweltliche Diskurse kann bei diesem Ansatz durchaus festgehalten werden. Aber eine solche Versprachlichung des Sakralen wird sich dann nicht „als Ersetzung des Sakralen durch Sprache, sondern als sprachliche Artikulation des Sakralen"[62] verstehen. Demgegenüber eignet noch dem Habermas'schen Konzept der Genealogie eine Säkularisierungstendenz, die sich darin bemerkbar macht, weil allein der propositionalen Sprache zugetraut wird gemäß den Kriterien rationaler Diskurse Geltungs- und Wahrheitsansprüche anmelden und begründen zu können. Für die Theologie bedeutet dies nach wie vor eine Verbannung eines beträchtlichen Teils religiöser Argumentationsmuster aus moralischen, d. h. zugleich öffentlichen und nicht nur die Religionsgemeinschaften betreffenden Begründungsdiskursen.

Mit alledem soll nicht unterschlagen werden, dass jede ethische Analyse der Entstehung und der damit verbundenen Geltungsansprüche eines Wertes (etwa der Idee der Menschenwürde und der Menschenrechte) einer normentheoretischen Reflexion bedarf. Dies gilt schon wegen der Idealen eigenen Tendenz in rechtlicher, politischer und sozialer Weise institutionalisiert und damit formal anderen Begründungs- und Argumentationsebenen zugeführt werden zu müssen. Jede dieser Sphären hat ein eigenes Modell des reflexiven Balancierens zwischen individuellen und kulturellen Wertmustern und normativen Rationalitätsstandards für die jeweilige Urteilsbildung und Entscheidungsfindung. Und es ließe sich auch hierfür zeigen, dass dazu keine diese Begründungsdiskurse verbindende Argumentationsstruktur von Nöten ist. Wenn man bspw. den kategorischen Imperativ in seiner Kantischen oder diskursethischen Fassung weniger als abstrakte Universalisierungsnorm, sondern als ethische Diskurse formalisierende

---

61 Troeltsch, Die Zufälligkeit (s. Anm. 60), 568. Mit Blick auf die Idee der Menschenrechte ist Troeltschs eigener Versuch der Synthetisierung von vernunftrechtlich argumentierender und stärker historisch orientierter Gedankenführung aufschlussreich; ders., Naturrecht und Humanität in der Weltpolitik (1923), in: KGA 15 (s. Anm. 60), 491–512.

62 SP, 96.

Verallgemeinerungs- und Generalisierungsregel verstünde,[63] dann ließe sich plausibilisieren, inwiefern eine Normenanalyse von moralischen Urteilen insbesondere bei der Implementierung allgemein verbindlicher Rechtssatzungen und -güter von Nutzen wäre. Es ist bekanntlich dieser Kontext, in dem Habermas' Ausführungen zur wechselseitigen Konstitution privater und politischer Autonomie, wie er sie in „Faktizität und Geltung"[64] vorgetragen hat, ihre Wirkung nicht verfehlen.

Damit kann wenigstens mit Blick auf das Verhältnis von Menschenwürde und Menschenrechte angedeutet werden, wie eine ethische Urteilsbildung vorankommen würde, die auf die Nicht-Identifikation von Rechts- und Wertdiskursen beharrt. In anderer Hinsicht lassen sich die alternativen Modelle von affirmativer Genealogie und Versprachlichung des Sakralen darüber hinaus als Argumentationsmodelle verstehen, die limitativ unterschiedlichen Diskurssphären zugeordnet sind. So finden Menschenrechte erst in ihrer positivierten Form als Rechtssatzungen ihr ethisches Ziel. Und von da an müssen sie stets zunächst im Rahmen normativer, aber weitgehend weltanschaulich neutraler Rechtsdiskurse plausibilisiert werden. Dies bedeutet keine ethische Immunisierung von Recht oder Politik, geschweige denn der jeweiligen Diskurse. Ohne breitere lebensweltliche Verankerung, wie sie Aufgabe einer Pluralität achtenden und Generalisierung anstrebenden Kommunikation über Werte ist, hängen normative Ziele aber dauerhaft in der Luft und bleiben fragil. Hierfür einen strikten Rationalitätsstandards folgenden Argumentationsfilter zu verlangen, der selbst einem positionellen, etwa diskurstheoretischen Verständnis von Vernunft entnommen ist, würde die Chancen der Verständigung erheblich mindern.

---

63 Diesen Vorschlag entnehme ich dem ethischen Schlusskapitel der höchst aufschlussreichen Anthropologie von Matthias Jung: ders., Der bewusste Ausdruck. Anthropologie der Artikulation, Berlin/New York 2009, insbes. 515ff. Jung zeigt dort, wie eine symbolische Form des Universalismus auch in normativen Formalisierungen zum Ausdruck kommt und ihre Geltung über ihre anthropologische Konstitution erfährt, die sich jedoch stets nur in historischen Gestaltungen zeigt. In anderer Terminologie ließen sich Recht und Moral als symbolische Formen mit einer eigenen Funktionslogik begreifen.

64 Vgl. Habermas, Faktizität und Geltung (s. Anm. 7), 109ff. Auffällig ist bei Habermas jedoch sein durchgehend kritisches Verhältnis zum Rechtspositivismus, der auf dem Gebiet des Rechts ja eigentlich in strikt normtheoretischer Weise vorgeht und so dem Ideal einer rein rationalen Argumentation äußerst nahekommt. Dies ist m. E. der starren Unterscheidung von Ethik, Moral und Recht bei Habermas geschuldet, die ihn dann dazu zwingt, der Moral als mittleren Kategorie eine Zwitterrolle zugestehen zu müssen, um keinem funktionalistischem Verständnis von Recht das Wort zu reden. Vgl. dazu auch seine Charakterisierung von Kelsen als Vorreiter für ein rein funktionalistisches Verständnis subjektiver Rechte, ebd., z. B. 114.

Für die theologische Ethik, die sich beider Sphären annehmen muss, ohne selbst zu einem der beiden zu gehören, heißt dies vor allem die Aufgabe einer Neujustierung ihrer hermeneutischen Herangehensweisen und ihrer normativen Erwägungen. Sie muss ihre Theorie der ethischen Urteilsbildung dahingehend befragen, ob ihr ein kohärentes Modell aus anthropologischen Einsichten, rationalen Argumentationsstandards und soziohistorischem Wertebewusstsein zugrundeliegt und inwiefern hermeneutische und normenanalytische Methoden dabei in einem reflexiven Gleichgewicht zu stehen kommen. Eine ethische Theologie, die dem Phänomen des Moralischen in allen seinen Facetten in der kulturellen Lebenswelt entspricht, sucht von daher von sich aus das Gespräch mit den vielfältigen Sozial- und Humanwissenschaften, mit Geschichte und Philosophie.[65] Als Teil der systematischen Theologie weiß sie sich durch ihre doppelte Methodologie aus hermeneutischer Erschließung und dogmatischer Analyse dafür hinreichend ausgerüstet, wenn sie diese nur entsprechend auf ihr Sachgebiet zu beziehen vermag.

Ein moralischer Universalismus, wie er sich am Ende eines gewaltsamen 20. Jhs. verstärkt in der Idee der unverlierbaren Menschenwürde und dem Anspruch auf Sicherung elementarer Menschenrechte für jeden artikuliert hat, bedarf demnach beides: einer in ethischer, vor allem aber in rechtlicher und politischer Form zum Ausdruck gebrachten Versprachlichung des darin als „sakral" anerkannten Normativen und einer kulturellen Erinnerungsarbeit, die auch ihre rituelle Inszenierung nicht scheut, um das Bewusstsein für die Sakralität der Person wach zu halten. Dabei hängt beides vom Willen und der Initiative handelnder Subjekte ab. Soll die Idee der Menschenwürde weiterhin unser geistiges wie politisches Klima prägen, dann stellt dies nicht nur Politik und Zivilgesellschaft, sondern eben auch die ethische Theoriebildung vor nicht geringe Herausforderungen.

---

65 Im Grunde entspricht das dem Ansatz von Trutz Rendtorffs ethischer Theologie, die weniger eine Auflösung der Dogmatik in die Ethik meint, sondern eine ethische Analyse der geschichtlich gewordenen und auf ihre normativen Implikationen zu befragenden Folgen christlicher Freiheit. Vgl. T. Rendtorff, Ethik. Grundelemente, Methodologie und Konkretionen einer ethischen Theologie, Tübingen ³2011.

Zusammenfassung

Die Idee der Menschenwürde ist Ausdruck eines moralischen Universalismus, wie er sich als ethischer Konsens im 20. Jh. weitgehend ausgebildet hat. Der Artikel diskutiert unter Bezug auf das diskursethische Konzept von Jürgen Habermas und auf die Werttheorie von Hans Joas, wie diesem Anspruch auf universale Geltung auf der Ebene ethischer Argumentation entsprochen werden kann. „Versprachlichung des Sakralen" oder „affirmative Genealogie" der Werte stehen für unterschiedliche Begründungsweisen, der sich auch die theologische Ethik stellen muss. Für sie allerdings erweist sich der Vorzug der letzteren darin, dass sie religiöse Überzeugungen für die Plausibilisierung von Werteinstellungen nicht als nachrangig erachtet.

Moral universalism as a result of 20th century's dark history expresses its basic ideas in the concepts of human dignity and of human rights. Thereby, what is controversial in contemporary moral theory is how to argue for them sufficiently. What are rational criteria to guarantee their universal claims? Two concepts are discussed within this article: Juergen Habermas' discourse ethics with its plea for "Linguistification of the Sacred" and Hans Joas' approach to an "affirmative genealogy" of values, especially of the sacredness of human person. Seen from the point of theological ethics only the latter affirms the equivalence of religious convictions facing rational secularism in argumentations of moral theorists.

Tsvi Blanchard

Social Conflict and Cultural Meaning

A Rabbinic View of Religious Symbols and Law

Most religions are not easily separated from the culture of which they are a part. Both involve powerful symbols and symbolic practices that organize and give meaning the lives of their members. Both also support or discourage, mandate or prohibit, specific values, behaviors and beliefs. Religion and culture are so intertwined that it is often hard to determine if we should understand a symbol or practice as religious, as cultural or as both.

Legal systems as well are expected to govern behavior, encouraging or requiring some actions while sanctioning and forbidding others. The underlying values that shape how a legal system performs the function of governing may not be, and in most modern societies, in fact are not, identical with the religious or cultural values of its subjects. This is especially true of legal systems whose subjects belong to many different religions and subcultures.

Modern legal systems in pluralistic societies have created a series of differing approaches to the relationship between law, religion and culture. Some opt for what they consider a fully neutral government while others offer church-state relationships with varying degrees of enmeshment. Approaches range from partial government support for some religions to official recognition of one particular religion as the state religion. All have however, by and large, protected the right of their citizens to freedom of religious belief and practice.

The modern separation of Church and State is however not absolute. There are always cases in which citizens are not accorded the right to act as they believe their religion dictates. The state will sometimes forbid practices that violate a communal moral sense – banning polygamy, animal sacrifice, etc. In addition, state or quasi-state organizations will sometimes have administrative regulations that curtail freedom of religion – requiring work on a Sabbath or a holiday.

Conflicts between religious or cultural practices, on the one hand, and perceived state interests or responsibilities, on the other, are not uncommon. Contemporary examples include, among others, disputes about the "public" wearing of swords, headscarves and yarmulkes, the display of crosses, crèches, Christmastrees and menorahs as well as the right to build mosques with minarets. In most legal systems, religion is entitled to protections that cultural practices do not enjoy.

Cases that engender such conflicts are often cultural, religious and even ethical all at once. We find ourselves asking: Are these religious symbols or actions, or are they cultural symbols or actions? In a pluralist society, one person's religious symbol is another person's cultural symbol. To one the headscarf is a valued symbol of modesty and religious faith, to another wearing it signifies rebellion against or at least refusal of a deeply cherished cultural heritage. What exactly does wearing a yarmulke in the United States Army or displaying a cross in a public school classroom mean? Law, through legislation and courts, is called upon to deal with such cases of disputed cultural meaning. In other words, in such cases, the legal system is asked to determine the *legally* valid or *legally* supported meaning of the object or action.

This paper addresses the question: how might such cases of disputed cultural meaning be approached? I first introduce and analyze a Jewish text that is about disputed cultural meaning. My purpose is to show that understanding the case requires understanding not just the facts but also the cultural or symbolic meaning of the facts. Again, based on this text, I suggest that moral ideals and or narratives or conceptions of an ideal society play a role in the resolving of cases of disputed meaning.

I then use the model developed in my analysis of the case drawn from Jewish law to analyze similar cases from two other legal systems – Japanese and South African. These cases are shown to fit the model derived from the Jewish text. I next examine the options that are open to courts or legislatures, especially courts, in cases of disputed cultural meaning. Finally, I suggest that, as an alternative to the usual methods of resolving such cases, we further consider a relatively non-coercive method of resolving cases that is derived from Jewish civil law – court mandated and supervised mediated compromise.[1]

The following text that deals with the laws of the Sabbath is taken from the Mishnah, one of the founding documents of the Jewish legal system. It was redacted in about the year 200 of the Common Era. The Mishnah is part of both the

---

1   This approach derives from issues raised by Robert Cover's article "Violence and the Word", Yale Law Journal 95/8 (1986). Although Cover's analysis has significant limitations, it seems to me, that it still motivates exploring an option that is afforded to us by a Jewish system that for some 1600 years has succeeded in using very limited direct coercion. Any full treatment of this question however, remains for another day.

Babylonian Talmud and the Palestinian Talmud. The Babylonian Talmud is perhaps the most important Jewish legal source after the Bible.

I present this particular legal text for two reasons. First I think it is important to provide a model that involves ethical and not just legal ideals. Second, it is in fact our ideals that often motivate our principled search for less coercive modes of resolution in both in legislatures and in courts. The text that I have selected is both religious and cultural. It is also legal. This allows us to approach the nexus of religion, law and culture.

The Jewish Legal Text

The Mishnah reads as follows:

MISHNAH. A MAN MUST NOT GO OUT WITH A SWORD, BOW, SHIELD, LANCE [ALLAH], OR SPEAR; AND IF HE DOES GO OUT, HE INCURS A SIN-OFFERING. R. ELIEZER SAID: THEY ARE ORNAMENTS FOR HIM. BUT THE SAGES MAINTAIN, THEY ARE MERELY SHAMEFUL, FOR IT IS SAID, AND THEY SHALL BEAT THEIR SWORDS INTO PLOWSHARES, AND THEIR SPEARS INTO PRUNING HOOKS: NATION SHALL NOT LIFT UP SWORD AGAINST NATION, NEITHER SHALL THEY LEARN WAR ANY MORE. A KNEE-BAND [BERITH] IS CLEAN, AND ONE MAY GO OUT WITH IT ON THE SABBATH; ANKLE-CHAINS [KEBALIM] ARE UNCLEAN, AND ONE MAY NOT GO OUT WITH THEM ON THE SABBATH.[2]

The Mishnah begins with a list of items that men[3] are prohibited from moving within the public domain or between the private and public domain on the Sabbath. Clearly, the items in the list are all weapons.

Rabbi Eliezer objects. His view is that, although in most contexts these items are weapons, here they are more correctly understood as jewelry. Wearing them as jewelry, on his view, is permitted on the Sabbath. That is, one must be said to actually be wearing them rather than *carrying* them between private and public domains. The sages, the authors of the first view stated in the Mishnah, respond that these items are not, legally speaking, ornamental because they and also going out with them is shameful and disgraceful. Their proof text for this is Isaiah 2:4.

---

2   B. T. Shabbath 63a. The Soncino Talmud Translation by Rabbi H. Freedman.
3   The term here is gender specific. Why this is so will become clear in the course of our discussion.

This prophetic verse refers to messianic, i.e. redeemed, times. For the Rabbis, on the Sabbath, the meaning of human action is defined in terms of a utopian vision of a world without weapons or war. Hence, on the Sabbath, one cannot consider wearing a weapon as wearing jewelry. Weapons don't belong at all to this ideal era.

The key concepts in this Mishnah that need analysis are: clothing/dress, time, space and change – in location. All these concepts must be understood culturally. Here this means in terms of their symbolic or meaning-bestowing value.[4]

For the rabbis, Jewish law divides space into four categories. Two of these categories, the biblical ones, are sufficient for our purposes here. There is public space [reshut ha-rabim] and private space [reshut ha-yachid]. Of course, there are liminal spaces, that is, the spaces that lie in between public and private space, but these are not important here.[5]

The cultural meaning of clothing/dress is related to these spatial categories. What we wear in private space has a meaning that differs from what that same dress would mean in public space. Take pajamas for example. Wearing them means one thing in my bedroom and quite another thing at my office. Or a business suit, wearing one at work does not have the same meaning as wearing one to bed.

Time is divided here into the Sabbath, holy time, and ordinary, that is, profane or weekday time. For our text, the particularly relevant time is the Sabbath. The rabbinic concept of the Sabbath is derived in part from the creation story in Genesis. In that story God rests on the seventh day. Humans are to imitate God by resting on the seventh day, the Sabbath.

God and humanity do not however rest in the same way because they do not create in the same way. God created the universe, stars, the moon, the sun, animal species, etc. Humans do not create such things. We create material culture. Hence, human beings celebrate the Sabbath by resting from the creation of material culture.

In most cases, this means avoiding making any physical changes to objects. But, as we have seen, changing the location of clothing may also change its cultural meaning. In this sense, transporting clothing, even on one's body, is a culturally creative act. This raises the question of whether or not such action is permitted on the Sabbath. In sum, just as God's ceased from creating nature on the Sabbath, we humans cease from creating culture.

---

4 Our approach here does not exclude a historical analysis as well.
5 The additional two spaces are karmelite, a kind of public space, and makom patur, very small spaces.

While transporting objects within the public domain or between the public and private domains does not alter them physically, it does create new cultural meaning. Hence, it is possible that it would be prohibited to do so. It is just such an issue with respect to swords, bows, shields and spears that our Mishnah discusses. What then is the *legally valid cultural meaning* of swords, bows, shields and spears *on the Sabbath* – weapons? jewelry? – And does this meaning imply that transporting them between domains or within the public domain is forbidden on the Sabbath?

Answering this question requires returning to the special meaning of the Sabbath time for the rabbis. As mentioned, they understood the Sabbath as "a taste of", or "a little bit of" an ideal era, a messianic time.[6] For them, how one's acts on the Sabbath should, at least in some ways, reveal one's beliefs about, or the stories one tells about, ideal societies.

The sages in our Mishnah use this conception of the Sabbath time to address the issue of the legally valid cultural meaning of weapons. If it can be validly said that one is "wearing" weapons, then it is permissible to move them between the public and private domain. But if one cannot be said to "wear" weapons on the Sabbath, but instead only to "transport" them, then it would be prohibited to move them between domains.

The sages argue that since weapons are morally disgraceful, they have no place in the ideal time that the Sabbath represents. Their argument depends on connecting the cultural meaning of weapons with the religious meaning of the Sabbath and the negative moral value of war. In our text, legally valid cultural meanings on the Sabbath are determined with reference to messianic, utopian, that is, ideal time or the stories one tells about ideal time.

To deepen our semiotic/cultural analysis, we need to turn to the concept of self. Where does one's self end? Presumably, one's biological *self ends* with one's skin. But we are far more than our biological self. Each of us is also a social self. Most important for our purposes, it is the social self that is affected by the cultural meaning of the clothes that we wear. Wearing weapons constructs and projects one sort of social self; wearing jewelry constructs and projects quite another.

Objects, especially clothing, become assimilated to our social selves.[7] We are allowed to "move" both our biological and our social selves between domains on the Sabbath. Hence, if something can be fully assimilated to either the biological

---

6   B.T. Berakhot 57b.

7   They can sometimes be assimilated to our biological self as well. A prosthesis for example is culturally indistinguishable from a biological body part. In Jewish law, this meant that one was not transporting a prosthesis from the private to the public realm.

or social self, one cannot be said to be carrying it and therefore going out with it would be permitted. To change their locations would be equivalent to changing the location of one's self, an act that is permitted.

This leaves the following decisive question. Which social self is the Sabbath social self and can weapons be assimilated to this Sabbath self? For both Rabbi Eliezer and the sages, jewelry that is gender appropriate can be part of the Sabbath social self. Hence there is no prohibition against going out with jewelry.

For the sages, however, weapons are not jewelry on the Sabbath. Using a vision of an ideal society as their measure, the sages consider weapons "merely shameful". That the sages do not permit one to go out with weapons on the Sabbath clearly implies that, for the sages, weapons, unlike jewelry, cannot be assimilated to the ideal social self of the Sabbath. They can only the carried as objects independ-ent of the self and this type of action is prohibited on the Sabbath.

To summarize: the Mishnah records a majority opinion that weapons may not be assimilated to the valid social self of the Sabbath, and hence it is prohibited to go out with them, that is, to move them from private to public space. It also records the dissenting opinion of Rabbi Eliezer who understands weapons as ornamental. Hence they are jewelry for this person and can be worn as one moves between public and private space.

We need to note that the dispute in our Mishnah is not merely cultural or religious. Since the Mishnah is a founding text of the Jewish legal system, the question has also been: what is to be the legally recognized or legally endorsed cultural meaning attributed to weapons on the Sabbath? As we see from this and from cases that I will discuss later in this paper, culture, religion and law cannot be easily separated. In questions of disputed cultural meaning this is even more so.

What the text of our Mishnah seeks is a justifiable cultural symbolism, one that is in some sense "objective". There seem to be two options. The first is the view of Rabbi Eliezer. He may be holding that the cultural meaning is justified by inter-subjective, that is, shared social meaning. Since culturally speaking weapons may be worn as ornamental, he would argue that the shared social meaning of these weapons is "being an ornament".

The second view is that of the sages. They seek a normative justification, that is, they are concerned about of the meaning that one *ought* to attribute to weapons. Since the Sabbath time is meant to be a kind of ideal time, the meaning of weapons must be given legally in terms of that ideal time or era. For them, the legal question is: What is the meaning of weapons in an ideal society/era?

To ask the question this way invites a discussion of moral ideals, that is, of the ideals that say how social meanings *ought* to be. As we have seen, this also means asking if "legally speaking" a weapon can ever be assimilated to the ideal social self of the Sabbath. The sages approach this question by citing a verse from Isaiah that refers to just such a messianic or ideal era. Since that verse rejects war or the use of weapons in such an ideal era the sages are able to conclude that – legally speaking – a weapon cannot be considered an ornament on the Sabbath.

In short, in our Mishnah, there is a dispute over the legally valid cultural meaning of a type of object and of the actions that may be done with this type of object. It is approached in two ways. Rabbi Eliezer seems to seek the legally binding meaning of objects and actions in their existing inter-subjectively given cultural meaning. They are ornaments/jewelry. The Mishnah itself gives us no indication of how Rabbi Eliezer would relate this to the messianic era. For that we need to wait for the Talmudic discussion [gemara].

Second, for the sages of our Mishnah, the question is not settled by recourse to descriptive cultural analysis alone. Determining the legally valid cultural meaning of weapons on the Sabbath also requires consideration of moral ideals as understood in terms of a narrative of an ideal society. Since weapons have no place in an ideal society, they are shameful, that is, their present use, however necessary, is a disgrace. We should, on the rabbinic view, be settling our differences without resort to violence.

We move now to the Talmudic discussion of the Mishnah:

GEMARA. [...] R. ELIEZER SAID: THEY ARE ORNAMENTS FOR HIM. It was taught: Said they [the Sages] to R. Eliezer: Since they are ornaments for him, why should they cease in the days of the Messiah? Because they will not be required, he answered, as it is said, nation shall not lift up sword against nation. Yet let them exist merely as ornaments? – Said Abaye. It may be compared to a candle at noon.

Now this disagrees with Samuel. For Samuel said, This world differs from the Messianic era only in respect to servitude of the exiled, for it is said, For the poor shall never cease out of the land. This supports R. Hiyya b. Abba, who said, All the prophets prophesied only for the Messianic age, but as for the world to come, the eye hath not seen, O Lord, beside thee [what he hath prepared for him that waited for him].

Some there are who state: Said they [the Sages] to R. Eliezer: Since they are Ornaments for him, why should they cease in the days of the Messiah? In the days of the Messiah too they shall not cease, he answered. This is Samuel's view, and it disagrees with R. Hiyya b. Abba's. [8]

---

8   B. T. Shabbat 63a. Soncino translation.

The Talmudic discussion offers two versions of an expanded legal debate bet-ween the sages and Rabbi Eliezer. In the first version Rabbi Eliezer agrees with the sages that weapons would disappear in an ideal era. But, following his inter-sub-jective approach, Rabbi Eliezer attributes their disappearance to the fact that, since there is no longer any war, they will no longer be used. Rabbi Eliezer says that, in the present, on the Sabbath, wearing weapons is culturally understood as wearing jewelry.

In messianic times, however, weapons will not in fact be inter-subjectively, cul-turally understood in this way. This is true for two reasons. First they won't be in use. Second if we follow the final addition to the discussion, the ornamental value of weapons will be dwarfed by the shining beauty of this special era. For Rabbi Eliezer, what counts is how objects are in fact understood, that is, the meaning actu-ally attributed to them in the particular space – time context under consideration.

The sages however insist on the normative quality of meaning-making. A weapon *ought* to be seen as shameful, not ornamental, since it disappears in an ideal era. It disappears because it ought to disappear. The Sabbath, because it is meant to partially instantiate an ideal epoch, is a time when, *legally speaking*, ob-jects often take a meeting assigned to them by a utopian moral vision. For the sa-ges, in a messianic time, material culture means what it is morally and ethically supposed to mean. Before that time, it is the law – the Torah – that points us to-ward that ideal culture.

The Talmudic discussion then notes that this version of the disagreement bet-ween the sages and Rabbi Eliezer shares one particular understanding of the mes-sianic era. I will call this kind of understanding "maximalist". A maximalist un-derstanding imagines the messianic era as perfect in all ways. All conditions of human life are made perfect. All faults are remedied. There is no war, no hunger, no illness, etc. According to this first version of the debate, for the sages, it is a mo-ral vision of perfection that establishes the legally valid social meaning of weapons on the Sabbath.

The Talmud also presents a second version of the disagreement found in our Mishnah. This version offers us an alternative approach to an ideal/messianic era. According to this version, Rabbi Eliezer *denies* that weapons disappear in a messia-nic age. The only thing that is going to change in the messianic age is Israel's servi-tude to Gentile nations. There will still be war, illness, etc. The Jewish response to these imperfections will however be autonomously decided by the people Israel, that is, without the coercive force of dominant non-Jewish nations.

I would term this approach "minimalist". Such a primarily minimalist approach is basically procedural. For it, descriptions of an ideal era avoid specific substantive claims about whether weapons are ultimately good or not. In a minimalist view, weapons might be good even in an ideal time, if only because they preserve the autonomy of the Jewish people and the free interaction and argument of its legal system.

In this second version, in contrast to Rabbi Eliezer's minimalist view, the sages insist on a maximalist view – that is, that weapons will cease because they are morally flawed. They cannot have the legally valid cultural meaning of ornamentation on a day like the Sabbath. As a result, transporting them between the public and private domains is prohibited.

In version one, the dispute assumes a maximalist version of an ideal era. The argument is over whether or not the normative decision of the law should depend on the actual cultural meaning of a weapon or whether that legally normative cultural meaning should depend on what can be justified by appeal to a vision of a morally ideal society/era.

In version two, the dispute is over what concept of an ideal society should be employed in justifying the legally valid cultural meaning of weapons. Should it be determined by reference to its meaning in a minimally ideal era where it is procedure that his primary? Or, should the legally valid meaning emerge from a shared narrative of a maximally ideal, perfected human situation and society from which all substantive evils have been eliminated.[9]

What are the essential elements of the model we have derived from the Mishnah and its extended Talmudic discussion? First, we have a legal case concerning disputed cultural meaning. Second the law is called upon to decide what the legally valid meaning of an object or action will be. Third, a moral vision rooted in ultimate ideals is essentially involved in that legal process. Finally, in most cases the issues of cultural meaning and religious meaning intersect.

---

9   In later Jewish discourse these two conceptions of ideal moral vision will be linked. The minimalist concept will be seen as the beginning of a process that leads to an ideal era defined by a maximalist vision. That is, a story about how procedural perfection can lead to substantive perfection. All this of course is anchored in messianic narratives taken as regulative tip ideals rather than actual descriptions.

Case Examples from Japan and South Africa

Japan

I move now to the consideration of several cases of disputed religious/cultural meaning drawn from other legal systems. Our first case is taken from Japan.[10] In this 1996 case from Japan, there was a student at a public college refused to take part in a kendo class.[11] His refusal was based on his religious beliefs. These beliefs prohibited studying any form of military practice. The student, interestingly enough, cited the same verses from Isaiah as the sages of our mission – beating swords into plowshares, etc., ending with neither shall they learn war anymore. This student clearly had an ideal of behavior rooted in a picture of a peaceful non-violent society similar to that imagined by Isaiah. Such a conception precluded the student's participation in a kendo class because kendo is a martial art.

Although the student offered to take an alternative class, the school refused his request and eventually expelled him. The legal arguments offered by the school are not very satisfying. The school claimed that practically speaking it was simply too hard to offer an alternative class. They also claimed that to offer such a class would violate the Japanese constitutional prohibition against inquiring into the religious faith students in public schools or creating a value hierarchy among religions. It seems unlikely that arranging alternatives – reports, physical education of another sort, etc. – is so difficult that it would significantly interfere with the proper functioning of the school.

The school's constitutional argument too is weak on its face. As the court itself argued in justifying its decision in favor of the student, arranging alternative classes hardly seems to provide special support for a particular religion so long as any student in a similar situation would be able to arrange alternatives to the school's classes.

We now need to ask: What were the ideals and values of the school? What story or picture of an ideal society was connected to the school's decision to expel the student? I believe that behind the school's official legal position there is another narrative. This narrative offers a picture of an ideal society. It also offers a conception of ideal persons.

---

10 50 Minshu 4693, Sup. Ct., Mar. 8, 1996.
11 Kendo – "way of the sword" is a modern Japanese martial art that is like sword fighting.

As in our Mishnah, social practices express, embody and support ideals and values. In Japan, kendo – "the way of the sword" – is a social practice seen as important in developing self-discipline, courtesy, a sense of honor, sincerity and patriotism.[12] The school offers an ideal society in which "swordsmanship" sends and reinforces messages supporting these values of discipline, courtesy, honesty, sincerity and patriotism. The symbolic practice, the culturally meaningful practice, of kendo is, for the school officials, inseparable from the role these values play in their conception of ideal social relationships and of an ideal male – dare I say the "warrior" social self?

The school feels compelled to insist on this specific social practice because its vision and narrative description of an ideal Japan includes the martial arts as essential. Anyone familiar with military cultures will certainly recognize the general outline of this picture of the ideal warrior who practices discipline, honor, courtesy, sincerity and patriotism.

The student's ethical idea rejects the vision of a society based on warrior ideals. To be sure, student accepts some of the ideals valued by the school. But he understands them in a very different way. His ideal society is nonviolent.

It seems reasonable to think then that what is actually going on in this "kendo case" is a clash of first-order ideals. It is the clash of two incompatible maximalist conceptions of an ideal social world. For this reason, the student's search for an alternative that met the perceived needs values and ideals of both parties was unsuccessful.[13]

I can envision why. The school understood the symbol of kendo in the strongest possible sense. They experience practicing kendo [the symbol] as equal to the ideals that it symbolizes. Where such strong symbols are culturally successful, to refuse the symbol is to refuse the thing itself. Hence the school would have felt that exempting the student from kendo was tantamount to exempting him from honor, courtesy, etc. The court rejected the notion that kendo must be a strong, irreplaceable symbol. As a rule, minimalist procedural systems avoid strong symbols, if only because they make conflicts over meaning hard to resolve.[14]

---

12 50 Minshu 4693.

13 We might suspect that had the court ordered the parties to find such a mutually agreeable solution, they would have been able to do so. After all, after the court's decision in favor of the student, it was exactly such a mutually agreeable solution that the school was expected to offer – either by agreeing to his proposal or by negotiating an alternative to it.

14 Strong symbols, for example flags and wedding rings, are often treated with the same respect as what they represent – countries and marriages. In all honesty, a school might have a hard time negotiating an alternative to the national flag at public events.

In the kendo case, then, we have, as in are Mishnah, two competing under-standings of the cultural/religious meaning of a social practice and the material objects involved in it. Unlike Jewish law however, the Japanese court did not de-cide in favor of one of cultural meanings offered. Nor did the court mandate that the parties find a mutually agreeable solution. Instead, the court ruled in favor of the student.

The court however did not do so however on the basis of an acceptance of the values of the student or of his picture of an ideal society. Instead, the court arti-culated a competing ideal picture or narrative of law and society, one that involved what we might think of as second-order principles. It offered a vision of a liberal constitutional society. In the court's minimalist vision:

A. Disagreements over social practices are expected to exist.

B. Some of these differences will be due to differences of values and ideals, some of which will be religious values and ideals.

C. In that ideal society, state power does not discriminate against a particular religious practice or cultural ideal so long as any reasonable accommodation is available that also fulfills the basic purposes of the state.[15]

We note the similarities to our Talmudic passage. First, in order to understand the full legal situation, one is required to understand the inter-subjective be-haviors and social practices under consideration. It is what kendo *means* that is at issue. Second, a legal dispute is understood as in part based on competing moral visions of an ideal society. Third, both maximalist and minimalist conceptions of an ideal society are in play. Unlike the Talmud's first version of our Mishnah, however, the court does not decide between the competing ideals and refuses to adopt any maximalist narrative, instead opting for a principled minimalist pro-cedural approach.

South Africa

Our second case directly concerns a situation that directly addresses the relation-ship between religion and culture. In this case,[16] the high court ruled that a school must accommodate a student of South Indian origin who wanted to wear a stud in

---

15 Although the court articulated this procedural minimalist version it is possible that a maxima-list version exists in which all Japanese males understand and practice kendo in order to develop special values mentioned before.

16 Pillay vs MEC for Education, Kwazulu-Natal and others SAConstCT, 2005.

her nose as a coming of age symbol. The court did so despite having concluded that neither her culture nor her religion required her to wear such a stud. It was, the court said, a voluntary expression of South Indian Tamil culture that the student understood correctly as connected to, but not required by, Hindu religion.

The school had insisted that, whatever her voluntarily held cultural convictions, wearing the nose stud violated the school dress code. As a result, by wearing the stud, the student was undermining the good order and functioning of the school. It also seems to be the case that the school viewed cultural practices as less worthy of protection than required religious practices.

As in the model we drew from the Jewish law text, understanding the deeper issues in the case requires considering the cultural issues, that is, the disputed symbolic meaning. Here the symbolic-cultural analysis is straightforward. Wearing the nose stud is an expression of Hindu identity, albeit not a necessary one.

As before, we next construct the student's implied ideal narrative. It seems to run as follows.[17] In an ideal school, students may, perhaps even should, wear clothing that expresses important parts of their particular cultural or religious or cultural identity. This is a positive act for the individual as well as for the school as a whole. On this ideal narrative, to deny the student the nose stud is to wrongfully deny her the positive expression of a significant part of who she believes herself to be. In an ideal world, we all are able – and even urged – to express our particular cultural or religious identity.

The school, on the other had, has an alternative ideal narrative. To it, the ideal school – or the school in an ideal society – is very well ordered and, relatively speaking, culturally monolithic. For the school, the unity of society is assured by employing the same cultural symbols. For them, we should celebrate the same holidays and, I suspect, celebrate them in very much the same ways. The school officials might very well have found the nose stud culturally offensive as well. After all, for them, it is what we share, not what makes us different, that keeps us together.

The school might be able to imagine making an accommodation for individual religious beliefs but only if it does not interfere with what is seen as the good order of the school. I suspect that school officials see accommodating minority religions as fair only because it is a practical necessity. It seems likely to me that the school's ideal narrative prefers shared religious belief and practice as well. And it is

---

17 Of course, it is possible that the student has a larger cultural or religious narrative. The part that involves the school is what is of interest here. This narrative can be constructed based on the student's claims and the kind of arguments generally offered in such situations. The same may be said of our construction of the school's narrative.

actually this ideal narrative, I believe, that lies behind their legal claim, that is, the vision that their legal action is meant to serve.[18]

Both the student's and the school's ideal vision seem to me to be maximalist or at least to tend in that direction. The one narrative envisions an ideal society as multicultural with many differing ways of living actively represented. The other narrative imagines an ideal world as one in which there is a high degree of consensus on belief and practice, both culturally and religiously. As a result, there is consensus about the appropriate ways of marking life cycle moments.

As in the kendo case, the court does not decide between these competing maximalist versions of school and society. Instead, it offers a liberal constitutional alternative vision. In the South African case however, the court sees no legally significant distinction between either voluntary and required acts, or between religious and cultural expressions.

As in our Jewish text, the court's minimalist ideal narrative also involves moral values, and even an ideal moral vision. This is clear from the wording of their decision.

"Religion and cultural practices are protected because they are central to human identity and hence to human dignity which is in turn central to equality. Are voluntary practices any less a part of a person's identity or do they affect human dignity any less seriously because they are not mandatory?"[19]

The human ideals important here are: preserving human dignity, equality between individuals and the free choice of personal identity. Of course, order in the school is also a value. The court recognizes that a good decision must be context dependent, that is, weigh the competing values involved. Based on these values, the court's weighting the loss to the student against the hardship to the school makes clear that reasonable accommodation is required.

In short, the court's ideal society is not monolithic, religiously or culturally. It values and hence protects human dignity, individual equality and the free choice of personal identity. The decision accepts, I would say actively supports, the legal validity of the inter-subjective cultural meaning assigned to clothing by subgroups within society.

---

18 Without these assumptions it is difficult to understand the school's persistence as opposed to simply looking for a face-saving out through a negotiated compromise. Our ideal visions often interfere with our working out practical solutions to conflicts. We feel that we are losing something of great value and compromising feels like "selling out".

19 Pillay vs MEC for Education, Kwazulu-Natal and others SAConstCT, 2005.

The court's view is, it seems, closer to our construction of the student's narrative rather than to that of the school. Nonetheless, the court is not following the student's Hindu influenced ideal about marking coming of age. Instead, I believe, the court is attempting to avoid taking sides in this clash of cultural ideals. It is offering a third ideal. As in the kendo case, this ideal is the procedural ideal of a liberal constitutional state whose task it is to protect the individual dignity, freedom and equality its citizens.

As with our Talmudic text, the legal issues at stake cannot be divorced from either the culturally symbolic meanings involved or from the ideal moral visions and narratives that are connected to the arguments and claims of the contending parties. Of course, as we have seen, the role of moral vision is not limited to the parties but also plays a significant role in the decision of the court. Once again, as with the model derived from our Talmudic text, there are both maximalist and minimalist ideal visions in play.

Rethinking the Model: Conclusions and Suggestions

I first presented a Talmudic text – weapons on the Sabbath – that deals with issues of disputed cultural meaning. Then, two cases – the kendo and nose stud – case were presented that fit the model derived from the weapons text. Our text however does not provide a definitive way of resolving new cases of disputed cultural meaning that arise. What is does do is help us to ask good questions and think about the important issues at stake.

Our analysis directs us to seriously consider two elements. First, we need to pay very careful attention to the inherited cultural meanings that are in play in the dispute. Second, serious consideration should be given to the moral ideals and "utopian" visions – maximalist and minimalist – that guide both the parties to the dispute and also our legal system, that is, the courts and the state. We ignore these cultural meanings and ideal narratives at our peril.

Both inherited cultural symbols and their meaning are deeply anchored in the psyche of those who come before the court. And, just as important, these symbols cannot be easily separated from the moral imagination of the contending parties, as well as of the court or legislatures. Finally, there needs to be a place for both minimalist and maximalist positions. We are better off navigating the tension between them than simply deciding for one or the other approach.

Although our text provides a worthy model and reasonable guidance for considering cases of disputed cultural meaning, it ought not to be the end of our considerations. Our model assumes the role of the court and the state as the decider of disputes. But deciding a dispute is not the only way of resolving it. Decisions impose solutions by force and that often leads to resentments, ongoing conflict and all the social problems that occur when a group feels that its significant cultural and religious practices are being suppressed. To respond to serious disputes over cultural meaning in public space – schools, courts, administrative offices, etc. – we need an additional model.

I suggest that there is another model, one that has a place both in the Jewish legal system and in contemporary Western civil and family law – court ordered, organized and supervised mediation. In Jewish civil law, *peshara*, has been mandated since the sixteenth century as the preferred method for resolving differences.[20] While a full examination of this model cannot be provided here, we will benefit from a brief discussion of it.

First, we should note that for much of its history, the Jewish legal system was subject to the law of the more powerful rulers in whose realm Jews lived. More important, individual Jews could often turn, if they wished, to the local law to resolve their conflicts. This meant that the Jewish legal system had power primarily because Jews maintained their allegiance to it.

In order to survive as a legal system, Jewish courts could not tolerate the widespread public feeling that they were unfair or would not satisfactorily resolve disputes. Mediation and compromise saw to it that all parties to disputes, even the "losers", left feeling that they were heard. They saw that their arguments were taken seriously. In the end, everyone involved at least got "something" even if it was not everything that they felt entitled to.

Second, we need to remember that Jewish law has a high tolerance for ambiguity.[21] In part, this tolerance for ambiguity is rooted in a worldview that assumed that most often everyone involved in a dispute had some truth to contribute. There were few frivolous suits. In the broadest sense, the idea is that it is a rare thing for one party to be clearly and completely right and the other clearly and completely wrong.

---

20 For an extended discussion with sources see: R. M. Taragin, The Role of Peshara within the Halakhic Judicial System; http://jlaw.com/Articles/roleof.html.

21 For a discussion of the tolerance for ambiguity in Jewish law see: T. Blanchard, The Dialects of the Commanding Voice: Values, Meaning and Culture in the Talmud, in: P. Socken (Hg.), Why Study Talmud in the Twenty-First Century? The Relevance of the Ancient Jewish Text to Our World, New York 2009, 75–92.

Given such a tolerance for ambiguity and the worldview that supported it, the Jewish legal system offered *peshara*, mediation and compromise, as a recognition of the value of the claims of both parties. At the end of the day, all parties had a good chance of feeling that they were treated with respect. No one was treated as if their views and claims were legally unworthy.

Both of these features of *peshara*, mediation and compromise, in the Jewish legal system seem to me of interest in our present situation. First, as a pragmatic matter, a legal system that cannot take seriously the cultural claims of all parties is doomed to dissatisfaction and failure in a pluralist multicultural society. If some groups feel that they have been excluded wholesale, their allegiance to the system will most likely not be very strong.

Second, legal systems with a commitment to recognizing the special worth of each person can be called on to demonstrate that by seeking solutions that, to whatever extent possible, value the positions of all parties. If we ignore the cultural heritage and moral vision of some of the parties to disputes over legally valid or legally acceptable cultural symbols and meanings, we can hardly expect their allegiance. Where we ignore the ideals that passionately motivate people we not only undermine support for our system, but we also send them the message that their deepest convictions are unworthy of attention. As I said, we do this at our peril.

From the court's point of view, this approach can also be thought of as asking the concerned parties to undertake a joint search for tolerable solutions. Indeed, all parties, the court included, have an interest in the search for arrangements that preserve the values, ideals and cultural symbolism of all concerned.

Successful mediation and compromise do require some mutual recognition. The considerations are of course often complex, defying easy moralism and thought-stopping clichés. Consider, for example, a Moslem teacher in Germany who wants to wear a headscarf. This is far more than a constitutional issue. The teacher fully understands the religious and cultural value this practice has for her and for her religious community. But, in a mediation process, she might also have to acknowledge the cultural strangeness of the practice for local parents and students. The teacher might have to accept the reality that, however "unfair" and misinformed it may be, some parents, students and community officials perceive a headscarf is as a threat.[22]

---

22 Consider, for example, the complexity of the ECHR's 2004 decision in *Leyla Şahin v. Turkey in which the court upheld the Turkish law prohibiting the wearing of headscarves in public universities based in part on the social-political ramifications, especially for Muslim girls that do not want to wear a head covering;* http://hudoc.echr.coe.int/sites/eng/pages/search.aspx?i=001-61863.

Similarly, schools, courts and legislatures should never underestimate the negative message that prohibiting such dress sends to the Muslim community. Although the state may see this prohibition as based on the ideal narrative of state neutrality, it should not be expected that Muslims will experience this as neutral in matters of religion. They will see this as a direct attack upon their ideals and thus as an attack on their worth as persons. They will also see it as a rejection of their full participation in public life.

Court ordered mediation might ask the teacher claiming an exemption to a dress code to suggest alternative ways in which she can satisfy the religious requirement of covering her hair.[23]

Court ordered mediation may also ask the state or school to suggest interventions that would lessen what they imagine to be the negative impact culturally. Again, there are successful programs that help parents, students, school officials and community members increase both their tolerance and their appreciation of cultural and religious differences, thus reducing the perceived threat to them.

Mediation may help people negotiate the meaning of symbols and symbolic practices. It creates the possibility that, in cases of disputed cultural meaning, what counts as "legally valid" meaning may be better, that is more effectively, resolved by the parties themselves. Of course this is true only where the parties can become invested in finding mutually tolerable solutions. A supervised court mandate, however, goes a long way to increasing the chances that this will occur.

Summary

Let us review what has been done in this paper. First, we used in 1800-year-old Jewish legal text as the source of our model for cases of disputed cultural meaning. Second we've used that model to understand two modern cases: one from Japan, the other from South Africa.

What were the guiding assumptions or principles of our analysis? Our assumptions were: first, objects and actions of human life have symbolic meanings that are very important to members of a culture. They are important whether or not they are the symbolic meanings of minority or sub-group, on the one hand, or the symbols of a cultural or social majority, on the other.

---

23 For some this may seem hard to imagine but I assure you that thousands of married Orthodox Jewish women in Western countries cover their hair in ways that do not attract attention.

Second, disputes over symbolic meaning where that meaning occurs in shared public space or time often end up in courts or in legislatures. Such disputes should be expected in most pluralist cultures because what has a positive cultural meaning for one group may have a negative meaning for another. One group sees a cross as a valued symbol of national identity while another group sees the cross as a symbol of religious dominance or persecution.

Third, courts are called upon to produce what will count as a [or even the] legally valid or legally justified or legally supported cultural meaning. The courts or legislatures will be asked to produce the meaning that governs shared space and time, e.g. on the Sabbath weapons are not jewelry; they are signs of disgrace and shame.

To continue our review: Fourth, the model we derived from our Talmudic text led to two conclusions. First, whenever any group plays the role of producing cultural symbolic meaning, especially courts and legislatures, special attention must be paid to existing social perceptions. But, second, such existing social perceptions are often insufficient. They are insufficient because it is exactly the cultural meaning of objects or actions that is being disputed.

Fifth, to move beyond the limits of the perceptions of the contending parties, courts have three options. The first option is that courts may decide in favor of one of the parties and against the other. For example, in the United States, the Christmas-tree is legally a positive symbol of national identity, but a cross is treated as a religious display and not constitutional in public space.

As a second option, courts or legislatures may substitute an alternative symbolic or cultural meaning and insist that the parties to the dispute adapt their behavior to the court or legislature's cultural and symbolic meaning. In the cases from Japan and South Africa, for example, the schools were required to adopt the court's minimalist procedural understanding. They had to do so despite their own alternative ways of understanding kendo and nose studs.

Finally, courts or even legislatures on occasion may require and even supervise a process of shared cultural construction. The parties – court included – are charged with finding a new solution that is acceptable to or at least tolerable to all parties.

Sixth, in either deciding for one of the parties or inserting their own meaning, courts should sometimes consider ideal moral visions, maximalist or minimalist. Such ideal moral visions may count as a factor in determining the legally valid cultural meaning. In the South African case, for example, the court made explicit use of values linked to a moral vision of an ideal society based on individual autonomy, dignity and equality.

Finally, seventh, I suggested that we should pay more attention to the possibilities offered by this third, "meaning construction", approach. We might consider selecting as our procedural ideal a court initiated and supervised search for compromise through mediation. Such a process would involve all parties and be aimed at constructing a mutually acceptable way of acting. However, it is very important to note that in defining such a cultural construction process, we see to it that, so far as possible, the values and ideal narratives of all of the parties are respected and included.

Such court mandated mediation might require, for example, that the parties each offer alternatives that they believe still carry or realize the ideals that in which they believe. Perhaps, in the kendo case, the school would be asked to offer alternative ways of training or developing courtesy, respect, patriotism and self-discipline. Or, in the South African case, the student might be asked to explore alternative coming of age symbols available to South Indian girls.

At the same time, the school would be asked to find ways to use differences in coming-of-age symbols to actually increase order and shared culture. For example, perhaps the school can build a shared culture on mutual understanding and respect – as have American public schools with Christmas and Hanukkah.

I have also suggested that in Jewish law such an attempt to "decide for all the parties" includes the court as a representative of the wider society. I first offered the pragmatic value of a mutually acceptable solution. But I have also argued that, as a matter of principle, in a democratic society we should commit ourselves to showing the same respect for all parties, majorities and minorities. This would imply that the importance and value of cultural symbols to both minorities and culturally dominant majority groups play an important role in creating mutually acceptable solutions in cases of disputed cultural meaning.

I want to close by telling a personal story. Some years ago, as the director of an Orthodox Jewish high school, I was told that, according to the local Athletic Association rules, my students could not participate in a particular athletic event unless they removed the head coverings that Orthodox men wear. This would of course interfere with their ability to practice their religion. At the same time, to drop out of the athletic event would mean denying them what is for American young men a very important educational experience. When efforts to resolve our differences with the Athletic Association failed, I took this case to court and we were granted a restraining order against the athletic Association. Our team played.

The Association, however, was not satisfied. They appealed the case to a higher court. The judge of the appeals court did not take the approach of the earlier court.

He did not rule in favor of one of the parties. Instead, he told us "Don't bring this kind of case to me. Go out into the hall on work something out, or I will decide the case and none of you will like it." Given no other choice, we all went out into the hall and worked out a compromise – we would make some small essentially symbolic change in our head covering to accommodate the Athletic Association and its rules, and the Association would, on that basis, allow us to play with head coverings. The judge ratified our "mutually acceptable solution".

At first, I was quite dissatisfied with what the judge had done. After all, I felt that we had a superior case on constitutional grounds alone. However, with the passage of time, I have come to see the wisdom of the judge's approach. In the end, all parties got what they wanted. The Athletic Association wanted to be the ones who set the rules and saw to it that they were followed. We wanted to play. They got what they wanted – we wore the head coverings they approved – and we got what we wanted – we played. Today, that seems to me the better way to go.

Zusammenfassung

Die meisten Religionen lassen sich nicht leicht von der Kultur, an der sie teilhaben, trennen. Beide verfügen über machtvolle Symbole und Rituale, die dem Leben ihrer Mitglieder Sinn geben und ihr Leben organisieren. Auch von Rechtssystemen wird erwartet, dass sie Verhalten steuern, indem sie ein bestimmtes Verhalten erwarten und bestimmte Verhaltensweisen sanktionieren oder verbieten. Die Gesetze des Staates und die Religionen stimmen aber nicht immer darin überein, welche Bedeutung bestimmte soziale Praktiken haben. Aktuelle Beispiele sind unter anderem die Dispute über die Bedeutung des öffentlichen Tragens von Kopftüchern und Jarmulkes, oder auch das Kruzifix, die Krippe, der Christbaum, die Menorah vor oder in öffentlichen Gebäuden. Dieser Essay stellt sich der Frage, wie man an solche Fälle umstrittener kultureller Bedeutung herangehen sollte. Zuerst wird ein jüdischer Text analysiert, in dem über die kulturelle Bedeutung eines Sachverhaltes diskutiert wird. Mein Ziel ist es, zu zeigen, dass das Verstehen eines Falles nicht nur das Verstehen der Tatsachen erforderlich macht, sondern auch das Verstehen der kulturellen und symbolischen Bedeutung dieser Tatsachen. Moralische Ideale, Vorstellungen und Narrative von einer idealen Gesellschaft spielen eine wesentliche Rolle für die Lösung von Fällen mit umstrittener Bedeutung. Dann wird das Modell, das bei der Analyse des Falles aus dem jüdischen Recht entwickelt wurde, auf ähnliche Fälle aus zwei anderen Rechtssystemen, nämlich dem südafrikanischen und dem japanischen, angewendet. Als nächstes untersuche ich die Möglichkeiten, die den Gerichten offen stehen, um solche Fälle zu lösen. Und schließlich schlage ich – im Unterschied zur üblichen Lösungsmethode – vor, eine ohne Zwang auskommende Methode anzuwenden, die sich im jüdischen Zivilrecht entwickelt hat: ein vom Gericht initiierter, überwachter und vermittelter Kompromiss.

Most religions are not easily separated from the culture of which they are a part. Both involve powerful symbols and symbolic practices that organize and give meaning the lives of their members. Legal systems as well are expected to govern behavior, encouraging or requiring some actions while sanctioning and forbidding others. State law and religion do not, however, always agree on the meaning of a social practice. Contemporary examples include, among others, disputes about the meaning of publicly wearing headscarves and yarmulkes, or the display of crosses, crèches, Christmas-trees and menorahs. This paper addresses the question: how might such cases of disputed cultural meaning be approached? I first introduce and analyze a Jewish text that is about disputed cultural meaning. My purpose is to show that understanding the case requires understanding not just the facts but also the cultural or symbolic meaning of the facts. Again, based on this text, I suggest that moral ideals and or narratives or conceptions of an ideal society play a role in the resolving of cases of disputed meaning. I then use the model developed in my analysis of the case drawn from Jewish law to analyze similar cases from two other legal systems – Japanese and South African. These cases are shown to fit the model derived from the Jewish text. I next examine the options that are open to courts or legislatures especially, especially courts, in cases of disputed cultural meaning. Finally, I suggest that, as an alternative to the usual methods of resolving such cases, we further consider a relatively non-coercive method of resolving cases that is derived from Jewish civil law – court mandated and supervised mediated compromise.

Mathias Rohe

Scharia und deutsches Recht

1. Einführung: Rahmenbedingungen

Scharia und deutsches Recht – darin werden manche nur einen Gegensatz sehen. Im politischen Raum ist gelegentlich auf solcher Linie zu hören, in Deutschland gelte das Grundgesetz (das trifft zu), nicht die Scharia (das trifft nur teilweise zu). Weitergehend halten manche die Religionen generell – und zuvörderst den Islam – für natürliche Gegner einer diesseitsorientierten, auf religionsneutrale Institutionen aufgebauten Ordnung. Tatsächlich haben vor allem die monotheistischen Religionen mit ihren weitreichenden Geltungsansprüchen lange gebraucht, bis sie bereit waren, ihren Frieden mit säkularen Ordnungen zu machen. Im christlichen Spektrum hat die katholische Kirche diesen Schritt nachhaltig erst 1965 mit dem Zweiten Vatikanischen Konzil vollzogen. Immer noch finden sich – stark modifizierte – Staatskirchensysteme in mehreren europäischen Staaten. Auch im Judentum scheint die Lage noch nicht gänzlich geklärt: Das Modell des Staates Israel als „jüdischer Demokratie" nährt eine noch nicht abgeschlossene Debatte in Israel über das Verhältnis beider Sphären.

Vor allem der Islam und sein Normensystem (Scharia)[1] jedoch wird von vielen Nicht-Muslimen, aber auch manchen Muslimen, als *der* gegenwärtige Bedrohungsfaktor für säkulare demokratische Rechtsstaaten angesehen. Tatsächlich ist in den vergangenen Jahren ein aggressiver islamischer Extremismus („Islamismus"[2]) ideologisch und teils auch massiv gewalttätig gegen solche Staaten und ihre Bürger in Erscheinung getreten. Stehen solche Phänomene aber tatsächlich für „den Islam" oder „die Muslime", oder sind sie nicht – bedrohliche und mit allen rechtsstaatlichen Mitteln zu bekämpfende – Randerscheinungen?

---

[1] Zur unklaren Begrifflichkeit und ihren Auswirkungen vgl. M. Rohe, Das islamische Recht: Geschichte und Gegenwart, München ³2011, 9ff. Die folgenden Belege verweisen aus Raumgründen weitgehend auf andere Publikationen des Verfassers, in denen umfangreiche weitere Quellenbelege zu finden sind.

[2] Vgl. zur (noch unscharfen) Begrifflichkeit und maßgeblichen Inhalten M. Rohe, Islamismus und Schari'a, in: BAMF (Hg.), Integration und Islam, Nürnberg 2005, 120–156.

Die angemessene Behandlung derartiger Fragen setzt vor allem eines voraus: Nüchterne Sachlichkeit und somit Fairness gegenüber Menschen. Dagegen steht zum einen ein durchaus verbreiteter Alarmismus in ebenso faktenarmen wie geistlosen politischen Parolen wie „Maria statt Scharia" oder „Daham statt Islam". Ebenso wenig realitätsnah sind blauäugige Parolen, wonach „der Islam" nichts sei als Frieden. Beides verhindert die Bewältigung realer Probleme ebenso wie die Nutzung positiver Potentiale der Religionen zum gemeinsamen Wohl.

In der Aufregung unserer Tage ist es nicht immer leicht, die Sachanalyse in den Vordergrund zu stellen. Symptomatisch sind einige Reaktionen auf die im Grunde selbstverständliche und begrüßenswerte Feststellung des vormaligen Bundespräsidenten Christian Wulff, wonach auch der Islam mittlerweile zu Deutschland gehört.[3] Dies gilt umso mehr, als die dauerhafte Präsenz einer erheblichen Zahl von Musliminnen und Muslimen in Deutschland ein vergleichsweise sehr neues Phänomen ist, das mit Migrationsvorgängen und den damit verbundenen Begleiterscheinungen aufs Engste verbunden ist.

Anders als in den klassischen Einwanderungsländern wird hierzulande Migration von vielen immer noch weit mehr als Bedrohung denn als Chance wahrgenommen. Tatsächlich hat die Zuwanderungspolitik vergangener Jahrzehnte vorwiegend wenig ausgebildete Arbeitskräfte für die Verrichtung einfacher und körperlich anstrengender Tätigkeiten ins Land gebracht, deren Arbeitsplätze mittlerweile weitgehend weggefallen sind. Im Gegensatz zu ursprünglich allseitigen Erwartungen ist ein erheblicher Teil dieser Menschen auf Dauer im Land geblieben, ohne dass sogleich die notwendigen institutionellen Reaktionen z. B. im Bildungsbereich erfolgt wären. Dies hat sich erst in den letzten Jahren geändert. Hinzu kommt, dass sich vor allem seit den Terroranschlägen vom 11.9.2001 die öffentliche Wahrnehmung von Migranten geändert hat – ein Umschwung vom „Ausländer" zum „Muslim". Vielfältige Erfahrungen aus öffentlichen Veranstaltungen zeigen, dass oft umstandslos Probleme mangelnder Sprachbeherrschung und damit verbundener Schwierigkeiten in Bildung und Arbeit, Diskriminierung oder kulturell bedingte Verhaltensweisen (z. B. Ehrverständnis oder Kommunikationskultur) mit der Religion des Islam vermischt werden. Zudem werden Vorkommnisse in der gesamten vom Islam geprägten Welt, z. B. in Saudi-Arabien, Iran oder Pakistan, oft unreflektiert auf hier lebende Muslime übertragen, obwohl sie keinerlei Beziehung zu den dortigen Verhältnissen haben und auch nicht für

---

3   Vgl. nur den Artikel „Die neue deutsche Frage" in der Süddeutschen Zeitung v. 6.10.10; www. sueddeutsche.de/politik/debatte-um-den-islam-die-neue-deutsche-frage-1.1009060 (20.1.11).

sie verantwortlich sind. Im Folgenden soll deshalb der Blick vor allem auf die Situation in Deutschland gelenkt werden. Die „Arabellion" hat indes gezeigt, dass sehr wohl auch in der „islamischen Welt" starke Kräfte von innen versuchen, demokratisch-rechtsstaatliche Verhältnisse durchzusetzen, wenngleich bislang mit ungewissen Erfolgsaussichten.

2. Mögliche Konfliktfelder und Lösungen

2.1. Einführung

Der säkulare Rechtsstaat hat sich bei allen Unvollkommenheiten als *das* historische Erfolgsmodell erwiesen. Frieden und Wohlstand scheinen auf seiner Grundlage am besten zu gedeihen. Gerade Deutschland hat in der Folge des nationalsozialistischen Terrorstaats und des DDR-Unrechtsregimes allen Anlass, sich eine an der Menschenwürde orientierte, freiheitliche, aber auch wehrhafte Ordnung zu geben. Die aus guten Gründen teils mit Unterstützung, teils gegen erbitterten Widerstand von Religionsvertretern entstandene säkulare Trennung von Religion und staatlicher Machtausübung zählt zu den unverzichtbaren Grundlagen solch staatlicher Ordnung. Wird sie durch den Islam gefährdet?

Wenn Moscheen errichtet werden, wenn Empfehlungen zum Umgang mit muslimischer Religion in Schulen gegeben werden,[4] wenn „Halal-Fleisch" und islamische Investments angeboten werden oder wenn einer Iranerin von einem deutschen Gericht die ehevertraglich vereinbarte Zahlung von Goldmünzen im Scheidungsfall zugesprochen wird, befürchten manche eine schleichende, vielleicht sogar offene „Islamisierung" Deutschlands und ein Untergraben des säkularen Staats.[5] Trifft das aber zu?

Notwendiger Ausgangspunkt ist die Feststellung, dass alleine die deutsche Rechtsordnung in allen rechtlich relevanten Bereichen darüber entscheidet, welche Normen in welchem Umfang und innerhalb welcher Grenzen durchgesetzt

---

4   Der vom Land Rheinland-Pfalz (Ministerium für Bildung, Wissenschaft, Jugend und Kultur) Anfang 2011 herausgegebene Leitfaden „Muslimische Kinder und Jugendliche in der Schule" ist inhaltlich unspektakulär schlicht am geltenden Recht orientiert, scheint aber doch Irritationen auszulösen. Vgl. zum Thema auch M. Rohe, Islam in der Schule, Bayerische Verwaltungsblätter 2010, 257–64.

5   Ausführlicher hierzu M. Rohe, Islamisierung des deutschen Rechts?, JuristenZeitung 2007, 801–806.

werden können. Auf dieser Stufe der Letztentscheidung ist das Recht einheitlich und keineswegs „multikulturell". Allerdings ist Vielfalt – auch religiöse Vielfalt – unterhalb dieser Schwelle in erheblichem Umfang möglich, teils erwünscht und sogar geboten. Deutschland hat sich gegen eine streng laizistische und für eine religionsoffen-neutrale Säkularität entschieden, wie es z. B. Art. 4 und 7 Abs. 3 Grundgesetz wie auch dem Religionsverfassungsrecht insgesamt[6] zu entnehmen ist. Religion ist keineswegs aus dem öffentlichen Raum verbannt; sie darf sichtbar werden, sich in die Debatte einmischen, ist wichtiger Bestandteil universitärer Forschung und Lehre und findet Raum auch im bekenntnisorientierten Religionsunterricht in den öffentlichen Schulen vieler deutscher Länder oder in vielfältigen anderen Kooperationen zwischen Staat und Religionsgemeinschaften. Anders als in streng laizistisch orientierten Systemen wird Religion in Deutschland nicht als Bedrohung des staatlichen Machtanspruchs wahrgenommen, sondern als mögliche positive Ressource für das Zusammenleben und gemeinnützige Sinnstiftung. Nicht nur deshalb sind andererseits auch die Religionen aufgefordert, extremistische Potentiale in den eigenen Reihen ernst zu nehmen und ihnen mit den zur Verfügung stehenden Möglichkeiten entgegenzutreten.

2.2. Unterscheidung zwischen rechtlichen und religiösen Normen

Generell muss zwischen religiösen Normen und Rechtsnormen unterschieden werden.[7] Religiöse Normen, auch solche der Scharia (hierzu sogleich unter 2.3.1.), genießen den Schutz der Religionsfreiheit. Abgesehen von historisch begründeten und immer noch rechtsverbindlichen Sonderregelungen gelten für alle Religionen und Weltanschauungen (es geht hier um Individuen – individuelle Religionsfreiheit – oder Organisationen – kollektive Religionsfreiheit, nicht um „die Religion" schlechthin) dieselben Rechte und Pflichten. Unser Verfassungssystem kennt keinen „christlichen Religionsvorbehalt", auch wenn die Kultur des Chris-

---

6 Vgl. hierzu nur das Grundlagenwerk: von Campenhausen/de Wall, Staatskirchenrecht, München [4]2006.

7 Dies ist einerseits aus der Sicht des deutschen Rechts erforderlich, andererseits aber auch aus islamischer Perspektive möglich und bereits in der frühen Normenordnung des Islam angelegt, auch wenn es durchaus Überschneidungsbereiche zwischen Recht und Religion gibt; vgl. Rohe, Das islamische Recht (s. Anm. 1), 9ff. und öfter. Grundlegend verfehlt daher Nagel in seiner Rezension;www.nzz.ch/nachrichten/kultur/buchrezensionen/lohn_und_strafe_im_diesseits_un d_im_jenseits_1.3981865.html (20.1.11).

tentums[8] sicherlich in besonderer Weise kulturprägend war und ist und in dieser Funktion auch besondere Rechtsrelevanz gewinnen kann, z. B. im Hinblick auf Lehrplaninhalte. Mit anderen Worten: Was der Mehrheit zusteht, steht auch den Angehörigen kleinerer Religions- und Weltanschauungsgemeinschaften zu. So gesehen ist es eine schlichte Normalität, dass eine auf Dauer im Lande lebende Bevölkerungsgruppe, zusehends auch als deutsche Staatsangehörige, eine religiöse Infrastruktur aufbaut.

Im Bereich rechtlicher Normen herrscht weitgehend das Territorialprinzip: Jeder Staat wendet die ihm eigenen Sachnormen an. Das gilt annähernd uneingeschränkt für das Strafrecht und das gesamte öffentliche Recht, die Handeln in staatlicher Souveränität und die Aufrechterhaltung unerlässlicher gemeinsamer Verhaltensstandards zum Gegenstand haben. Im Privatrecht jedoch gelten Besonderheiten dort, wo das Wohl einzelner Privatpersonen bei der Ordnung ihrer Verhältnisse im Vordergrund steht. Deshalb stellt die deutsche Rechtsordnung Regeln für „internationale" Sachverhalte im Hinblick darauf auf, welches Recht im konkreten Fall als das sachnächste anzusehen ist. Man ist also im Grundsatz dazu bereit, auch fremdes Recht anzuwenden, wenn es sachnäher ist als das eigene.

So kann es dazu kommen, dass wie erwähnt ein deutsches Gericht ehevertragliche Ansprüche nach iranischem Recht durchsetzt. Weshalb sollte auch eine Ehefrau nicht Vermögenswerte zur Absicherung nach der Scheidung erhalten können? Was ist anstößig an der Zahlung von Goldmünzen anstelle der Zahlung in einer hochinflationären Währung? Damit sind jedoch zugleich die Grenzen (sogenannter „ordre public") angedeutet: Wo die Anwendung fremden Rechts zu Ergebnissen führen würde, die unseren rechtlichen Grundentscheidungen widersprechen, endet die Bereitschaft zu solcher Rechtsanwendung. Deshalb kann es im Inland ebenso wenig eine – noch dazu nur dem Ehemann vorbehaltene – einseitige Privatscheidung geben noch eine unflexible, patriarchalisch orientierte Zuordnung des Sorgerechts für Kinder nach Alter und Geschlecht oder ein Eheverbot zwischen Musliminnen und Nicht-Muslimen, wie es dem traditionellen islamischen Recht entspricht.[9] Nach alledem: Grund zur Entwarnung. Das deutsche Recht behält nach den auch international üblichen Maßstäben die Entscheidung

---

8 Anmaßend erscheint der modisch gewordene Begriff der christlich-jüdischen abendländischen Kultur. Die Liebe der Juden zu dieser Kultur ist weitgehend sehr einseitig geblieben. Infam ist es, ihn nun nicht zur wünschenswerten inneren Anerkennung zu nutzen, sondern ungefragt als Instrument der Abgrenzung zu Muslimen zu missbrauchen.

9 Vgl. Rohe, Das islamische Recht (s. Anm. 1), 81ff., 96f. und öfter.

in der Hand. Auch soll nicht unerwähnt bleiben, dass auch in vielen – nicht allen – islamischen Staaten Reformen erkämpft werden, welche die Ungleichbehandlung der Geschlechter und Religionen aufheben oder jedenfalls eindämmen sollen,[10] während andernorts politisierte Rückschritte ins juristische Patriarchat auf den Weg gebracht wurden. Auch daran zeigt sich die Vielgestalt der Interpretation nur scheinbar einheitlicher Regelungen im Islam. Wie kommt es zu solchen Unterschieden?

2.3. Grundlagen islamischer Normativität

2.3.1. Einführung

Die Scharia ist aus der Sicht schriftorientierter[11] sunnitischer und schiitischer Muslime ein zentraler Bestandteil des Islam. Sie betrifft die innere Glaubensüberzeugung ebenso wie die religiöse Praxis (also z. B. Ritualgebet, Pilgerfahrt etc.) und rechtliche Aspekte und ist sowohl auf das Diesseits wie auf das Jenseits ausgerichtet. Hierin ist das Missverständnis begründet, wonach im Islam Religion einerseits und Staat andererseits untrennbar verbunden seien. Die Existenz religiöser und rechtlicher Regelungen bedeutet aber nicht, dass zwischen beidem nicht getrennt werden könnte. Recht zeichnet sich in aller Regel durch diesseitsgerichtete Durchsetzungsmechanismen aus, während religiöse Vorschriften meist eine jenseitsbezogene Ausrichtung haben, wenngleich es einzelne Überschneidungen beider Bereiche geben mag, wie etwa beim religiös begründeten Zinsnahmeverbot.[12] Der Oberbegriff für beide Bereiche ist Scharia (arab. šarīʿa), der „gebahnte Weg".

Viele Nichtmuslime, aber auch manche Muslime legen hingegen einen engeren Begriff an; sie beschränken die Scharia auf die rechtlichen Normen des Familien- und Erbrechts, des drakonischen koranischen Strafrechts und des (sehr unpräzisen) Staatsorganisationsrechts einschließlich der religiöse Minderheiten betreffenden Normen. Hier öffnen sich in der Tat Konfliktfelder zwischen tradi-

---

10 Für Beispiele vgl. Rohe, Das islamische Recht (s. Anm. 1), 206ff., 215ff.

11 Es darf nicht vergessen werden, dass ein erheblicher Teil der Muslime in Deutschland nicht dieser Richtung folgt, sondern mystische oder „volksislamische" Ansätze bevorzugt oder den Islam eher als kulturelles Identitätselement unter vielen anderen versteht.

12 Ausführlicher hierzu M. Rohe, Das islamische Recht: Geschichte und Gegenwart, München ²2009, 9ff. m.w.N.

tionellen muslimischen Interpretationen und den Menschenrechten.[13] In der Debatte ist also präzise danach zu unterscheiden, welchem Verständnis man folgt. Soweit sich muslimische Autoren mit der Scharia befassen, legen sie meist das weite Begriffsverständnis an. Danach umfasst sie das gesamte System der islamischen Normen- und Verhaltenslehre; die vergleichsweise wenigen rechtlichen Vorschriften stellen nur einen kleinen Teil dar. Eine Übersetzung mit „Islamisches Recht" ist hierfür verkürzt, ja falsch. Schon die klassische, vor allem seit dem 8. Jahrhundert entwickelte Lehre hat mit dem sogenannten „fiqh" eine Spezialmaterie entwickelt, welche einerseits die Ritualvorschriften (Gebet, Fasten, Pilgerfahrt etc., sog. „ʿibadat") und andererseits die im Diesseits verbindlichen und durchsetzbaren Normen („muʿamalat") enthält. Nur dieser letztgenannte Bereich erfüllt die Funktion von Recht im Sinne der Regelung von Beziehungen unter Menschen, und er ist auch in der islamischen Normenlehre deutlich von denjenigen Vorschriften getrennt, die das Verhältnis Mensch-Gott betreffen.

Das Normensystem des Islam hat sich über fast 1400 Jahre in einem nun weltumspannenden Raum in großer inhaltlicher Vielfalt entfaltet. Die Scharia ist auch und gerade in ihren diesseitsbezogenen rechtlichen Anteilen alles andere als ein unveränderliches Gesetzbuch, sondern ein höchst komplexes System von Normen und von Regeln, welche die Auffindung und Interpretation der Normen erst möglich machen. Dieser letztgenannte Bereich, die „usul al-fiqh" („Wurzeln der Normenlehre"), ist der Schlüssel zum Verständnis des islamischen Rechts. Dabei finden sich erhebliche Unterschiede zwischen sunnitischen und schiitischen Schulen, die zudem ein großes Maß an innerem Meinungspluralismus kennen. Meinungsvielfalt und damit auch Ergebnisvielfalt ist damit ein Markenzeichen der Scharia.

Immerhin besteht weitgehend Einigkeit über die Hauptquellen, nämlich den Koran und die einschlägigen Überlieferungen des Propheten des Islam Muhammad (Sunna), soweit sie als authentisch anerkannt werden (sehr viele werden als später gefälscht oder zumindest als zweifelhaft angesehen). Dort finden sich nur vergleichsweise wenige rechtliche Regelungen, die insbesondere das Familien- und Erbrecht, das Strafrecht und das Vertragsrecht betreffen. Alle weiteren Quellen wie Gelehrtenkonsens, Analogie und andere Schlussverfahren sind hinsichtlich ihrer Voraussetzungen und ihrer Tragweite umstritten. Damit kommt der

---

13 Vgl. H. Bielefeldt, Muslime im säkularen Rechtsstaat, Bielefeld 2003, 94ff.; M. Rohe, Islam und Menschenrechte, in: T. Nawrath/P. W. Hildmann (Hg.), Interkultureller Dialog und Menschenrechte, Nordhausen 2010, 141ff.

Interpretation der jeweiligen Normen entscheidende Bedeutung zu. Dies gilt auch für diejenigen aus Koran und Sunna: Selbst bei vermeintlich eindeutigem Wortlaut muss stets geprüft werden, ob die betreffende Norm zu allen Zeiten, an allen Orten und für alle Menschen gelten soll, oder ob sie nur einen jeweils eingeschränkten Kreis betrifft. Diese Fragen haben sich die islamischen Gelehrten seit den Anfangszeiten und bis heute gestellt, und so wird auch ein hohes Maß an Flexibilität zur Anpassung an veränderte Lebensumstände ermöglicht. Der Zugang zu solch eigenständiger Interpretation wird als Idschtihad bezeichnet, als eigenständiges Überlegen und Argumentieren. Damit verliert letztlich die Aussage, Gott alleine sei der Normengeber, weitgehend an innerem Gehalt: Es sind stets – fehlbare – Menschen, welche die Normen auffinden, gewichten und interpretieren, und das Ergebnis ist ein menschliches Konstrukt, das steter Veränderung unterliegt.

Uneinigkeit herrscht darüber, wer solchen Idschtihad in welchen Fällen und in welchem Umfang betreiben darf. Während er in der Entstehungszeit des islamischen Rechts eine herausragende Rolle gespielt hat (ohne schon so benannt worden zu sein), hat sich insbesondere im sunnitischen Islam seit dem 10. Jahrhundert eine lange Zeit relativer Stagnation angeschlossen, in der die einmal formulierten Gelehrtenmeinungen weitgehend kritiklos übernommen wurden. Diese Phase wurde seit ungefähr 150 Jahren wieder von intensiver neuer Argumentation und Neuinterpretation abgelöst, die dann auch umfangreiche Gesetzgebungsinitiativen und inhaltliche Reformen ausgelöst haben. Weitgehend unproblematisch waren solche Initiativen, soweit sie Bereiche betrafen, die nicht oder nur vage von anerkannten Rechtsquellen geregelt wurden, wie das Verwaltungsrecht, große Teile des Strafrechts und des Zivil- und Wirtschaftsrechts. Auch die drakonischen Straftatbestände wie das Abhacken der Hand für bestimmte Formen des Diebstahls wurden in den meisten islamischen Staaten ohne weiteres abgeschafft. Ihre Fortführung oder Wiedereinführung ist vor allem als Politikum zu werten: Im Gegensatz zur Vergangenheit, wo die Anwendung dieser harten Strafen meist vermieden wurde, versuchen nun manche Politiker, sich durch rigorose Maßnahmen als besonders islamgetreu zu profilieren, wobei sie die tatsächliche Vergangenheit, auf die sie sich berufen, schlicht ignorieren.[14]

Zudem können neue Interpretationen zu rechtsstaatlich akzeptablen Ergebnissen gelangen. Ein Beispiel hierfür ist der Umgang mit vom Islam Abgefallenen. Der Koran droht für Glaubensabfall mit schweren Strafen im Jenseits. Die im

---

14 Näheres bei Rohe, Das islamische Recht (s. Anm. 1), 264ff. m.w.N.

Diesseits praktizierte Tötung geht auf eine in ihrer Authentizität umstrittene Aussage Muhammads zurück. Maßgebliche neuzeitliche Interpreten kommen zu dem Ergebnis, dass sich eine derartig massive Sanktion nicht auf eine so zweifelhafte Grundlage stützen könne. Zudem sei zu erfragen, was eigentlich das Anstößige am Glaubensabfall sei. Ein Blick in die islamische Frühgeschichte lehre, dass es hierbei um die Abkehr von der neuen islamischen Gemeinde in bewaffnetem Aufstand gegangen sei; strafbar sei also nur die (weltliche) Komponente des gewaltsamen Hochverrats, der Religionswechsel alleine sei es nicht, was sich auch aus einer koranischen Aussage ergebe, die Religionsfreiheit fordere (Sure 2, 256). Das zeige sich auch daran, dass man bereits in der Vergangenheit vom Islam abgefallene Frauen nicht mit dem Tode bestraft habe (weil man sie offenbar als „ungefährlich" angesehen habe).[15] Allerdings wird die Abkehr vom Islam zwar weitgehend nicht mehr bestraft, aber doch noch verbreitet sozial geächtet, bis hin zu kriminellen Übergriffen auf die Betreffenden.

2.3.2. Religiös-rechtliche Grundlagen der Staatsorganisation

Das Islamische Recht hat nur einen Bruchteil aller Rechtsgebiete in den nach seinem Selbstverständnis unantastbaren, wenngleich meist interpretationsbedürftigen Rechtsquellen des Koran und der Sunna geregelt.[16] Im Koran finden sich z. B. keinerlei auch nur annähernd präzise Aussagen zu einem islamischen Staatsrecht. Das greifbarste ist noch die Regelung in Sure 4 Vers 59: „Ihr Gläubigen! Gehorchet Gott und dem Gesandten [gemeint ist der Prophet des Islam Muhammad, d. Verf.] und denen unter euch, die zu befehlen haben [...]".[17]

„Befehlshaber" in diesem Sinne kann ebenso ein Kalif wie auch ein Parlament sein. Wie weit die Interpretation gehen kann, zeigt sich an der – sehr umstrittenen – Lehre der Aleviten; danach sind die Gebote der Scharia nur äußerliche Zeichen des Glaubens, welche nicht mehr benötigt werden, wenn der Mensch den

---

15 Näheres bei Rohe, Das islamische Recht (s. Anm. 1), 268ff. m.w.N.

16 Vgl. aus dem reichhaltigen Schrifttum nur: W.B. Hallaq, A History of Islamic Legal Theories, Cambridge 1997; M. Kamali, Principles of Islamic Jurisprudence, Cambridge 1997; N. Coulson, A History of Islamic Law, Edinburgh 1997; die Benennung von Quellen folgt weitgehend der Annahme, dass die Leser meist keine orientalischen Sprachen kennen.

17 Übersetzung von R. Paret, Der Koran, ³1983, 66. Vgl. zu verschiedenen Interpretationen A. Afsaruddin, Obedience to Political Authority: An Evolutionary Concept, in: M. Khan (Hg.), Islamic Democratic Discourse, Lanham u. a. 2006, 37ff.

Glauben (durch Zugehörigkeit zur alevitischen Gemeinschaft) verinnerlicht hat.[18] So weit sind allerdings die Sunniten und die Mehrheitsrichtung der Schiiten nicht gegangen. Doch finden sich auch unter modernen Theologen und anderen Gelehrten vor allem in der Türkei, aber auch im Iran und nicht zuletzt im Westen viele Vertreter der Ansicht, dass in heutiger Zeit alleine das Modell demokratischer Herrschaft islamgemäß sei. Ein Ansatzpunkt hierfür findet sich auch im koranisch verankerten Konzept der Beratung („schura"; vgl. Koran Sure 42,38).[19] Möglich sind sowohl die Deutung als echtes Parlament als auch traditionelle Deutungen als einer durchaus undemokratischen Ratsversammlung von Notabeln[20], wie sie etwa in Saudi-Arabien praktiziert wird. Insofern bleibt das Modell der Schura äußerst vage. Es beschreibt im Grunde nur eine Prozedur der Entscheidungsfindung, sagt aber ohne weiteres nichts über die Legitimation derer aus, die entscheiden.[21] Insgesamt können sich Befürworter wie Gegner demokratischer Strukturen auf Argumente aus dem hochkomplexen Geflecht von Normen und Interpretationsregeln des Islam stützen. In scharfem Kontrast hierzu stehen gängige Schriften in traditionalistischer oder extremistischer Ausrichtung, die sich gerne – in oft höchst schlichter Gedankenführung – auf „eindeutige" religiöse Normen und Aussagen stützen, denen man „zweifellos" zu folgen habe.

---

18 Vgl. S. Erbektaş, Axiome und Organisationsformen der Aleviten, in: K. Vorhoff u. a. (Hg.), Renaissance des Alevismus, Köln 1998, 86, 89ff.; K. Vorhoff, Die Aleviten, in: dies. (Hg.), Renaissance, ebd., 10, 18ff.

19 Hierzu umfassend R. Badry, Die zeitgenössische Diskussion um den islamischen Beratungsgedanken (šūrā), Stuttgart 1998. Vgl. etwa auch die Charta der Federation of Islamic Organisations in Europe (FIOE) aus dem Jahr 2002 in Art. 12.

20 So können Islamisten auch zu dem Schluss gelangen, schura bedeute das Gegenteil von Demokratie; vgl. H. I. Ali, Civil Society and Democratization in Arab Countries with Special Reference to the Sudan (Islamic Area Studies Working Paper Series 12), Tokyo 1999, 2f. m.w.N.

21 Vgl. auch A. El-Affendi, Democracy and Its (Muslim) Critics: An Islamic Alternative to Democracy?, in: Khan, Islamic Democratic Discourse (s. Anm. 17), 227, 232ff. m.w.N.

22 "No person, class or group, not even the entire population of the state as a whole, can lay claim to sovereignty. God alone is the real sovereign [...]. God is the real law-giver and the authority of absolute legislation vests in him. The believers cannot resort to totally independent legislation nor can they modify any law which God has laid down, even if the desire to effect such legislation or change in Divine laws is unanimous [...].", Auszug aus seinem Werk: Islam: Its Meaning and Message, abgedruckt bei J. J. Donohue/J. L. Esposito (Hg.), Islam in Transition. Muslim Perspectives, New York/Oxford ²2007, 262, 263f. Dieser lesenswerte Band enthält eine Fülle unterschiedlicher muslimischer Positionen zur Staatsorganisation, Rechtsfragen und zu Grundfragen gesellschaftlichen Zusammenlebens.

Allen gängigen Demokratiekonzepten steht das Konzept der alleinigen „Souveränität Gottes" (hakimiyat Allah), wie es islamistische Vordenker wie Abu-l ʿAla al-Maududi²² entwickelt haben, diametral entgegen. Frauen wird in traditioneller Geschlechterrollenverteilung der Platz in Haus und Familie zugewiesen, in Politik und Verwaltung kommt ihnen allenfalls eine untergeordnete Rolle zu. Nicht-Muslime haben in solcherart entworfenen Staatstheorien nur einen Status der Duldung, der von staatsbürgerlicher Gleichberechtigung denkbar weit entfernt ist. Maududi begründet dies damit, dass der islamische Staat auf der Ideologie des Islam aufbaue und dass deshalb jeder, der sich nicht zu dieser Ideologie bekenne, keine bedeutende Stellung im staatlichen Geschehen einnehmen dürfe.²³ Nicht nur freundliche Behandlung der Nicht-Muslime, sondern ihre Gleichbehandlung sei geboten, hält Fathi Osman dagegen. Der Status als bloßer Schutzbefohlener minderen Rechts (dhimmi) sei historisch gewachsen und kein unveränderliches Recht. Im modernen (islamischen) Staat herrschten Institutionen auf der Grundlage festgelegter Gesetze. Nicht-Muslime seien ein vollberechtigter Teil dieses Systems.²⁴ Fahmi Huwaidi gibt einem seiner Bücher auf derselben Linie den programmatischen Titel – „Mitbürger, nicht Schutzbefohlene"²⁵. Im Spannungsfeld solcher Meinungsunterschiede gestaltet sich das Leben nicht-muslimischer Minderheiten in islamischen Ländern. Es kann nicht unerwähnt bleiben, dass Maududis Werke in nicht wenigen islamischen Buchhandlungen und Moscheebibliotheken der westlichen Welt, insbesondere im anglo-amerikanischen Sprachraum, anzutreffen sind.²⁶ Noch schärfer wird in einem von Cemalettin Kaplan, dem früheren Vorsitzenden der mittlerweile verbotenen extremistischen Vereinigung Khilavet Devleti entworfenen Text²⁷ formuliert: „GESETZGEBUNG IST ALLEIN DAS RECHT ALLAHS [...] Kurzum steht das demokratische Regime in der Wurzel, im Fundament und in seinen Folgen mit dem Islam in Kontrast und läuft somit dem Islam in höchstem Maße zuwider [...] Im Islam ist der Staat stets eine Glau-

---

23 Vgl. A. A. Maududi, The Islamic Law and Constitution, Lahore ²1960, 295ff.

24 Vgl. F. Osman, Islam and Human Rights, in: A. El-Affendi (Hg.), Rethinking Islam and Modernity Essays in Honour of Fathi Osman, London 2001, 42f., 48f.

25 F. Huwaidi, muwatinun la dhimmiyun, Kairo ³1999; vergleichbar A. An-Naʿim, Religious Freedom in Egypt: Under the Shadow of the Islamic Dhimma System, in: L. Swidler (Hg.), Muslims in Dialogue, Lewiston u. a. 1992, 465ff., 489ff., insbes. 508ff.

26 Nach eigenen Forschungen des Verfassers im Sommer 2006 (großzügig unterstützt durch die Thyssen-Stiftung) z. B. in allen islamischen Buchhandlungen in Vancouver, Calgary, Toronto, Ottawa, Montréal und Québec.

27 Die islamische Verfassung, Düsseldorf 1993, 30f. (erworben 1995 an einem Informationsstand der Vereinigung Khilavet Devleti in Stuttgart).

benssache [...]". Menschenrechte werden von solchen Gruppierungen als westliche Erfindung zur Beherrschung anderer Kulturen abgetan. Exemplarisch sei die von „Eine Gruppe von Muslimen" unterzeichnete Stellungnahme[28] zur Islamischen Charta des ZMD aus dem Jahre 2002 zitiert: „Im Islam ist Allah die höchste Befehlsgewalt. Seine Autorität ist uneingeschränkt und nicht an irgendwelche Bedingungen geknüpft. In Demokratien dagegen verkörpert das Volk die höchste Gewalt. [...] Demokratien sind ein großes Hindernis für den Menschen, der seine Menschlichkeit zu finden versucht. [...] Muslime lehnen die Demokratie und die mit ihr eng verbundenen Begriffe Pluralismus und Menschenrechte ab [...]."[29]

Hier scheint die neuzeitliche Islamistenparole auf, nach welcher der Islam untrennbar zugleich Religion und Staat (din wa daula) sei. Insgesamt fällt bei den Islamisten ein absoluter Wahrheitsanspruch auf. Verbale Demut vor Gott korrespondiert mit erstaunlichem Hochmut vor den Menschen.

Gegenpol hierzu sind demokratiebejahende Ansätze. Unter muslimischen Reformern herrscht Uneinigkeit darüber, ob Demokratie und Menschenrechte „zusätzlich" mit einer Neuinterpretation religiöser Quellen untermauert werden sollen. Manche säkularen Muslime lehnen eine solche Argumentation aus religiös-rechtlichen Quellen ab: Dem Koran sei nichts zum politischen System zu entnehmen. Dieses sei alleine nach seinen Eigengesetzlichkeiten zu bestimmen. Wer versuche, das System der Demokratie aus dem Glauben abzuleiten, öffne eine Diskussionsplattform auch für die religiös motivierten Gegner dieses Konzepts.[30] Andererseits finden sich zahlreiche Vertreter inner-islamischer Neuansätze, die den Weg zur freiheitlichen, den Menschenrechten verpflichteten Demokratie ebnen möchten.[31] Nasr Hamid Abu Zaid etwa hält die Menschenrechte heutzutage

---

28 Per E-Mail am 12.06.2002 um 23.26 Uhr von der Adresse „sabri.aydin@ruhr-uni-bochum.de" versandte Nachricht mit dem Betreff „Stellungnahme zur „Islamischen Charta" und Appell an alle Muslime".

29 Vergleichbar „Die islamische Verfassung" der Ümmet-i-Muhammed, Düsseldorf 1993, 29ff.

30 So sinngemäß Ghaleb Bencheikh bei einer Konferenz der Konrad-Adenauer-Stiftung, der Heinrich-Böll-Stiftung und der Bundeszentrale für Politische Bildung zum Thema „Muslime als Staatsbürger" am 09.02.07 in Berlin.

31 Vgl. z. B. die vorzügliche Aufarbeitung bei Bielefeldt, Muslime (s. Anm. 13), insbes. 59ff.; M. Charfi, Islam and Liberty, London u. a. 2005, insbes. 38ff.; M. Shabestari, The Secular Nature of Law in Islam: A Basis for Democracy, in: Dialogue and Cooperation 1 (2006), (abrufbar unter www.fessspore.org, Publications), 27ff. sowie die bei F. Körner (Alter Text – neuer Kontext: Koranhermeneutik in der Türkei heute, Freiburg u. a. 2006) gesammelten Texte moderner türkischer Koranhermeneutik, insbes. Öztürks Ausführungen, ebd., 223ff. Lesenswert auch die luzide Übersicht bei A. Jacobs, Reformislam, Arbeitspapier Konrad-Adenauer-Stiftung 155 (2006).

für selbstverständlichen internationalen Standard, plädiert aber dafür, sie in eine verständliche kulturbezogene Begrifflichkeit umzusetzen.[32] Nicht wenige verweisen zugleich darauf, dass der Gehalt der Religion entwertet werde, wenn sie nach der Islamistenparole „Religion und Staat" mit dem Staat gleichgesetzt wird.[33] Oft wird hervorgehoben, dass der Koran nicht in erster Linie „Gesetz" sei, sondern religiöse Leitlinie. Dabei wird unterstrichen, dass zwischen Gott als „Gesetzgeber" und denen zu unterscheiden ist, die sich anmaßen, alleine darüber befinden zu können, wie Gottes Wort auszulegen ist.[34] Mit den Worten von Muhammad Sa'id al-Aschmawi, des vormaligen ägyptischen Staatsratsmitglieds und Vorsitzenden des Staatssicherheitsgerichts: „Gott will den Islam als Religion, aber Menschen wollen aus ihm Politik machen".[35] Der Dekan der Theologischen Fakultät (Ilâhiyat Fakültesi) der Universität Istanbul Öztürk erklärt, der Koran interpretiere sich aus sich selbst; niemand dürfe sich als Interpret an die Stelle Gottes setzen und absolute Lehrautorität beanspruchen.[36] Der Jurist Abdullahi al-Na'im formuliert, die Scharia (die Gesamtheit der Glaubenssätze und Normen des Islam) könne nicht in Gesetze umgeformt werden, sondern sei ein alleine religiös sanktioniertes Normensystem; staatliche Durchsetzung sei geradezu die Negation ihrer religiösen Verbindlichkeit. Die Scharia, wie immer man sie verstehe, bleibe stets eine historisch bedingte menschliche Interpretation von Koran und Tradition des Propheten.[37] Ihre Auslegung und Handhabung hängt demzufolge ganz maßgeblich von ihren Interpreten ab.

So wurde z. B. im Iran die Bestrebung, Parteien zu gründen, mit der These untermauert „Gott will Pluralismus".[38] Die ebenso einfache wie schlagende Begründung ist die, dass Gott unterschiedliche Menschen mit unterschiedlichen Mei-

---

32 Vgl. N. H.Abu Zaid, Ein Leben mit dem Islam, Freiburg i. Br. 2001, 68.

33 Vgl. A. Laroui, Islamisme, Modernisme, Liberalisme, Casablanca 1997, 188f.

34 Vgl. insbesondere F. Zakariya, laïcité ou islamisme, Paris/Kairo 1991, 112ff; A. An-Na'im, Toward an Islamic Reformation, Syracuse/New York 1996, 185ff.; K. Abou El Fadl, Speaking in God's Name. Islamic Law, Authority and Women, Oxford 2001, 132 u. ö.

35 M. S.Al-Ashmawy, l' islamisme contre l'islam, Paris/Kairo 1989, 11.

36 „Der etwas weiß, soll sprechen", Frankfurter Allgemeine Zeitung v. 23.6.2000, 53; vergleichbar der Rektor der Großen Moschee von Paris: D. Boubakeur, Les Défis de L'Islam, Paris 2002, 22f.

37 A. An-Na'im, Shari'a and Positive Legislation: is an Islamic State Possible or Viable?, Yearbook of Islamic and Middle Eastern Law 5 (1998–1999), 29 (dort Fn. 1), 36f.

38 Vgl. „Gott will Pluralismus. Parteiengründungen in Iran", Süddeutsche Zeitung v. 28.5.1998, 11; zum Pluralismus als Gegenstand der Reformdiskussion S. Balić, in: W. Ende/U. Steinbach, Der Islam in der Gegenwart, München ⁴1996, 590, insbes. 594; Y. Haddad, Islamists and the Challenge of Pluralism, Georgetown 1995, insbes. 7ff.

nungen geschaffen habe. Der Machtkampf zwischen den unterschiedlichen Vertretern des Islam im Iran ist zwar keineswegs ausgestanden, und die aktuelle Lage kann nur als trist bezeichnet werden. Anlass zu vorsichtigem Optimismus gibt jedoch beispielsweise der Umstand, dass ehemals extremistische Besetzer der US-Botschaft in Teheran in den letzten Jahren zusammen mit eher säkular gesinnten Kräften Reformen eingefordert haben,[39] und dass gerade auch unter iranischen Gelehrten Reformdenker vorzufinden sind. Allerdings steht die Letztentscheidungskompetenz religiöser Gelehrter nach dem neuzeitlichen iranischen Modell der Gelehrtenherrschaft (welayat-e faqih) dem Demokratiemodell weiterhin diametral entgegen. Die demokratische Wahl solcher Gelehrter – abgesehen von mehr als fragwürdigen Umständen der Kandidatenauswahl – ändert daran nichts. Letztlich beschränkt sie sich auf Anerkennung eines Auswahlpluralismus für Entscheidungsträger, deren Entscheidungen aber inhaltlich weitgehend durch die Kompetenz religiöser Personen oder Gremien gebunden sind, die ihrerseits zum faktischen Gesetzgeber und Herrscher werden. El-Affendi betont hingegen, dass ein solches System auch aus islamischer Sicht nicht zu rechtfertigen sei, weise es doch dem angeblich unwissenden Volk die Wahl derer zu, die dann anders als das Volk selbst zur Entscheidung berufen seien. El-Affendi geht so weit, der Kalif oder Rechtsgelehrte (faqih), welcher für sich absolute Autorität reklamiere, maße sich göttliche Autorität an und verstoße damit gegen das Polytheismusverbot, die Basisregel des Islam schlechthin.[40] Khan merkt an, dass die Rede von der göttlichen Souveränität dazu führt, die auf solcher Basis regierenden von ihrer Verantwortlichkeit gegenüber den Beherrschten zu befreien.[41]

Insgesamt scheinen solche kritischen Ansätze unter Muslimen im Westen attraktiv zu sein, bilden jedoch in der islamischen Welt nicht den Mainstream. Zwar hungern auch dort viele Menschen nach demokratisch abgesicherten rechtsstaatlichen Verhältnissen. Bei allen regionalen Unterschieden wird man mit Ausnahme weniger Staaten wie etwa der Türkei aber feststellen können, dass die traditionell ausgerichtete Mehrheit der islamischen Gelehrten sich zwar mit den jeweiligen Herrschaftskonzepten entweder arrangiert oder gar, wie die islamistischen Muslimbrüder Ägyptens, mehr Demokratie gegen (reale) Unterdrückung

---

39 Vgl. S. Morteza Mardiha, Wir sind die Revisionisten der islamischen Revolution, in deutscher Übersetzung (Susanne Baghestani), abgedruckt in Frankfurter Allgemeine Zeitung v. 31.8.1999, 31.

40 Vgl. El-Affendi, Democracy (s. Anm. 21), 244f.

41 Vgl. M. Khan, The Politics, Theory and Philosophy of Islamic Democracy, in: Khan (Hg.), Islamic Democratic Discourse (s. Anm. 17), 149, 156.

einfordert. Die theoretische Oberherrschaft der Scharia und ihrer selbsternannten authentischen Interpreten wird aber nicht preisgegeben und ist weitgehend auch in den entsprechenden Verfassungen verankert. Ein groß angelegter Versuch des ägyptischen Al-Azhar-Gelehrten und Scharia-Richters Ali Abd al-Raziq, ein Modell säkularer Herrschaft aus dem Islam heraus zu entwickeln,[42] hat im Jahre 1925 zu seiner Verurteilung und Entfernung aus dem Amt geführt. Reformer haben es seither oft vorgezogen, eher „stille" faktische Lösungen unter Vermeidung von Frontalangriffen auf die starken Traditionalisten zu suchen. Damit ist die autochthone intellektuelle Unterfütterung demokratischer Herrschaftsmodelle bis vor kurzem vergleichsweise selten und auf bestimmte Regionen wie den Balkan, die Türkei oder Südostasien beschränkt geblieben. Dies ändert sich zusehends, nicht zuletzt im Zuge der „Arabellion" unserer Tage.

Die Lage bleibt freilich uneinheitlich, wobei die Gründe für die bestehenden Diktaturen nur manchmal, wie in Saudi-Arabien oder Iran, in religiösen Interpretationen zu suchen sind, meist jedoch schlicht in Korruption, Nepotismus und schamloser Machtaneignung durch bestimmte ethnische oder soziale Gruppen wie das Militär.

2.4. Positionen des Islam in Europa

Ist nun der Einheit und individuelle Gestaltungsfreiheit in ein ausgewogenes Verhältnis setzende demokratische Rechtsstaat durch den Islam gefährdet? Eine bündige Antwort auf die so gestellte Frage ist unmöglich: Die Positionen des Islam und der Muslime sind dafür zu vielgestaltig; auch der Islam ist alles andere als ein monolithischer Block.[43] Deshalb müssen wir die Situation in Deutschland und Europa gesondert von der in anderen Teilen der Welt betrachten. Die Unterscheidung ist wichtig, weil Muslime gerade in freiheitlichen Rechtsstaaten offen und ohne machtpolitischen Druck über Fragen ihrer Religion debattieren und publizieren können. Andererseits ist es ebenso wahr wie beklagenswert, dass insbesondere in weiten Teilen der arabischen Welt offene Debatten über die hier behandel-

---

42 Vgl. sein Werk Al-Islam wa usul al-hukm von 1925; vgl. hierzu A. Flores, Die innerislamische Diskussion zu Säkularismus, Demokratie und Menschenrechten, in: W. Ende/U. Steinbach (Hg.), Der Islam in der Gegenwart, Bonn 2005, 620, 623 m.w.N.

43 Ausführlich hierzu M. Rohe, Islam und demokratischer Rechtsstaat – ein Gegensatz?, in: Hanns Seidel Stiftung (Hg.), Politische Studien 413 (2007), 52–68 (abrufbar unter: www.hss.de/uploads/tx_ddceventsbrowser/PolStudien413_Internet.pdf).

ten Fragen nicht geführt werden können, weil dort besonders die Menschenrechte von Nicht-Muslimen, aber auch von Muslimen mit Füßen getreten werden. Neben vielerlei politischen Ursachen ist das auch bedingt durch eine breite, intolerante Schicht von Religionsgelehrten und religiösen Autodidakten, die durch solche Debatten ihre Macht bedroht sieht oder generell extrem intoleranten Spielarten des Islam folgt, wie z. B. dem in Saudi-Arabien immer noch dominierenden Wahhabismus.

Zunächst ist festzuhalten, dass neben den vielen schon im Inland geborenen oder hier sozialisierten deutschen Muslimen auch solche vom Balkan oder aus der Türkei in einer rechtskulturellen Umgebung aufgewachsen sind, die sich seit vielen Jahrzehnten an europäischen Staats- und Rechtssystemen orientieren und explizit von islamrechtlich ausgeprägten Systemen abgewandt haben. Aber auch unter Muslimen aus anderen Teilen der vom Islam geprägten Welt finden sich Anhänger des demokratischen Rechtsstaats in großer Zahl; nicht wenige von ihnen sind den dortigen, säkular oder religiös legitimierten Diktaturen entflohen. Vergleichsweise breit angelegte Untersuchungen in Deutschland aus jüngerer Zeit belegen,[44] dass die Zustimmung zu den Grundlagen des deutschen Staats- und Rechtssystems ungefähr gleich groß ist wie unter der Gesamtbevölkerung. Teilweise ist das Vertrauen in die deutschen Institutionen unter Muslimen sogar noch stärker ausgeprägt. Mit aller Vorsicht kann gesagt werden, dass die wohl bei weitem größte Gruppe von Muslimen diejenige der „Alltagspragmatiker" ist,[45] welche sich wie wohl der größte Teil der Bevölkerung überhaupt ohne tiefere Reflexion in das bestehende System einfindet und es in seinen Grundentscheidungen – einschließlich der Menschenrechte – auch bejaht. Muss man sich dafür vom Islam schlechthin abwenden, wie es eine kleine, aber lautstarke Zahl ideologisierter Islamkritiker behauptet? Eine solche Haltung spiegelt profunde Unkenntnis der Materie, wie unter 2.3. bereits gezeigt.

Unter denjenigen, die religionsbezogene Positionen beziehen, finden sich Traditionalisten ebenso wie solche, die sich auch mental-intellektuell „einheimisch" fühlen und anders als die Traditionalisten muslimisches Leben hierzulande nicht als strukturellen Ausnahmezustand ansehen, in dem man sich mit Kompromisslösungen zurechtfinden muss, sondern ihre Lebenssituation als die neue Norma-

---

44 Z. B. Bundesministerium des Innern (K. Brettfeld/P. Wetzels), Muslime in Deutschland, Hamburg 2007, 24ff., 492ff., insbes. 495, 500; vgl. auch die informative Studie von BAMF/DIK, Muslimisches Leben in Deutschland, Nürnberg 2009.

45 Ausführlicher wird eine modellhafte Gruppenbildung entwickelt in Rohe, Das islamische Recht (s. Anm. 1), 383ff.

lität eines Islam in religionspluralen Gesellschaften und religionsneutralen Staaten begreifen. Diese Richtung ist insbesondere im schulischen und akademischen Bereich sowie in NGOs besonders häufig anzutreffen. Dies spricht dafür, dass der zu etablierende islamische Religionsunterricht, die entsprechende universitäre Ausbildung der Lehrkräfte und die Etablierung einer islamischen Theologie an Universitäten den wünschenswerten Prozess muslimischer Selbstreflexion und -bestimmung im Rahmen des säkularen Rechtsstaats deutlich voranbringen werden.

Explizite Gegner des säkularen demokratischen Rechtsstaats bilden eine vergleichsweise kleine, aber gefährliche Richtung in Gestalt des Islamismus. Dies ist eine auch im Spektrum des Islam durchaus neue politische Richtung, wenngleich sie sich fälschlich als Vertreter einer Rückbesinnung auf den „wahren Islam" ausgibt. Das traditionelle islamische Staatsrecht ist seit seiner Frühzeit wie oben ausgeführt ausgesprochen vage und lässt die unterschiedlichsten Herrschaftsmodelle zu. Folgerichtig finden sich in der Neuzeit viele Gelehrte, die die Demokratie als das System des Islam im 20. und 21. Jahrhundert ansehen.[46] Hiergegen richten sich Islamisten mit der Parole, alleine Gott könne Gesetzgeber sein, weltliche Mehrheitsentscheidungen ohne Letztorientierung auf den Islam hin seien inakzeptabel und zu bekämpfen. Nicht-Muslimen wird nur eine zwar im Grundsatz geschützte, aber von Gleichberechtigung weit entfernte Position zugewiesen.[47] Es geht diesen Ideologen also primär um die Durchsetzung des eigenen Machtanspruchs im religiösen Gewand, wobei nur ein geringer Teil von ihnen unmittelbar zur Gewaltanwendung greift (sogenannter Dschihadismus), während die meisten eine legalistische Strategie über Bildungs- und Sozialeinrichtungen verfolgen. Einschlägige extremistische Aktivitäten entfaltet in Europa z. B. die Gruppierung Hizb al-Tahrir. Zu nennen sind aber auch diejenigen, die hier lebende Muslime zu scharfer Abgrenzung gegen Christen und Nicht-Muslimen generell anhalten und sie zur Bildung von Parallelstrukturen aufrufen („unterwerft euch nicht den Entscheidungen des Ungläubiges"), wie es weit verbreiteten Fatwa-Bänden der prominenten saudi-arabischen Gelehrten Ibn Baz und al-Uthaymeen zu entnehmen ist.[48] Insbesondere über das Internet lassen sich ideologische Botschaften jeder Couleur transportieren. Solche Positionen stoßen allerdings auch in der islamisch geprägten Welt auf tiefgreifende Ablehnung.

---

46 Vgl. Rohe, Das islamische Recht (s. Anm. 1).
47 Vgl. Rohe, Islamismus und Schari'a (s. Anm. 2).
48 Nachweise bei Rohe, Islamismus und Schari'a (s. Anm. 2), 243ff., 248ff.

Nicht zuletzt sind insbesondere unter Jüngeren populäre, charismatische Personen oder salafistische Gruppen zu nennen, die nicht mehr über Herrschaftsmodelle diskutieren, sondern im Wege gesellschaftlicher Fundamentalkritik letztlich einen auch politischen Ausschließlichkeitsanspruch propagieren.[49] Auch sie erscheinen trotz ihres besonderen Infiltrationspotentials indes nicht mehrheitsfähig zu sein. Es darf auch nicht vergessen werden, dass ein erheblicher Teil der Muslime anders als die kleine, lautstarke und durchaus gefährliche Zahl von Extremisten mystische oder „volksislamische" Ansätze bevorzugt oder den Islam eher als kulturelles Identitätselement unter vielen anderen versteht und sich für Fragen der Normativität kaum interessiert. Die Scharia wird hier mehr und mehr als ethisches Leitsystem ohne rechtliche Bedeutung verstanden. Dennoch herrscht gelegentlich Unsicherheit. Insofern ist es sehr zu begrüßen, dass man in Deutschland nun den Weg geht, eine islamische Theologie nach dem geltenden Religionsverfassungsrechts zu etablieren, die auf hohem wissenschaftlichen Niveau eine authentische muslimische Selbstdefinition im Rahmen des säkularen, religionsoffenen Rechtsstaats ermöglicht.

3. Perspektiven

Der Islam steht nicht im strukturellen Gegensatz zum säkularen demokratischen Rechtsstaat. Positionen muslimischer Extremisten lassen sich nicht verallgemeinern und sind unter Muslimen auch nicht mehrheitsfähig. Die notwendige Bekämpfung des islamischen Extremismus darf sich nicht gegen Muslime insgesamt richten. Sie bilden keineswegs eine „Gegengruppe" zur sonstigen Bevölkerung, sondern sind Teil der deutschen Gesamtgesellschaft. Als in ihrer übergroßen Mehrheit rechtstreue Bürger haben sie Anspruch auf die gleichen Rechte und unterliegen den gleichen Pflichten wie alle anderen.

Nach alledem ist es grundlegend verfehlt, „den Islam" auf eine nur fiktive Essenz festzulegen und daraus dann einen Gegensatz zum säkularen Rechtsstaat zu konstruieren. Wer so vorgeht, unterstützt im Grunde das Geschäft des Islamismus. Mangel an analytischen Fähigkeiten und wissenschaftlicher Redlichkeit zeigt zudem eine gelegentlich anzutreffende Vergleichsperspektive, welche das Deutschland der Gegenwart mit der islamischen Welt der Vergangenheit in Beziehung und Gegensatz zueinander setzt, damit aber auf die gegenwärtig hier leben-

---

49 Vgl. zu solchen Bewegungen in Deutschland N. Wiedl, The Making of a German Salafiyya. The Emergence, Development and Missionary Work of Salafi Movements in Germany, Aarhus 2012.

den Muslime abzielt. Der neue Volkssport, in Leserbriefen und Internetblogs irgendwelche Koransuren aus ihrem textlichen und interpretativen Kontext zu reißen und daraus ein Bedrohungsszenario zu konstruieren, ist nichts als ein Dokument der Ignoranz.

Die Grundlagen unserer Rechtsordnung müssen immer wieder neu vermittelt werden, durch alle Bevölkerungsgruppen und über die Generationen hinweg. Entsprechende Akzeptanz ist kein Selbstläufer, sondern bedarf gesamtgesellschaftlicher Überzeugungsarbeit in Abwehr und zur Verhinderung jeglicher Form von Extremismus. Jedoch würde der säkulare Rechtsstaat seine international wirkende Überzeugungskraft verlieren, wenn er seine grundlegenden Ansprüche nicht auch und gerade in der Alltagspraxis umsetzen würde.[50] Das gilt nicht zuletzt für selbstverständliche Etablierung einer religiösen Infrastruktur im Rahmen des geltenden Rechts. Aus rechtlicher Sicht kann es keine „fremden" Religionen geben, sondern nur der allgemein geltenden Rechtsordnung „fremde" religionsgeleitete Verhaltensweisen, denen durch wirksame Maßnahmen rechtlicher und außerrechtlicher Art zu begegnen ist. Wer aber die gemeinsame Hausordnung respektiert, hat das Recht auf vollständige Gleichbehandlung, welche Religion oder Kultur er oder sie auch pflegt.

Den demokratischen Rechtsstaat lehnen nicht nur Islamisten ab, sondern auch Rechts- und Linksextreme. Gleichzeitig ist es ein unerlässlicher Bildungsauftrag in Richtung auf die Gesamtbevölkerung, dass die vom Rechtsstaat garantierten Grundrechte nicht nur der Mehrheit zustehen, sondern dass entgegen verbreiteten Ressentiments auch Minderheiten wie die Muslime gleichen religionsverfassungsrechtlichen Schutz genießen. In Zeiten sich häufender Brandanschläge gegen Moscheen muss daran erinnert werden. Auch manche scheinbaren Verteidiger der säkularen Rechtsordnung sind bei näherer Betrachtung mit deren Grundlagen wenig vertraut und vertreten beispielsweise im Hinblick auf die Religionsfreiheit für Muslime Positionen, die sich mit ebendieser Rechtsordnung schlicht nicht vereinbaren lassen.[51] Liebe, die blind macht, ist jedoch nicht weniger schädlich für demokratische Rechtsstaatlichkeit als religiös begründete Gegnerschaft.

---

50 Unter rechtsstaatlichen Aspekten in die Nähe der Realsatire gerät dann allerdings eine Petition von Moscheegegnern in München-Sendling, die sich laut einem Pressebericht vom 11.3.07 gegen den Moscheebau unter anderem mit der Begründung wendet, er sei „der bayerischen Kultur gegensätzlich", für die „der Genuss von Bier und Schweinebraten" stehe; „Muslime beten bittschön im Möbelhaus", abgerufen unter: www.spiegel.de/politik/deutschland/0,1518,druck-470350,00. html.

In diesem Zusammenhang ist die heftige Debatte des Jahres 2012 über die religiös motivierte Beschneidung von Jungen zu erwähnen. Die (medizinisch fachgerecht ausgeführte) Beschneidung von Knaben gilt in Judentum und Islam[52] weithin als bedeutsame, für viele geradezu als essentielle religiöse Vorschrift. Ein solcherart ausgeführter Eingriff ist geringfügig und bringt nach gegenwärtiger Erkenntnis keine, jedenfalls aber keine schwerwiegenden Nachteile mit sich. Die Weltgesundheitsorganisation WHO empfiehlt ihn sogar aus krankheitspräventiven Gründen; auch in den USA wird er in weiten Teilen der Bevölkerung routinemäßig ausgeführt. Ein entgegenstehendes Urteil des Landgerichts Köln vom Mai 2012[53] wollte anscheinend neue Maßstäbe setzen. Dort wurde abweichend von der Vorinstanz und entgegen der bisher einhelligen Linie in der Justiz[54] die Rechtswidrigkeit des Eingriffs bei Kindern auch dann bejaht, wenn der Eingriff fachgerecht und mit elterlicher Einwilligung erfolgt. Die elterliche Einwilligung ist nach dieser Ansicht rechtlich unwirksam. Eine nachvollziehbare Abwägung mit dem auch verfassungsrechtlich garantierten Gewicht religiöser Belange (religiöse Sozialisation als Entscheidung im Sinne des Kindeswohls) unterblieb.

Der strukturelle gedankliche Fehler, geteilt von einigen Extremsäkularisten ohne hinlänglich Kenntnisse der deutschen Verfassungsordnung, besteht darin, dass jede Art von Eingriffen in die körperliche Integrität für verboten gehalten wird, die nicht aus medizinischen Gründen indiziert sind. Damit setzen sich die Vertreter dieser Ansicht an die Stelle der Eltern, die indes nach dem System des Art. 6 Abs. 2 GG zuvörderst für Pflege und Erziehung der Kinder zuständig sind.[55]

---

51 Prägnante Beispiele finden sich in der klugen Streitschrift von P. Bahners, Die Panikmacher, München 2011. Vgl. auch die Stellungnahme des Verfassers zu einschlägigen Äußerungen Necla Keleks unter: www.faz.net/aktuell/feuilleton/debatten/islam-debatte-das-ist-rechtskulturrelativismus-1595144.html.

52 Vgl. den kurzen Überblick zur Beschneidung im Islam bei M. Rohe, Zur religiös motivierten Beschneidung von Jungen und Männern im Islam, abrufbar auf der Website der Deutschen Islamkonferenz unter: www.deutsche-islam-konferenz.de/DIK/DE/Magazin/Recht/Beschneidung-Grundlagen/beschneidung-grundlagen-inhalt.html.

53 Urteil vom 07.05.2012, abrufbar unter: www.justiz.nrw.de/nrwe/lgs/koeln/lg_koeln/j2012/151_Ns_169_11_Urteil_20120507.html (07.07.2012). Die Begründung ist für eine Entscheidung dieser Dimension überraschend schlicht.

54 Vgl. nur die Entscheidungen OVG Lüneburg FEVS 44, 465ff; OVG Lüneburg NJW 2003, 3290 zur sozialrechtlichen Kostenübernahme für die Feierlichkeiten.

55 Es sollte in diesem Zusammenhang beachtet werden, dass eine Fülle elterlicher Entscheidungen die körperliche Integrität berühren kann, von der Zulassung des Ohrlöcherstechens bis hin zu Ernährungsfragen. Eine generelle Kriminalisierung würde weit über die Ordnungsaufgaben des Strafrechts hinausschießen.

Auch die Sozialisation in einer religiösen Gemeinschaft kann nach der maßgeblichen Einschätzung der Eltern dem Wohl des Kindes dienen. Freilich hat diese Einschätzungsprärogative der Eltern Grenzen: Schwerwiegende Eingriffe sind nicht gedeckt, hier aktualisiert sich der staatliche Wächterauftrag des Grundgesetzes. Deshalb konnte etwa gegen Zeugen Jehovas vorgegangen werden, die ihren Kindern aus religiöser Überzeugung medizinisch notwendige Bluttransfusionen verweigerten. Um derart schwerwiegende Eingriffe geht es hier indes gerade nicht.[56] Deshalb war es folgerichtig, dass der Bundestag Ende 2012 durch die Neuregelung in § 1631 d BGB die bisherige Rechtslage nunmehr gesetzlich ausgeformt[57] und die entstandene Verunsicherung beseitigt hat. In der politischen Debatte brachte Kanzlerin Merkel die Essenz der Diskussion meines Erachtens zutreffend auf den Punkt, wenn sie formulierte, dass wir uns mit einem weltweit singulären generellen Beschneidungsverbot zu einer Nation von Komikern entwickeln würden.[58] Neben dem Austausch sachorientierter Argumente zeigte sich in der Debatte streckenweise ein aggressiv antireligiöser Ton[59], der, worauf Bundespräsident Gauck zu Recht hingewiesen hat,[60] in seinem „Vulgärrationalismus" selbst von antisemitischen Tönen nicht frei war. Nunmehr besteht die Chance, dass die Debatte wieder dort geführt wird, wo sie primär hingehört: in den Religionsgemeinschaften selbst.

Missverständnisse im Dialog zwischen Muslimen und Nicht-Muslimen in Deutschland sind nicht selten. Verständnisprobleme wurzeln häufig in unterschiedlichen Dialogkulturen, soweit Muslime stark von orientalischen Kommu-

---

56 Vgl. zu alledem die wohl ausführlichste rechtliche Würdigung bei W. Beulke/A. Dießner, „[...] ein kleiner Schnitt für einen Menschen, aber ein großes Thema für die Menschheit", Zeitschrift für Internationale Strafrechtsdogmatik 7 (2012), 338ff., abrufbar unter: www.zis-online.com/dat/artikel/2012_7_685.pdf.

57 Vgl. Entwurf eines Gesetzes über den Umfang der Personensorge bei einer Beschneidung des männlichen Kindes v. 05.11.2012, Bundestagsdrucksache 17/11295, abrufbar unter: http://dipbt.bundestag.de/dip21/btd/17/112/1711295.pdf.

58 Vgl. den Bericht „Kanzlerin warnt vor Beschneidungsverbot, Spiegel online v. 16.07.2012, abrufbar unter: www.spiegel.de/politik/deutschland/bundeskanzlerin-merkel-warnt-vor-beschneidungsverbot-a-844671.html.

59 Vgl. den erhellenden Aufsatz des UN-Spezialberichterstatters für Religions- und Bekenntnisfreiheit Heiner Bielefeldt, „Marginalisierung der Religionsfreiheit?", abrufbar unter: www.polwiss.uni-erlangen.de/professuren/menschenrechte/UN%20Sonder-berichterstatter/bielefeldt_beschneidungsurteil_vorabfassung.pdf (31.07.12).

60 Vgl. den Bericht „Gauck warnt vor „Vulgärrationalismus", Spiegel-online v. 02.12.2012, abrufbar unter: www.spiegel.de/politik/deutschland/beschneidungsdebatte-gauck-ruegt-vulgaerrationalismus-a-870549.html.

nikationsformen geprägt sind. Sachliche Anfragen und Sachkritik werden auf „orientalischer" Seite häufig als persönlicher Angriff verstanden, was eher selten auch so gemeint ist; umgekehrt wirken im Orient geläufige „gesichtswahrende" Formen indirekter Problembenennung und Kritik im mitteleuropäischen Kommunikationskontext als Ausweichen und Verschleierung. Manchmal mag das auch beabsichtigt sein, oft aber nicht.

Es gibt keinen „clash of civilizations". Anderslautende Behauptungen sind ein intellektuelles Krisenphänomen, die fälschlich eine innere Homogenität unterschiedlicher – und als strukturell gegensätzlich angesehener – Kulturen unterstellen. Erkennbar ist ein kulturenübergreifender „clash of minds". Wer die Grundlagen des säkularen demokratischen Rechtsstaats als gemeinsame Hausordnung akzeptiert, verdient auch seinen vollen Schutz, gehört dazu. Extremismus jeder Couleur muss bekämpft werden, und dieser Kampf sollte möglichst alle mobilisieren können, die von ihm bedroht sind, über alle Religionen und Weltanschauungen hinweg.

Im islamischen Spektrum ist es über die alltagspraktische Handhabung hinaus erforderlich, religionsorientierte und religiös vermittelbare Positionen weiterzuentwickeln, die Muslimen auch aus religiöser Sicht einen Weg in die Mitte der Gesellschaft aufzeigen. Ansätze hierfür sind vorhanden und müssen weiter ausgebaut werden. Insbesondere finden sich wesentliche Bereiche inhaltlicher Übereinstimmung in islamischen und säkularen Grundlagennormen (overlapping consensus), die man nutzbar machen kann. So kann dann auch der Islam positive Beiträge zu gesamtgesellschaftlich relevanten Fragen leisten, Muslime können sich über religiöse Organisationen hinaus – wie schon zusehends der Fall – in nicht religiös ausgerichteten Kontexten einbringen. Das setzt die Bereitschaft zur Öffnung auf allen Seiten voraus. Diese Erkenntnis ist auch psychologisch bedeutsam: Wer mag schon fortwährend als „Problem" wahrgenommen und benannt werden? Nur bei offener und empathischer – nicht blauäugiger – Bereitschaft zur Verständigung kann aus dem schon weitgehend funktionierenden[61] Nebeneinander immer mehr Miteinander wachsen.

---

61 Bestehende Probleme resultieren weitgehend aus bildungsbezogenen, sozialen und wirtschaftlichen Gegebenheiten im Zusammenhang mit Migrationsvorgängen. Hier nicht behandelt wird die gewiss dringend zu beachtende Frage, ob und wieweit religiöse oder – so zu vermuten – vor allem kulturelle und soziale Prägungen z. B. eine vergleichsweise höhere Gewaltbereitschaft bedingen, wie sie in manchen Untersuchungen konstatiert wird (vgl. zur nicht unumstrittenen Studie Pfeiffers aus jüngerer Zeit statt vieler den Bericht von Irle, abgerufen unter: www.fr-online.de/politik/zweifelhafte-rolle-der-imame/-/1472596/4471348/-/index.html [30.1.11]).

Schließlich fügt sich die Debatte um den Islam in Deutschland in größere, zu-
kunftsbestimmende Zusammenhänge. Welche Rolle sollen Religionen und Weltanschauungen künftig im öffentlichen Raum spielen? Wie soll die Kooperation
zwischen ihren Organisationen und dem Staat ausgestaltet werden? Hier gilt es,
immer wieder neu eine angemessene, breit vermittelbare Haltung fernab der Ex-
treme von Religionsdiktatur und säkularistischer Ersatzreligion zu definieren. Im
Übrigen bleibt es eine fortwährende Aufgabe, in der gesamten Gesellschaft und
unter nachfolgenden Generationen die Vorzüge demokratischer Rechtsstaatlichkeit immer wieder neu zu vermitteln.

Zusammenfassung

In Europa herrschen verbreitete Ängste vor einem Konflikt zwischen der islamischen Scharia und dem Ordnungsprinzip des säkularen Rechtsstaats. Dieser allzu
vereinfachten Sicht wird hier durch eine differenzierte Analyse der Faktenlage
entgegengetreten.

In Europe fears of fundamental conflicts between the islamic Sharia and the democratic state and the rule of law are widespread. This paper refuses such over-
simplifying perceptions by a differentiated analysis of the existing facts.

CHRISTIAN WALDHOFF

Islamische Theologie an staatlichen Hochschulen

1. Einführung

Die Frage, ob islamische Theologie an staatlichen Hochschulen eingerichtet werden kann oder soll, ist vielschichtig. In dieser Problemstellung spiegelt sich u. a. die Frage, ob das überkommene staatskirchen-/religionsverfassungsrechtliche System des Grundgesetzes den Herausforderungen durch den zur Zeit der Entstehung des Systems 1918/19 in Deutschland nicht verbreiteten Islam gewachsen ist.[1] Zugleich bestehen unmittelbare Zusammenhänge mit dem parallelen Projekt der Einführung islamischen Religionsunterrichts an öffentlichen Schulen.[2] Zu fragen sein wird ferner, ob sich die Funktion islamischer Theologie im universitären Bereich in der Ausbildung wissenschaftlich vorgebildeter Religionslehrer erschöpft oder ob etwa auch Imame vorbereitet werden sollen,[3] bzw., ob Wissenschaft ohne unmittelbarem Ausbildungsaspekt ein (weiteres) Ziel sein soll – eine Frage, die m. E. auch für die christlichen Theologien nicht abschließend geklärt scheint.[4] Neben der rechtlichen Kompatibilität stellt sich die wahrscheinlich noch anspruchsvollere Frage, ob bzw. wie das Konzept „abendländischer" Theologie, wie wir es an den theologischen Fakultäten in Deutschland zur Zeit vorfinden, überhaupt für den Islam „passt", ob diese wissenschaftliche Aufbereitung von Offenbarungsschriften, religiösen Lehrsätzen bzw. Lehrgebäuden, religiösen Rechts und der Ge-

---

1 Dazu jeweils ausführlich C. Waldhoff, Die Zukunft des Staatskirchenrechts, in: B. Kämper/H.-W. Thönnes (Hg.), Die Verfassungsordnung für Religion und Kirche in Anfechtung und Bewährung, Münster 2008, 55–106; ders., Neue Religionskonflikte und staatliche Neutralität: Erfordern weltanschauliche und religiöse Entwicklungen Antworten des Staates? Gutachten D für den 68. Deutschen Juristentag Berlin 2010, München 2010, D 1–D 176.

2 Für einen Überblick Waldhoff, Religionskonflikte (s. Anm. 1), D 89–D 108.

3 Dazu etwa B. Ucar (Hg.), Imamausbildung in Deutschland, Göttingen 2010.

4 Vgl. dazu näher C. Waldhoff, Die Beziehung zwischen der Theologie und anderen Fächer in staatskirchenrechtlicher Sicht. Mitwirkung theologischer Fakultäten an nichttheologischen Studiengängen und Abschlüssen; Einführung nichttheologischer Studiengänge durch theologische Fakultäten, jeweils in ihren Auswirkungen auf kirchliche Mitwirkungsrechte, erscheint in: H.-M. Heinig/H. Munsonius/V. Vogel (Hg.), Organisationsrechtliche Fragen der Theologie im Kontext moderner Religionsforschung, 2013 Tübingen.

schichte der eigenen Religion grundsätzlich bzw. aktuell islamkompatibel ist oder ob hier nicht (wiederum) eine Religion bestehenden Verfassungsregeln und Verfassungserwartungen angepasst werden soll.[5] Terminologische Fragen sind zumeist Zweckmäßigkeitsfragen; immerhin zeigt hier die Unsicherheit der Bezeichnung des Gegenstands („Islamische Studien" vs. „Islamische Theologie")[6] Klärungsbedarf. Diese Frage kann freilich mit juristischer Kompetenz kaum beantwortet werden, sie schwingt jedoch im Hintergrund der rechtlichen Erörterungen mit. Nur hingewiesen werden kann an dieser Stelle auf Tendenzen einer „Konfessionalisierung" des Islam, die ebenfalls Auswirkungen auf islamische Theologie an staatlichen Hochschulen hätte: Kann es dann „Einheitsinstitute" geben oder müssten nicht von vornherein für die verschiedenen Spielrichtungen des Islam (Sunniten; Schiiten; jeweils liberaler oder orthodoxer Provenienz; Aleviten und andere) Standorte aufgebaut werden?[7]

Für unsere Fragestellung von zentraler Bedeutung ist die „Evaluation" von Theologien und Religionswissenschaft an deutschen Hochschulen durch den Wissenschaftsrat 2009/10. Sein Gutachten[8] wird daher besondere Beachtung finden.

Im Folgenden gilt es zunächst den staatskirchen-/religionsverfassungsrechtlichen Grundstatus der Theologie an staatlichen Hochschulen in Erinnerung zu rufen (unter 2.). Anschließend folgt eine Bestandsaufnahme islamischer Lehran-

---

5 Dazu R. Hajatpour, Die Zweiheit von Glauben und Forschung. Gibt es religiöse Wissenschaft? Hat Theologie mehr als apologetische Funktionen? Zur Debatte über islamische Lehren an Universitäten, Frankfurter Allgemeine Zeitung v. 21.10.2009, N 5; jüngst betont kritisch H. T. Tillschneider, Nicht ohne die nötige Traditionskritik, Frankfurter Allgemeine Zeitung v. 1.2.2013, 7. Überblicke darüber, was unter islamischer Theologie verstanden wird bei S. Wild, Art. Islam I. Historisch 8. Theologie, Dogmatik, Philosophie, in: Staatslexikon der Görres-Gesellschaft, Bd. 3, Freiburg i. Br. ⁷1987, 194–206: 201–202; S. Guth, Art. Theologie, in: R. Elger (Hg.), Kleines Islam-Lexikon, München ⁵2008, 322–324.

6 Für gleiche Bedeutung V. Epping, Der hochschulrechtliche Rahmen für die Einführung des Fachs „Islamische Studien", in: C. Walter u. a. (Hg.), Die Einrichtung von Beiräten für Islamische Studien, Baden-Baden 2011, 41–59: 41–42.

7 Auf unser Thema bezogen H. de Wall, Der religionsrechtliche Rahmen für die Einführung des Fachs „Islamische Studien" und für Beiräte für islamische Studien, in: Walter u. a. (Hg.), Die Einrichtung von Beiräten (s. Anm. 6), 15–40: 31–33; M. Kiefer, „Islamische Studien" an deutschen Universitäten – Zielsetzungen, offene Fragen und Perspektiven, Aus Politik und Zeitgeschichte 13–14 (2011), 35–40: 39–40.

8 Wissenschaftsrat, Empfehlungen zur Weiterentwicklung von Theologien und religionsbezogenen Wissenschaften an deutschen Hochschulen, Berlin 2010; vgl. daneben Walter u. a. (Hg.), Die Einrichtung von Beiräten (s. Anm. 6); früh bereits J. Nolte, Islamische Theologie an deutschen Hochschulen? Die öffentliche Verwaltung 61 (2008), 129–138.

gebote an deutschen Hochschulen im Überblick (unter 3.), bevor näher auf die spezifisch rechtlichen Probleme eines solchen Fachs eingegangen werden kann (unter 4.). Hier wird das sog. Beiratsmodell ganz im Vordergrund stehen. Der Beitrag schließt (unter 5.) mit einem zusammenfassenden Ausblick.

2. Der Grundstatus der universitären Theologie zwischen Staat und Religionsgemeinschaften

2.1. Staatskirchen-/religionsverfassungsrechtlicher Rahmen

Theologische Fakultäten an staatlichen Universitäten als gemeinsame Angelegenheit von Staat und Kirche[9] sind „ein kennzeichnendes Element des deutschen Hochschulwesens"[10] und haben sich für die christlichen Kirchen wie für den Staat bewährt.[11] Davon ist die nicht konfessionell gebundene, eher soziologisch, historisch oder philologisch ausgerichtete (vergleichende) Religionswissenschaft abzugrenzen.[12] Theologie als innerreligiöse, wissenschaftlich institutionalisierte Reflexion war und ist ein entscheidender Faktor der Einbettung der Religion in die allgemeine Kultur; die Vorteile für Religion wie das Gemeinwesen sind von Paul Nolte prägnant zusammengefasst worden:

---

9 A. Hollerbach, Theologische Fakultäten und staatliche Pädagogische Hochschulen, in: J. Listl/D. Pirson (Hg.), Handbuch des Staatskirchenrechts der Bundesrepublik Deutschland, Bd. 2, Berlin ²1995, 549–599: 560; B. Jeand'Heur/S. Korioth, Staatskirchenrecht, Stuttgart 2000, Rz. 326.

10 Hollerbach, Theologische Fakultäten (s. Anm. 9), 549; aktuelles statistisches Material bei Wissenschaftsrat, Empfehlungen (s. Anm. 8), 24ff. und passim; ebd. zu „Begriff und Selbstverständnis der Theologien" und ihrer wissenschaftssystematischen Einordnung, 51ff.

11 A. v. Campenhausen/H. de Wall, Staatskirchenrecht, München ⁴2006, 220f.; Jeand'Heur/Korioth, Staatskirchenrecht (s. Anm. 9), Rz. 331ff. mit zutreffender Zurückweisung der wissenschaftspolitischen und verfassungsrechtlichen Bedenken gegen staatliche Theologische Fakultäten; K. F. Gärditz, Hochschulorganisation und verwaltungsrechtliche Systembildung, Tübingen 2009, 595–599; differenziert G. Czermak/E. Hilgendorf, Religions- und Weltanschauungsrecht, Berlin 2008, Rz. 393; als Verstoß gegen das Neutralitätsgebot einordnend C. Bäcker, Staat, Kirche und Wissenschaft, Der Staat 48 (2009), 327–353; dagegen explizit H.-M. Heinig, Wie das Grundgesetz (vor) Theologie an staatlichen Hochschulen schützt, Der Staat 48 (2009), 615–632, sowie jetzt umfassend Wissenschaftsrat, Empfehlungen (s. Anm. 8), mit ausführlichen wissenschaftspolitischen Empfehlungen auf der Basis des geltenden Staatskirchenrechts.

12 Vgl. insofern die Bestandsaufnahme und forschungspolitische Bewertung bei Wissenschaftsrat, Empfehlungen (s. Anm. 8), 47–50.

„In mancher Hinsicht ist [...] die besondere Staatsnähe der christlichen Kirchen in Deutschland, so schädlich sie in vielen anderen Aspekten war, auch ein Vorteil gegenüber einer reinen Laizität des Staates gewesen. Denn sie hat die Religion einem enormen Rationalisierungs- und Säkularisierungsdruck ausgesetzt. Die Tatsache, dass Theologie von Staatsbeamten an staatlichen Universitäten betrieben wird, die sich gegenüber den Vertretern säkularer Fächer auf intellektueller Augenhöhe bewegen müssen, ist ein eindrucksvolles Beispiel dafür."[13]

In den theologischen Fakultäten setzt sich die mittelalterliche Universitätsidee fort. Die Fürsorge durch die Territorialstaaten, zwischenzeitlich angereichert um Ergebnisse des sog. Kulturkampfes, überdauerte die Wende von 1918 und mündet in Garantien hinsichtlich der Wissenschaftlichkeit von Unterricht und Forschung.[14] Staatskirchenrechtlich abgesichert ist dieser Rechtszustand nach Außerkrafttreten von Art. 149 Abs. 3 WRV[15] und Übergang in die Landeskompetenz heute durch Konkordate bzw. Staatskirchenverträge sowie in den Landesverfassungen, einfachgesetzlich in den Landeshochschulgesetzen.[16] Über Art. 123 Abs. 2 GG geht das Grundgesetz vom Fortbestand des Reichskonkordats von 1933 aus, das in seinem Art. 19 Satz 1 die Existenz der katholisch-theologischen Fakultäten garantiert und den Bund als Rechtsnachfolger des Reichs verpflichtet, diese zu garantieren.[17] Die verfassungsrechtliche Zulässigkeit theologischer Fakultäten hat das Bundesverfassungsgericht erst jüngst ausdrücklich im sog. Fall Lüdemann bestätigt.[18] Die theologischen Fakultäten sind staatliche Einrichtungen, die – dem Gebot der weltanschaulich-religiösen Neutralität des Staates folgend – ähnlich wie der Religionsunterricht in öffentlichen Schulen und in einem weiteren Sinn

---

13 P. Nolte, Religion und Bürgergesellschaft. Brauchen wir einen religionsfreundlichen Staat?, Berlin 2009, 64; vgl. ähnlich auch Wissenschaftsrat, Empfehlungen (s. Anm. 8), 52–54, 56–59.

14 Vgl. etwa Art. 1 der sog. Düsseldorfer Verträge des Landes NRW mit der katholischen und den evangelischen Kirchen: Vertrag zwischen dem Land Nordrhein-Westfalen und dem Heiligen Stuhl v. 26.3.1984, GVBl., 582; Vertrag zwischen dem Land Nordrhein-Westfalen und der Evangelischen Kirche im Rheinland, der Evangelischen Kirche von Westfalen und der Lippischen Landeskirche v. 29.3.1984, GVBl., 593; ausführlich zur historischen Genese Wissenschaftsrat, Empfehlungen (s. Anm. 8), 11ff., 15ff.

15 „Die theologischen Fakultäten an den Hochschulen bleiben erhalten."

16 Zusammenstellung bei E.-L. Solte, Theologie an der Universität, Tübingen 1971, 113f.; im Überblick J. E. Christoph, Art. Theologische Fakultäten, in: Evangelisches Staatslexikon, Gütersloh 2006, 2456–2459: 2457; dazu und zu den landesverfassungsrechtlichen Bestimmungen Hollerbach, Theologische Fakultäten (s. Anm. 9), 552f., 557ff.

17 Vgl. Hollerbach, Theologische Fakultäten (s. Anm. 9), 554.

18 BVerfGE 122, 89–120: 108–114.

bekenntnisgebunden sind. „Das Grundgesetz erlaubt die Errichtung theologischer Fakultäten an staatlichen Hochschulen im Rahmen von Recht und Pflicht des Staates, Bildung und Wissenschaft an den staatlichen Universitäten zu organisieren. Dabei muss der Staat das Selbstbestimmungsrecht der Religionsgemeinschaft berücksichtigen, deren Theologie Gegenstand des Unterrichts ist."[19] Daher werden den Kirchen Mitspracherechte bei der Berufung der Hochschullehrer, die ein konfessionsgebundenes Staatsamt innehaben, eingeräumt; letztlich kann gegen den ausdrücklichen Willen einer Kirche kein Theologieprofessor berufen werden, eine kirchliche Beanstandung seiner Lehre oder seines Lebenswandels führt zur Entfernung aus der theologischen Fakultät.

2.2. Die Tradition der (christlichen) Theologie an staatlichen Hochschulen

Die Theologie gehört zu den Kernfächern deutscher Universitätskultur.[20] Neben der Rechtswissenschaft und der Medizin bildete sie eine der höheren Fakultäten, denen die *artes liberales* als untere Fakultät zugeordnet waren.[21] In der gesamten Universitätsgeschichte nahmen die theologischen Fakultäten – seit der Reformation unterteilt in katholische und protestantische[22] – eine Sonderstellung mit eigenem Rechtsregime ein. Diese historische Bedeutung allein dürfte freilich in der Gegenwart nicht ausreichen, um den spezifischen Sonderstatus zu rechtfertigen.[23]

---

19 BVerfGE 122, 89 (Leitsatz 2).

20 Vgl. W. Thieme, Deutsches Hochschulrecht, Köln ²1986, Rz. 154.

21 Vgl. G. Leff/J. North, Die Artes Liberales, in: W. Rüegg (Hg.), Geschichte der Universität in Europa, Bd. 1, München 1993, 279–320; M. Asztalos, Die Theologische Fakultät, in: Rüegg (Hg.), Geschichte der Universität (ebd.), 359–385; R.A. Müller, Geschichte der Universität, München 1990, 19; T. Ellwein, Die deutsche Universität, Wiesbaden 1992/97, 23; F. Paulsen, Die deutschen Universitäten und das Universitätsstudium, Berlin 1902, 22f., 495ff.; H. Schelsky, Einsamkeit und Freiheit. Idee und Gestalt der deutschen Universität und ihrer Reformen, Reinbek b. Hamburg 1963, 16; Thieme, Hochschulrecht (s. Anm. 20), Rz. 24; vgl. insgesamt und ausführlich J.E. Christoph, Kirchen- und staatskirchenrechtliche Probleme der Evangelisch-theologischen Fakultäten, Tübingen 2009, 11ff.

22 Zu den Auswirkungen der Reformation auf die universitäre Theologie J.E. Christoph, Die Evangelisch-theologischen Fakultäten und das evangelische Kirchenrecht – Rechtsstellung und aktuelle Probleme, ZEvKR 50 (2005), 46–94: 51–55.

23 E.-L. Solte, Aktuelle Rechtsfragen der Theologenausbildung an den Universitäten des Staates, ZEvKR 49 (2004), 351–367: 352.

Staatskirchenrechtsdogmatisch handelt es sich um einen Fall der gemeinsamen Angelegenheiten von Staat und Kirche, eine res mixta.[24] Auch hier – wie in den anderen Fällen der gemeinsamen Angelegenheiten[25] – können freilich die Sphären von Staat und Kirche durchaus auseinander gehalten werden, es entsteht kein Amalgam von Hoheitsbefugnissen bzw. Rechtssphären:[26] Theologische Fakultäten an staatlichen Universitäten sind und bleiben staatliche Einrichtungen, die Hochschullehrer sind zumeist Beamte, zumindest Angehörige des öffentlichen Dienstes, in Form des sog. konfessionell gebundenen Staatsamtes.[27] Die theologischen Fakultäten erfüllen staatliche wie kirchliche Aufgaben zugleich.[28] Der Doppelstatus ist dabei „nach Rechts- und Interessensphären geordnet".[29] „Natürlich sind hier Überschneidungen nicht auszuschließen. Das Allgemeine konkretisiert sich stets im Besonderen, und das Besondere prägt das Allgemeine; das ist auch im Bereich der theologischen Wissenschaft der Fall. Doch schließt der unlösliche Zusammenhang der verschiedenen geistlichen und weltlichen Aspekte der res mix-

---

24 VGH Mannheim, Neue Zeitschrift für Verwaltungsrecht 2 (1985), 126, Leitsatz 1 – Bekenntnisbindung des theologischen Promotionsrechts; Jeand'Heur/Korioth, Staatskirchenrecht (s. Anm. 9), Rz. 326; v. Campenhausen/de Wall, Staatskirchenrecht (s. Anm. 11), 219; kritisch P. Unruh, Religionsverfassungsrecht, Baden-Baden ²2012, Rz. 473: „dogmatisch unergiebig". Klar auch BVerfGE 122, 89–120: 111–112; Christoph, Probleme (s. Anm. 22), 23: heuristische Kategorie; ähnlich H. Weber, Theologische Fakultäten und Professuren im weltanschaulich neutralen Staat, Neue Zeitschrift für Verwaltungsrecht 18 (2000), 848–853: 851.

25 Grundlegend D. Ehlers, Die gemeinsamen Angelegenheiten von Staat und Kirche, ZEvKR 32 (1987), 158–185; auf theologische Fakultäten bezogen Solte, Aktuelle Rechtsfragen (s. Anm. 23), 361.

26 Vgl. auch H. Lecheler, Die Rolle des Staates bei der Sicherung der Wissenschaftsfreiheit in der Theologie, Neue Juristische Wochenschrift 50 (1997), 439–442: 440; Heinig, Theologie an staatlichen Hochschulen (s. Anm. 11), 626; BVerfGE 122, 89–120: 112.

27 v. Campenhausen/de Wall, Staatskirchenrecht (s. Anm. 11), 221; A. v. Campenhausen/P. Unruh, in: H. v. Mangoldt/F. Klein/C. Starck (Hg.), Kommentar zum Grundgesetz, Bd. 3, München ⁶2010, Art. 136 WRV Rz. 15–18; K.-H. Kästner, in: W. Kahl/C. Waldhoff/C. Walter (Hg.), Bonner Kommentar zum Grundgesetz, Loseblattsammlung, Stand des Gesamtwerks: 159. Lieferung Dezember 2012, Art. 140 Rz. 229–234.

28 H. Mussinghoff, Theologische Fakultäten im Spannungsfeld von Staat und Kirche, Mainz 1979, 410; M. Heckel, Die theologischen Fakultäten im weltlichen Verfassungsstaat, Tübingen 1986, 220 u. ö.; anderer Ansicht etwa L. Renck, Verfassungsprobleme der theologischen Fakultäten, Neue Zeitschrift für Verwaltungsrecht 14 (1996), 333–339: 334: nur Aufgabe „der jeweiligen Bekenntnisgemeinschaft".

29 A. Hollerbach, Freiheit kirchlichen Wirkens, in: J. Isensee/P. Kirchhof (Hg.), Handbuch des Staatsrechts der Bundesrepublik Deutschland, Bd. 6, Heidelberg 1989, § 140 Rz. 45; vgl. ferner M. Heckel, Urteilsanmerkung, JuristenZeitung 1985, 948–951: 949–950.

tae die Sonderung der Kompetenzen und der Verantwortung von Staat und Kirche keineswegs aus, sondern erfordert sie [...]."[30] Die kirchliche Aufgabe ist die Ausbildung „der Diener des geistlichen Amtes"[31]; die staatliche Aufgabe ist die wissenschaftliche Pflege und Vermittlung von Theologie – wobei freilich die Inhalte der Theologie, das ist die Besonderheit einer konfessionell gebundenen Wissenschaft,[32] jeweils kirchlich rückgekoppelt sind.[33] Die „Pflege der Theologie" wird dabei unterschiedlich verstanden und zugeordnet; oftmals wird dies auch den Kirchen zugeschrieben, so dass für den Staat die Sicherung des wissenschaftlichen Niveaus, der Standards usw. übrig bleibt.[34] Dieser staatliche Auftrag kommt sehr schön in Art. 1 des Vertrags des Landes Nordrhein-Westfalen mit dem Heiligen Stuhl von 1984 bzw. im parallelen Kirchenvertrag zum Ausdruck, wenn es dort heißt: „Pflege und Entwicklung der Katholischen [Evangelischen] Theologie durch Forschung, Lehre und Studium gehören zum Auftrag der wissenschaftlichen Hochschulen des Landes." In der Regierungsbegründung heißt es dazu: „Artikel I bringt das Einvernehmen zwischen dem Land und dem Heiligen Stuhl darüber zum Ausdruck, daß die Pflege und Entwicklung der Katholischen Theologie im Verband der Wissenschaften an staatlichen wissenschaftlichen Hochschulen ein Teil der Wissenschaftsaufgabe des Staates ist. Er impliziert das Einverständnis des Heiligen Stuhls damit, daß Land oder Hochschule Forschung, Lehre und Studium organisieren, soweit nicht durch Staatskirchenvertrag eine kirchliche Mitwirkung vereinbart ist."[35] Aus staatlicher, d. h. weltlicher Sicht können die theolo-

---

30 Heckel, Theologische Fakultäten (s. Anm. 28), 229; ähnlich J.E. Christoph, Zur Akkreditierung theologischer Studiengänge, ZEvKR 49 (2004), 253–271: 265: „Als heuristisches Prinzip kann dieser Terminus jedoch als Ausgangspunkt dafür dienen, die Zuständigkeitsbereiche von Staat und Kirche in diesen Fakultäten gegeneinander abzugrenzen." Insofern nicht ganz klar BVerwGE 101, 309ff.: 313.

31 v. Campenhausen/de Wall, Staatskirchenrecht (s. Anm. 11), 219f.; in früheren Jahrhunderten, insbesondere etwa unter dem landesherrlichen Kirchenregiment im protestantischen Bereich, war dies gerade das staatliche Interesse an theologischen Fakultäten, vgl. nur Schelsky, Einsamkeit (s. Anm. 21), 18.

32 Vgl. dazu etwa die Auseinandersetzung zwischen Bäcker, Wissenschaft, sowie Heinig, Theologie an staatlichen Hochschulen (s. jeweils Anm. 11); insgesamt rechtfertigend A. v. Campenhausen, Konfessionsgebundene Wissenschaft im religiös neutralen Staat, in: Wissenschaftsrecht, Beiheft 10, 1993, 1–17; W. Löwer, Häresie und akademische Theologie, Wissenschaftsrecht 40 (2007), 119–145: 121.

33 Statt aller nur Unruh, Religionsverfassungsrecht (s. Anm. 24), Rz. 475.

34 VGH Mannheim, Neue Zeitschrift für Verwaltungsrecht 2 (1985), 126–128: 128.

35 Drucksache 9/3352, 14, abgedruckt bei J. Listl (Hg.), Die Konkordate und Kirchenverträge in der Bundesrepublik Deutschland, Bd. 2, Berlin 1987, 307.

gischen Fakultäten als Teil der Religionspflege des Staates beschrieben werden.[36] Das ändert am staatlichen Charakter zunächst nichts – die kirchlichen Interessen schlagen sich in Mitwirkungsrechten nieder, die freilich exakt zu benennen und zu begrenzen sind, da sie sich vor der Verfassungsordnung des religiös-weltanschaulich neutralen Staates rechtfertigen müssen.[37]

2.3. Die Konfliktzonen zwischen Staat und Religion in Bezug auf theologische Fakultäten

Ein Großteil der Auseinandersetzungen zwischen Staat und (katholischer) Kirche im Zusammenhang mit den theologischen Fakultäten betraf die Ausbildung der Geistlichen. Diese Fixierung hat bis heute Auswirkungen auf den Rechtsstatus dieser Fakultäten: Die kirchlichen Mitwirkungsrechte beziehen sich – neben der Auswahl und Überwachung des Lehrpersonals – im Wesentlichen auf die Belange der Ausbildung des kirchlichen Nachwuchses, vor allem der Priester und Pfarrer. Das Verhältnis zwischen dem „Ausbildungsaspekt" und dem „Wissenschaftsaspekt" universitärer Theologie stellt den Schlüssel zur juristischen Beurteilung der Grenzen kirchlicher Mitwirkungsrechte in organisatorischen Fragen dar. Diese Bereiche stehen nicht beziehungslos nebeneinander, können aber durchaus unterschieden werden. Das Verhältnis selbst und die Rollenverteilung in diesem Verhältnis haben sich freilich verändert: Stand vor allem in den protestantischen Territorien der Ausbildungsaspekt, d. h. das Interesse an wissenschaftlich gebildetem und einsetzbaren Nachwuchs für das Pfarramt ganz im Vordergrund der Position des Landesherrn, d. h. des Staates (in Gerhard Anschütz Kommentierung der Preußischen Verfassungsurkunde lesen wir, die Fakultäten müssten „den

---

36 Vgl. v. Campenhausen/de Wall, Staatskirchenrecht (s. Anm. 11), 219.

37 Das entspricht der Vertragsbegründung NRW von 1984, oben bei Fn. 34; vgl. auch J. Kriewitz, Die Errichtung theologischer Hochschuleinrichtungen durch den Staat, Tübingen 1992, 161–166; hinsichtlich der prinzipiellen Rechtfertigungsbedürftigkeit so auch noch Renck, Theologische Fakultäten (s. Anm. 27), 336; Bäcker, Wissenschaft (s. Anm. 11), 338. Entfaltung des staatlichen Neutralitätsparadigmas in Bezug auf theologische Fakultäten bei Heckel, Theologische Fakultäten (s. Anm. 28), 30–41; demgegenüber in der Tendenz für eine Überschreitung der expliziten Begrenzung (am Beispiel der Zustimmungspflichtigkeit von Studienordnungen nach § 140 Abs. 3 BadWüUnivG) VGH Mannheim (s. Anm. 34), 128.

christlichen Kirchen vorschriftsmäßig ausgebildete Diener liefern")[38], hat sich dieses Verhältnis heute ins Gegenteil verkehrt: Das Interesse an wissenschaftlich gebildetem Nachwuchs für die geistlichen Ämter stellt das kirchenvertraglich oder konkordatär abgesicherte *kirchliche* Interesse dar, während der Staat die Pflege von Theologie *als Wissenschaft* in Forschung und Lehre zu gewährleisten hat und auch gewährleisten will[39] – wobei es freilich die spezifische Struktur von Theologie mit sich bringt, dass sie, anders als „normale" Wissenschaften, nicht völlig frei von kirchlichen Lehraussagen ist. Ohne das staatliche Interesse an der *Wissenschaftlichkeit* universitärer Theologie entfiele die Rechtfertigung der theologischen Fakultäten an den staatlichen Universitäten.

2.4. Theologie jenseits der christlichen Fakultäten

Jenseits der beiden Großkirchen verfügte schon bisher lediglich die Altkatholische Kirche in Deutschland mit dem Altkatholischen Seminar an der Universität Bonn seit 1902 über eine ähnliche, freilich nicht mit Fakultätsstatus versehene Einrichtung.[40] Der Zentralrat der Juden in Deutschland unterhält die Hochschule für Jüdische Studien in Heidelberg.[41] Zu dem historischen Kompromiss zwischen Staat und Kirchen im Zusammenhang mit der Errichtung theologischer Fakultäten an staatlichen Universitäten zählt auch, dass die Kirchen eine gewisse Zurückhal-

---

38 Zit. in: Die Verfassungsurkunde für den Preußischen Staat vom 31. Januar 1850, 1912, Art. 12 Anm. 5 (274); vgl. ferner etwa Ellwein, Universität (s. Anm. 21), 47ff.: „Die Universität als Staatsdienerschule" v. a. im konfessionellen Staat. Ebd., 48f.: „Die Funktion der deutschen Hochschule als Staatsdienerschule wirkt sich auf das Tun der Hochschule nachhaltig aus. In seinem Mittelpunkt steht nicht die Wissenschaft oder eine Idee davon, sondern das, was die Staatsdiener für ihren Dienst benötigen." Thieme, Hochschulrecht (s. Anm. 20), Rz. 172; C. Tetzel, Staat – Kirche – Hochschule. Eine Untersuchung der verfassungsrechtlichen Zulässigkeit kirchlicher Rechtspositionen im staatlichen Hochschulbereich, Diss. iur. Erlangen 1981, 28; unter teilweise anderen Vorzeichen kann so auch das Interesse des Staates an der Ausbildung des geistlichen Nachwuchses im Kulturkampf beschrieben werden, vgl. Solte, Theologie an der Universität (s. Anm. 16), 100f.
39 Ähnlich auch Heckel, Theologische Fakultäten (s. Anm. 28), 220; Christoph, Akkreditierung (s. Anm. 30), 253.
40 Vgl. Mussinghoff, Theologische Fakultäten (s. Anm. 28), 85.
41 Vgl. zu dieser und zum Abraham Geiger Kolleg Potsdam Wissenschaftsrat, Empfehlungen (s. Anm. 8), 31-36; ebd., 54-55 zur „Jüdischen Theologie"; ebd., 70, zur Situation von Judaistik und „Jüdischen Studien".

tung bei der Errichtung eigener Hochschulen walten lassen.[42] Dies gilt auch für Islamische Theologie, die vorzugsweise an staatlichen Universitäten unterzubringen wäre.[43]

3. Islamische Studien/Islamische Theologie an staatlichen Hochschulen – eine Bestandsaufnahme

Wie sieht die Lage derzeit aus? Welche Anfänge islamischer Theologie an staatlichen Hochschulen können beschrieben werden? Für eine erste Experimentierphase können rückblickend folgende Modellversuche erwähnt werden:[44]

– Seit 2002 bestand an der Universität Erlangen-Nürnberg ein langfristig auf ein volles Lehramtsstudium ausgelegtes Ergänzungsstudium des „Interdisziplinären Zentrums für Islamische Religionslehre", seit 2006 ist eine Professur „Islamische Religionslehre" dauerhaft besetzt worden;

– an der Universität Frankfurt a. M. ist seit Oktober 2005 eine von der staatlich-türkischen Religionsverwaltungsanstalt DIYANET 2002 gestiftete Professur „Islamische Religion" eingerichtet worden, die zunächst dem evangelisch-theologischen Fachbereich zugeordnet war;[45]

– an der Universität Münster existiert seit 2004 ein dem religionswissenschaftlichen „Centrum für Religiöse Studien" zugeordneter Lehrstuhl „Religion des Islam" zur Ausbildung von Lehrkräften religionskundlichen Islamunterrichts;

– an der Universität Osnabrück wurde ein Fach „Islamische Religionspädagogik" als Erweiterungsfach im Rahmen der Lehrerausbildung angeboten;

– seit 2003 wird an der Universität Hamburg die Gründung einer „Akademie der Religionen" verfolgt; langfristig wird die Ausbildung islamischer Religionslehrer angestrebt.[46]

---

42   Jeand'Heur/Korioth, Staatskirchenrecht (s. Anm. 9), Rz. 327; zum Bestand siehe Wissenschaftsrat, Empfehlungen (s. Anm. 8), 24ff.; in der Tendenz anders Bäcker (s. Anm. 11).

43   Wissenschaftsrat, Empfehlungen (s. Anm. 8), 78–79 sowie unten unter IV 2.

44   Vgl. insgesamt auch K. Janke, Institutionalisierter Islam an staatlichen Hochschulen, Frankfurt a. M. 2005, 5–35; Kiefer, „Islamische Studien" (s. Anm. 7), 36–37.

45   Vgl. Ö. Özsoy, Stiftungsprofessur für Islamische Religion am Fachbereich evangelische Theologie der Goethe-Universität Frankfurt am Main, Drei Jahre Deutsche Islamkonferenz, Berlin 2009, 270.

46   Vgl. W. Weiße, „Akademie der Weltreligionen" an der Universität Hamburg: Vorüberlegungen und Perspektiven; www2.erzwiss.uni-hamburg.de/web/ger/all/home/index.html; Nolte, Islamische Theologie (s. Anm. 8), 129.

Das Gutachten des Wissenschaftsrats von 2010 hat zwei bis drei universitäre Standorte empfohlen, an denen sog. Islamische Studien in Form von Instituten an Philosophischen oder Kulturwissenschaftlichen Fakultäten anzusiedeln seien. Noch im selben Jahr reichten die Universitäten Erlangen/Nürnberg, Gießen/Marburg, Tübingen sowie Münster/Osnabrück Anträge auf Förderung ein. In einem ersten Begutachtungsverfahren entschied man sich für die Standorte Tübingen sowie Münster/Osnabrück. Inzwischen werden auch Frankfurt/Gießen sowie Erlangen durch das Bundesministerium für Bildung und Forschung gefördert. Der nicht ganz einfach zu überblickende Sachstand gestaltet sich danach wie folgt:[47]

An der Universität Münster stellt das aus fünf Professuren bestehende „Zentrum für Islamische Theologie" einen (Kern-)Bestandteil des „Centrums für Religiöse Studien" dar; in diesem sind die Theologien jenseits der Katholisch- und Evangelisch-Theologischen Fakultät, die Judaistik sowie die Religionswissenschaft gebündelt. Mit Mouhanad Khorchide ist – soweit ersichtlich – dort erst die Professur für Islamische Religionspädagogik besetzt. Die vier weiteren Professuren sollen sich mit Prophetischer Tradition, mit Koran und Koranexegese, mit islamischem Recht und islamischer Ethik sowie mit Kalam, islamischer Philosophie und Mystik befassen.

Das unter der Leitung von Bülent Ucar stehende „Institut für Islamische Theologie" an der Universität Osnabrück wurde im Oktober 2012 eröffnet. Es baut auf dem seit 2008 arbeitenden „Zentrum für Interkulturelle Islamstudien" auf. Bereits angeboten wird das Fach „Islamische Religionspädagogik" sowie die universitäre Weiterbildung von Imamen, geplant sind Studiengänge „Islamische Theologie" und „Islamische Religion". Das Osnabrücker Institut bildet zusammen mit dem Zentrum für Islamische Theologie in Münster eines der vier von der Bundesregierung geförderten Zentren.

Das Zentrum für Islamische Theologie an der Universität Tübingen konnte im Januar 2012 eröffnet werden; angeboten wird bereits seit dem Wintersemester 2011/12 ein achtsemestriger Bachelor-Studiengang „Islamische Theologie" für Religionslehrer, Imame sowie sonstigen „konfessionsbezogenen Tätigkeiten in verschiedenen Berufsfeldern, insbesondere im interkulturellen Bereich von Wirtschaft und Gesellschaft".

Hervorgegangen aus dem „Interdisziplinären Zentrum für Islamische Religionslehre" als Plattform für die Ausbildung von Lehrkräften für den Islamischen Religionsunterricht in Bayern wurde im September 2012 das „Department Isla-

---

47 Beruhend auf dem aus dem Internet abrufbaren Angaben; Stand: 20.2.2013.

misch-Religiöse Studien" an der Universität Erlangen/Nürnberg eröffnet. Von den vier Professuren sind bereits drei besetzt: Islamische Religionslehre wird von Harry Harun Behr, der zugleich Sprecher des Departments ist, gelehrt, Islamisch-religiöse Studien mit praktischem Schwerpunkt werden durch Maha El-Kaisy Friemuth vertreten, mit systematischem Schwerpunkt von Reza Hajatpour; die Professur mit textwissenschaftlichem Schwerpunkt ist noch zu besetzen. Der Bachelor-Studiengang „Islamisch-religiöse Studien" wurde zum Wintersemester 2012/13 begonnen.

An der Frankfurter Universität wurde im Juni 2009 im Aufbau auf den Stiftungslehrstuhl von 2002/05 das Institut für Studien der Kultur und Religion des Islam gegründet und vom Fachbereich Evangelische Theologie zum Fachbereich Sprach- und Kulturwissenschaft verlegt. Seit dem Wintersemester 2010/11 wird der theologische Bachelor-Studiengang „Islamische Studien" angeboten. Das Institut besteht aus drei Professuren unter der Geschäftsführung von Ömer Özsoy (Koranexegese): Abdullah Takim (Stiftungsprofessur für Ideengeschichte des Islam: Islamische Philosophie, Ethik und Mystik) sowie eine zurzeit vertretene Professur für Kultur und Gesellschaft des Islam in Geschichte und Gegenwart. Die Zahl der Studierenden wird mit 100 bis 200 angegeben. Kooperationspartner in dem vom BMBF geförderten Zentrum ist die Universität Gießen, die unter Frankfurter Federführung Grundschullehrer für das Fach „Islamischer Religionsunterricht" aus- und weiterbildet. Der zunächst von Gießen und Marburg gestellte Antrag war im BMBF abgelehnt worden.

Hier nur angedeutet werden können die unterschiedlichen Motive, welche der Staat einerseits, die Islamvertreter andererseits verfolgen. Während etwa die bisherige Wissenschaftsministerin Annette Schavan neben dem praktischen Anliegen der Ausbildung von akademisch geschulten Religionslehrern auch die Hoffnung ausspricht, islamische Theologie durch ihre Verwissenschaftlichung/ Akademisierung zu rationalisieren, etwa historisch-kritischem Textverständnis zuzuführen und ein Stück Integrationspolitik zu leisten,[48] weisen Kenner wie Michael Kiefer darauf hin, dass es dem Islam in Deutschland vorrangig um Anerkennung in Staat und Gesellschaft geht,[49] vor allem die in den Beiräten vertretenen Verbände erfahren durch ihre Mitwirkungsmöglichkeiten ein Stück Selbstlegitimation. Theologisch dürfte es hier zumeist eher um Bewahrung, denn um Aufbruch gehen.

---

48 Vgl. Kiefer, „Islamische Studien" (s. Anm. 7), 12.
49 Vgl. Kiefer, „Islamische Studien" (s. Anm. 7), 38.

4. Der rechtliche Rahmen für Islamische Theologie an staatlichen Universitäten

Für unsere Fragestellung ist der Zusammenhang zwischen dem in Art. 7 Abs. 3 GG garantierten Religionsunterricht als ordentlichem Lehrfach an öffentlichen Schulen und den theologischen Fakultäten als wissenschaftlichen Ausbildungsstätten auch für Religionslehrer entscheidend:[50] Befürwortet man den Ausbau islamischen Religionsunterrichts bzw. seiner Vorformen, hängt damit die Errichtung von Lehrstühlen für islamische Theologie zusammen.[51] Angesichts der Zahlenverhältnisse erscheint die Einrichtung von islamisch-theologischen Fakultäten demgegenüber zurzeit nicht angezeigt – paritätsrechtliche Gleichstellung ist damit (noch) kein Thema.[52] Der Wissenschaftsrat hat in seinem Gutachten darauf hingewiesen, dass auch im Bereich der christlichen Theologie Professuren – etwa für die Ausbildung von Religionslehrern – außerhalb der theologischen Fakultäten bestehen.[53] Es soll freilich nicht verschwiegen werden, dass damit neue Probleme hervortreten: die Integration eines bekenntnisgebundenen Fachs an philosophischen bzw. kulturwissenschaftlichen Fakultäten einschließlich der Abgrenzung zur überkommenen Islam- bzw. Religionswissenschaft.[54] Damit sind die beiden zentralen Probleme noch nicht gelöst: Gibt es – grundsätzlich bzw. in der Gegenwart – überhaupt eine wissenschaftliche, gleichwohl bekenntnisgebundene Behandlung islamischer Glaubensinhalte, allen voran der Offenbarungsschriften, also des Koran?[55] Diese Frage kann der Jurist kaum beantworten. Daher steht hier die zweite Frage ganz im Vordergrund: Wer ist der notwendige Ansprechpartner für derartige res mixtae?[56]

---

50 Noch ohne Bezug zum Islam BVerfGE 122, 89–120, 110; Hollerbach, Fakultäten (s. Anm. 9), 554; Gärditz, Hochschulorganisation (s. Anm. 11), 609.

51 Sehr weitgehend Janke, Institutionalisierter Islam (s. Anm. 44), 42–98; vgl. den aktuellen Überblick bei Wissenschaftsrat, Empfehlungen (s. Anm. 8), 37ff., 77ff.

52 Ausgewogen und überzeugend wiederum Wissenschaftsrat, Empfehlungen (s. Anm. 8), 80: Zumindest zunächst Integration in die Philosophischen Fakultäten; insgesamt zu weitgehend wiederum Janke, Institutionalisierter Islam (s. Anm. 44), 98–126, 133–141, die freilich den von ihr konstruierten Anspruch auf Einrichtung ganzer Fakultäten auch an die Zahlenverhältnisse rückkoppelt; ferner Nolte, Islamische Theologie (s. Anm. 8), 135–136.

53 Vgl. Wissenschaftsrat, Empfehlungen, (s. Anm. 8), 78.

54 Zur Situation der Islam- und Religionswissenschaft Wissenschaftsrat, Empfehlungen (s. Anm. 8), 37–47, 47–50.

55 Dazu Hajatpour, Glauben und Forschung (s. Anm. 5); Wissenschaftsrat, Empfehlungen (s. Anm. 8), 55–56; Tillschneider, Traditionskritik (s. Anm. 5).

56 Zu Letzterem eingehend Nolte, Islamische Theologie (s. Anm. 8), 133–137.

4.1. Die Beiratsproblematik

Der Islam ist nicht in gleicher Weise organisiert und institutionalisiert, wie – bei allen Abstufungen – die christlichen Kirchen.[57] Das staatskirchen-/religionsverfassungsrechtliche System in Deutschland setzt jedoch für sämtliche Kooperationen zwischen Staat und Religionsgemeinschaften Ansprechpartner auf Seiten der Religion voraus. Nur so kann das Selbstbestimmungsrecht von Kirchen und Religionsgemeinschaften gewahrt bleiben. Entscheidet sich die Verfassung für die Trennung von Staat und Kirche (Art. 137 Abs. 1 WRV i.V.m. Art. 140 GG), gleichzeitig jedoch für Kooperation (Art. 7 Abs. 3 GG; Art. 137 Abs. 5, 6 WRV i. V. m. Art. 140 GG), ist die Gewährleistung religiöser Autonomie (Art. 137 Abs. 3 WRV i. V. m. Art. 140 GG) die zwingende Konsequenz. Im Regelfall wird die Kooperationsfähigkeit bereits dadurch gewährleistet, dass eine „Religionsgesellschaft" im Sinne der Verfassung vorliegt. Ist sogar der Körperschaftsstatus gegeben, ist dies ein Plus an institutioneller Verfestigung und Kooperationsfähigkeit gegenüber der Rechtskategorie Religionsgesellschaft/Religionsgemeinschaft. Kann dieses zentrale Problem nicht gelöst werden, sind alle Kooperationsbemühungen mit dem Islam in Deutschland vergebens. Das rechtliche Dilemma kann auf folgende Kurzformel gebracht werden: Legte der Staat selbst die Inhalte von Lehre und Forschung in islamischer Theologie fest, würde er einerseits die verfassungsrechtliche Konzeption von Theologie/Religionsunterricht durch Missachtung des religiösen Selbstbestimmungsrechts verfehlen und damit gegen seine religiös-weltanschauliche Neutralität verstoßen;[58] auf der anderen Seite bestehen im Islam nicht in gleicher Weise verlässliche Ansprechpartner, die auch für die Mitglieder der Religionsgemeinschaft verbindlich sprechen und die Lehrinhalte überwachen sowie die religiöse Unbedenklichkeit des Lehrpersonals bescheinigen können. Dieses Dilemma lässt sich nicht bruchlos auflösen. Für islamischen Religionsunterricht besteht hier eine wegweisende Entscheidung des Bundesverwaltungsgerichts.[59] Die Empfehlungen des Wissenschaftsrats in Bezug auf islamische Theologie gehen dahin, mit sog. Beiräten – zumindest für eine Übergangszeit – ein Äquivalent, eine Art „Ersatz" für die fehlende Institutionalisierung des Islam zu schaffen und damit

---

57 Auf unsere Fragestellung bezogen Gärditz, Hochschulorganisation (s. Anm. 11), 611–612; de Wall, „Islamische Studien" (s. Anm. 7), 25–31.
58 Für die Theologischen Fakultäten BVerfGE 122, 89–120: 111: „Richtet der Staat theologische Fakultäten ein, so hat er das Selbstbestimmungsrecht der Religionsgemeinschaft zu berücksichtigen, deren Theologie Gegenstand des Unterrichts ist."
59 BVerwGE 123, 49ff.

„die verfassungsrechtlich erforderliche Mitwirkung der islamischen Gemeinschaften an der Ausgestaltung der Islamischen Studien zu realisieren":[60] „Die Zusammensetzung des jeweiligen Beirats für Islamische Studien sollte dem Selbstverständnis der Muslime, der Vielfalt ihrer Organisationsformen in Deutschland
sowie den Anforderungen an theologische Kompetenz Rechnung tragen."[61] Neben dem organisierten Islam ist daher eine Vertretung der Mehrheit der nichtor-
ganisierten Muslime sicherzustellen, theologischer Sachverstand ist durch die Berufung muslimischer Religionsgelehrter in den Beirat zu nutzen und die Chancen
für sich neu bildende Gruppierungen sind offen zu halten – dies auch vor dem
Hintergrund, dass die Mehrheit der Muslime in Deutschland nicht von den Dach-
verbänden des Islam repräsentiert werden.[62]

Die staatskirchen-/religionsverfassungsrechtliche Kernfrage in diesem Zusammenhang lautet: Können derartige Beiräte das Selbstbestimmungsrecht einer
Religion(-sgemeinschaft) ausüben angesichts der Tatsache, dass sich dort Dachverbände, aber auch unabhängige Einzelpersönlichkeiten, finden und dass die
Beiräte letztlich staatlich angestoßen und organisiert sind? Der Beirat selbst ist
keine Religionsgemeinschaft. In ihm finden sich (koordinierte) islamische Dachverbände sowie unabhängige Vertreter des Islam/der islamischen Theologie. Auch
ist nicht gesichert, inwiefern die bzw. alle Dachverbände im Sinne der Rechtsprechung des Bundesverwaltungsgerichts zum Religionsunterricht für die Identität
der Religion wesentliche Aufgaben wahrnehmen. Die Moscheegemeinden, die
unstreitig Religionsgemeinschaften sind, sind als Ansprechpartner schon aufgrund ihrer Anzahl nicht geeignet. Heinrich de Wall, einer der Protagonisten des
Modells, fasst den Charakter der Beiräte wie folgt zusammen: „Die Beiräte für islamische Studien sind also ein Mittel zur Organisation des Selbstbestimmungsrechts der beteiligten Religionsgesellschaften bei der Errichtung islamisch-theo-
logischer Studiengänge und Einrichtungen."[63] Dies impliziert wiederum eine
hinreichende Staats-/Hochschulunabhängigkeit. Vertreter der Universität dürfen
beispielsweise kein Stimmrecht haben, während die organisatorische Anbindung
an der jeweiligen Universität unbedenklich ist. Während die Berufung der Ver-
bandsmitglieder in dem gestuften System der Dachverbände, lose gebündelt im
Koordinationsrat der Muslime in Deutschland (KRM), systemkonform sein
dürfte, stellt die Berufung von „Vertretern" der über die Dachverbände nicht

---

60 Wissenschaftsrat, Empfehlungen (s. Anm. 8), 79.
61 Wissenschaftsrat, Empfehlungen (s. Anm. 8), 82.
62 Vgl. Wissenschaftsrat, Theologien (s. Anm. 8), 81.
63 de Wall, „Islamische Studien" (s. Anm. 7), 36.

organisierten Muslime die größeren verfassungsrechtlichen Probleme: einmal hinsichtlich ihrer Berufung in den Beirat, zum anderen wegen der unklaren Repräsentationsfrage. Mit welcher Legitimation können diese „freien" Beiratsmitglieder für wen sprechen? de Wall fordert, dass die unabhängigen Mitglieder die Verbandsvertreter in keinem Fall majorisieren dürften.[64] Die Interessen der Religionsgemeinschaft(en) werden in jedem Fall nicht zuletzt dadurch gewahrt, dass ohne oder gegen ihren Willen entsprechende Konstruktionen überhaupt nicht möglich sind.

Zur Veranschaulichung sei die von Christian Walter und Janbernd Oebbecke entworfene Musterordnung für einen solchen Beirat hier dokumentiert:

> „In der Absicht, die institutionellen Voraussetzungen für die Einrichtung bekenntnisgebundener Studiengänge in Islamischer Theologie und für die Ausbildung von Religionslehrern zu schaffen, erlässt die Universität XXX im Benehmen mit dem Koordinationsrat der Muslime in Deutschland (KRM) die nachfolgende Ordnung zur Errichtung eines Beirats für Islamische Theologie.

> 1. Teil: Aufgaben
> § 1 Aufgaben
> Der Beirat soll die Anliegen und die Interessen der islamischen Glaubensgemeinschaften bei der Errichtung und Ausgestaltung Islamischer Theologie an der Hochschule vertreten. Die Mitwirkung des Beirats vollzieht sich nach Maßgabe der folgenden Bestimmungen.

> § 2 Mitwirkung in Bezug auf theologische Studiengänge, Lehrstühle und Einrichtungen
> (1) Die Hochschule hat vor der Errichtung oder Änderung eines islamisch-theologischen Studienganges sowie bei bekenntnisrelevanten Fragen der Organisation und Binnenstruktur von Einrichtungen für Islamische Theologie das Einverständnis des Beirats einzuholen.
> (2) Das Einverständnis kann nur aus religiösen Gründen verweigert werden. Die Gründe sind in die Niederschrift aufzunehmen.

> § 3 Mitwirkung bei der Erarbeitung von Studieninhalten
> (1) Vor Erlass und Änderung von Studien- und Prüfungsordnungen ist das Einverständnis des Beirates einzuholen.

---

64 Vgl. de Wall, „Islamische Studien" (s. Anm. 7), 37–39.
65 C. Walter/J. Oebbecke, Kommentierter Ordnungsentwurf, in: Walter u. a. (Hg.), Einrichtung von Beiräten (s. Anm. 7), 71–96: 75–87.

(2) Das Einverständnis kann nur aus religiösen Gründen verweigert werden. Die Gründe sind in die Niederschrift aufzunehmen.

§ 4 Mitwirkung bei Personalentscheidungen
(1) Vor der Berufung oder Anstellung eines Dozenten mit selbständigen Lehraufgaben hat der Rektor/die Rektorin nach Abschluss des hochschulinternen Auswahlverfahrens, das ausschließlich wissenschaftlichen Kriterien folgt, das Einverständnis des Beirates hinsichtlich der Person auf der Liste einzuholen, welcher der Ruf erteilt werden soll. Entsprechendes gilt bei der Erteilung eines Lehrauftrags durch den Fachbereich. Das Einverständnis darf nur aus religiösen Gründen, die sich auf Lehre oder Lebenswandel beziehen, verweigert werden. Vor einer negativen Entscheidung des Beirats ist der Betroffene anzuhören. Die Gründe sind in die Niederschrift aufzunehmen.
(2) Beanstandet der Beirat nachträglich die Lehrtätigkeit eines angestellten oder berufenen Dozenten aus religiösen Gründen, so trägt die Hochschule dafür Sorge, dass der Betroffene nicht mehr im Bereich der Islamischen Theologie unterrichtet. Absatz 1 Satz 4 und 5 gelten entsprechend.

2. Teil: Organisation und Willensbildung
§ 5 Zusammensetzung und Vorsitz
(1) Der Beirat setzt sich wie folgt zusammen:
1. vier Vertreter der organisierten Muslime
2. vier weitere Vertreter, jeweils
a. zwei muslimische Persönlichkeiten des öffentlichen Lebens,
b. zwei muslimische Religionsgelehrte.
(2) Der Beirat wählt aus seiner Mitte einen Vorsitzenden und einen stellvertretenden Vorsitzenden.

§ 6 Bestellung der Mitglieder, Amtszeit
(1) Die Vertreter der organisierten Muslime werden durch den Koordinationsrat der Muslime in Deutschland (KRM) berufen.
(2) Die muslimischen Persönlichkeiten des öffentlichen Lebens sollen die Sicht der unabhängigen, bekennenden Muslime in den Beirat einbringen. Sie werden von der Hochschule und dem KRM einvernehmlich bestimmt. Hierzu erstellen die Hochschule und der KRM eine Liste mit jeweils mindestens drei Personen. Kann eine Einigung aufgrund dieser Vorschlagslisten nicht erzielt werden, so benennt die Hochschule eine Person aus der Liste des KRM, der KRM eine Person aus der Liste der Hochschule.
(3) Für die Berufung der muslimischen Religionsgelehrten gilt das Verfahren nach Absatz 2 Satz 2 bis 4 entsprechend. Die Vorschlagslisten dürfen nur Personen enthalten, deren wissenschaftlicher Sachverstand auf dem Gebiet der Islamischen Theologie nachgewiesen ist. Ein solcher Nachweis kann durch eine einschlägige Promotion oder eine vergleichbare Qualifikation erfolgen.
(4) Bei der Zusammensetzung soll auf eine angemessene Beteiligung der Geschlechter geachtet werden.
(5) Die Amtszeit der Mitglieder beträgt drei Jahre."[65]

Die §§ 7–11 dieses Vorschlags betreffen organisatorische Fragen.

Der hochschulrechtlich/religionsverfassungsrechtlich vorgezeichnete und erprobte Weg ist die Fixierung dieser Rechte in einem Staatsvertrag mit der jeweiligen Religionsgemeinschaft; aber auch unterhalb dieser Ebene ist die skizzierte Lösung möglich, sofern dem religiösen Selbstbestimmungsrecht hinreichend Raum eingeräumt wird.[66]

Auch der Wissenschaftsrat sieht die Einrichtung von Beiräten als Ansprechpartner für die staatliche Seite als Experiment an und spricht von einer Erprobungsphase von etwa fünf Jahren mit anschließender Evaluationspflicht.[67] de Wall charakterisiert das von ihm stark mitgeprägte Beiratsmodell als Übergangslösung „in der gegenwärtigen Situation der noch nicht abgeschlossenen organisatorischen Festigung des Islam in Deutschland"; sofern Kirchen oder verfestigte Religionsgemeinschaften als Ansprechpartner zur Verfügung stünden, stelle das Beiratsmodell keine zulässige Alternative dar.[68]

4.2. Hochschulen von Religionsgemeinschaften als Alternative?

Traditionellerweise bestehen in Deutschland Hochschulen in kirchlicher Trägerschaft.[69] Daneben existiert die 1979 gegründete Hochschule für Jüdische Studien in Heidelberg, deren Träger der mit Körperschaftsstatus ausgestattete Zentralrat der Juden in Deutschland ist.[70] Das Recht zur Errichtung kirchlicher Hochschulen – die sog. kirchliche Hochschulfähigkeit – wird aus der Staatsunabhängigkeit bei der Gestaltung kirchlicher Ämter und Dienste als Bestandteil der Selbstverwaltungsgarantie der Art. 137 Abs. 3 WRV i.V.m. Art. 140 GG sowie landesverfassungsrechtlichen Normen hergeleitet.[71] Ein Teil der kirchlichen Hochschulen ist durch Konkordate/Staatskirchenverträge zusätzlich abgesichert.[72] Das staatliche

---

66 Vgl. Epping, Hochschulrechtlicher Rahmen (s. Anm. 6), 43–45, 47–48, 59.

67 Vgl. Wissenschaftsrat, Empfehlungen, (s. Anm. 8), 81.

68 Vgl. de Wall, „Islamische Studien" (s. Anm. 7), 39–40.

69 Überblick bei M. Baldus, Kirchliche Hochschulen, in: Listl/Pirson (Hg.), Handbuch des Staatskirchenrechts (s. Anm. 9), 601–637; ferner Nolte, Islamische Theologie (s. Anm. 8), 137–138.

70 Satzung abgedruckt GABl. BaWü 1981, 1000; H.G. Meier/H.J. Schuster, Die Hochschule für Jüdische Studien in Heidelberg, Wissenschaftsrecht, Beiheft 8 (1983), 112–137; Baldus, Kirchliche Hochschulen (s. Anm. 69), 605, 626.

71 Baldus, Kirchliche Hochschulen (s. Anm. 69), 613: Fn. 82, auch Nachweis von landesverfassungsrechtlichen Bestimmungen, die kirchliche Hochschulen explizit garantieren.

72 Vgl. den Überblick bei Baldus, Kirchliche Hochschulen (s. Anm. 69), 617–621.

Hochschulrecht hat Voraussetzungen für die Anerkennung privater Hochschulen aufgestellt, wobei für Hochschulen in kirchlicher Trägerschaft teilweise wiederum Besonderheiten gelten, etwa Dispensmöglichkeiten vorgesehen sind.[73] Zentrale Anforderung für die Anerkennung als Ersatzhochschule ist die Gleichwertigkeitsfeststellung nach § 70 HRG. Hinsichtlich der gegenüber dem Träger der Hochschule stattfindenden Staatsaufsicht gelten Besonderheiten: Für die Ausbildung der Geistlichen besteht lediglich eine Rechtsaufsicht hinsichtlich Promotion und Habilitation; im Übrigen stellt sich die Aufsicht als „Gleichwertigkeitsaufsicht" dar, wobei stets das kirchliche Selbstbestimmungsrecht zu beachten ist.[74] Ein Anspruch auf staatliche Finanzhilfe besteht grundsätzlich nicht, insbesondere findet Art. 7 Abs. 4 GG in der Auslegung durch das Bundesverfassungsgericht für Privatschulen keine Anwendung.[75] Davon bleibt unberührt, dass der Staat vertraglich Finanzhilfe zusichern kann.

Mit dem Wissenschaftsrat ist gerade bei der Neueinführung islamischer Theologie im Hochschulkontext der Aufbau eigener Hochschulen nicht zu empfehlen:

> „Die Entwicklung Islamischer Studien an privaten Hochschulen kann gelingen, wobei eine staatliche Anerkennung der betreffenden Hochschule die institutionelle Akkreditierung voraussetzt. Aus wissenschaftlicher Perspektive ist ein solches Vorgehen für eine Disziplin in der Anfangsphase mit Nachteilen verbunden. Zum einen fehlt die Einbindung in die universitäre Zusammenarbeit mit den Nachbardisziplinen, auf die gerade ein im Aufbau befindliches Fach angewiesen ist. Zum anderen kann eine neue Disziplin in der Anfangsphase nicht auf ihren eigenen wissenschaftlichen Nachwuchs zurückgreifen. [...] Der Wissenschaftsrat empfiehlt deshalb, die Entwicklung der Islamischen Studien vorrangig im staatlichen Hochschulsystem voranzutreiben."[76]

4.3. Zwischenergebnis

Islamisch-theologische Studiengänge sind zur Ausbildung islamischer Religionslehrer, Imame und auch zur Förderung islamischer Theologie um ihrer selbst willen an staatlichen Universitäten einzurichten. Dabei ist auf eine sachgerechte

---

73 Vgl. etwa § 70 HRG; § 118 UnivG NW.
74 Vgl. Baldus, Kirchliche Hochschulen (s. Anm. 69), 633–634.
75 BVerfGE 75, 40–78.
76 Wissenschaftsrat, Empfehlungen, (s. Anm. 8), 76–77.

Schwerpunktsetzung zu achten. Solche Studiengänge stellen eine notwendige Vorbedingung der Einführung islamischen Religionsunterrichts dar („Grundrechtsvoraussetzungsschutz"). Nur so kann eine den heimischen Standards entsprechende wissenschaftliche Vorbildung der Religionslehrer gesichert und der Rückgriff auf nicht im Inland ausgebildete Lehrkräfte ausgeschaltet werden. Wie beim islamischen Religionsunterricht ist freilich auch hier das Problem des Ansprechpartners ungelöst; zwar ist der Körperschaftsstatus nicht Voraussetzung,[77] für eine Übergangs- und Experimentierphase ist auch hinsichtlich islamischer Theologie an Universitäten mit den vorhandenen Gruppierungen in Form der oben skizzierten Beiräte zu kooperieren. Während die wissenschaftliche Qualifikation das zentrale Auswahlkriterium für die Personalentscheidung der Universität darstellt, ist – entsprechend den überkommen christlich-theologischen Fakultäten – der Glaubensgemeinschaft ein Vetorecht einzuräumen, das sich auf bekenntnisrelevante Lehre und Lebenswandel beziehen darf. Eine völlige Gleichstellung mit den theologischen Fakultäten ist aus Gründen der unterschiedlichen Religionsstruktur und der Größenverhältnisse zurzeit abzulehnen; die institutionalisierte christliche Theologie besitzt somit allenfalls beschränkt Vorbildfunktion.[78] Es kann demgegenüber nicht empfohlen werden, die Gründung von Hochschulen anderer Religionsgemeinschaften, als derjenigen, die bereits über Hochschulen verfügen, zu gestatten oder zu fördern.[79] Rechtlich könnte dies bei Vorliegen der entsprechenden Voraussetzungen zwar kaum verwehrt werden; die fehlende Erfahrung mit derartigen Einrichtungen drängt jedoch dazu, islamische Theologie in staatlichen Hochschulen anzusiedeln. Zudem dürfte die Zahl der Studierenden nicht ausreichen, eine Hochschulgründung zu rechtfertigen.

5. Ausblick

Die verfassungsrechtlichen Probleme werden in der praktischen Umsetzung nicht weniger. Jenseits unmittelbar praktischer Fragen wie der Zahl der zur Verfügung stehenden Kandidaten für die Besetzung der jetzt zahlreichen Professuren werden sich folgende Herausforderungen klären müssen: Wird sich das Beiratsmodell bewähren? Ist der Islam, respektive sind seine „Ansprechpartner", bereit,

---

77 C. Walter, Verfassungsrechtliche Rahmenbedingungen für die Einrichtung theologischer Fakultäten, Drei Jahre Deutsche Islamkonferenz, Berlin 2009, 265–266: 264.

78 Vgl. Walter, Theologische Fakultäten (s. Anm. 77), 267–268

79 In der Tendenz wiederum abweichend Bäcker, Theologie (s. Anm. 11).

konstruktiv mitzuwirken, ohne dem Gefühl der Bevormundung oder staatlicher Eingriffe in ihren religiösen Bereich ausgesetzt zu sein? Eignet sich die Religion des Islam für die wissenschaftliche Behandlung „theologischer Art" jenseits religionswissenschaftlicher Ansätze? Schließlich stellt sich noch die Frage der Quantität. Welcher „Bedarf" besteht angesichts der Größenrelationen (gut 4 Millionen Muslime im Vergleich zu jeweils deutlich über 20 Millionen evangelischer und katholischer Christen)? Damit hängt die organisatorische Frage der Bildung eigener Fakultäten zusammen, die für das Selbstverständnis und die staatskirchenrechtlich relevante Unabhängigkeit bei den christlich-theologischen Fakultäten von großer Bedeutung sind. Die laufenden Versuche stellen m. E. die quantitative Obergrenze einer institutionellen Verankerung dar. Wahrscheinlich wäre es sogar besser gewesen, den Vorschlägen des Wissenschaftsrats folgend auf ein oder zwei dieser Versuche zu verzichten, um an weniger Orten eine „kritische Masse" zu erreichen. Auf der anderen Seite ist es gerade in einem Experimentierstadium wichtig, unterschiedliche Modelle und Herangehensweisen vergleichen zu können, um geeignete Lösungen zu erzielen – eine Kernlegitimation jeglichen Bildungsföderalismus. Schon allein die Größendimensionen verbieten den Aufbau eigener Fakultäten. Mit wenigen Lehrstühlen wäre dies nicht nur hochschulrechtlich problematisch, derart kleine Einheiten wären auch niemals in der Lage eine fakultäre Kultur o. ä. zu entwickeln. In Betracht kommt mithin nur die Eingliederung in philosophische oder kulturwissenschaftliche Fakultäten mit dem skizzierten Sonderstatus. Mangels entsprechender staatskirchenvertraglicher Absicherungen[80] stellt dies rechtlich auch keine unüberwindbaren Hindernisse in den Raum.

---

80 Die aktuell geschlossenen Verträge in Hamburg und Bremen enthalten entsprechende Klauseln; der Hamburger Vertrag ist ratifiziert, der Bremer paraphiert; Schleswig-Holstein beabsichtigt ebenfalls einen Vertragsschluss. Für unsere Fragestellung vgl. aus dem Hamburger Vertrag „Art. 5 Hochschulausbildung. Die Freie und Hansestadt Hamburg fördert eine Ausbildungsstätte für islamische Theologie und Religionspädagogik an der Universität Hamburg." Dazu existiert folgende Protokollerklärung: „Die Vertragsparteien stimmen darin überein, dass die Förderung einer Ausbildungsstätte für islamische Theologie und Religionspädagogik in ihrem Schwerpunkt zunächst auf die Gewinnung in Deutschland ausgebildeter schulischer Lehrkräfte für den Religionsunterricht zielen soll. Sie teilen die Überzeugung, dass das Aufgreifen der Glaubensvorstellungen praktizierender Muslime eine wesentliche Voraussetzung für die wünschenswerte Akzeptanz des Unterrichts bei den muslimischen Schülerinnen und Schülern und ihren Eltern sein wird. Die Freie und Hansestadt Hamburg wird sich deshalb unter Beachtung der Freiheit von Wissenschaft, Forschung und Lehre dafür einsetzen, dass

– die islamischen Religionsgemeinschaften vor der Berufung einer Hochschullehrerin oder eines Hochschullehrers die Möglichkeit zur Stellungnahme erhalten,

Mit der Einführung islamischer Theologie an staatlichen Hochschulen ist die Erwartung verbunden, dass der Islam eine ähnliche Entwicklung durch wissenschaftliche Begleitung nimmt, wie dies für das Christentum durch die wissenschaftlichen Fortschritte der Theologien geschehen ist.[81] Wesentliche Impulse gingen etwa im 18./19. Jahrhundert hier freilich eher von der protestantischen Theologie in einem staatskirchlichen Umfeld aus. Für die katholische Theologie war die Ausgangslage schon deshalb eine andere, weil sie zumindest seit 1803 nicht in gleicher Weise mit dem Staat in Deutschland verbunden sein konnte und vor allem angesichts ihrer weltkirchlichen Struktur die Situation in Deutschland immer nur von partikularer Bedeutung ist. Gleichwohl sei dem Nichttheologen das Urteil gestattet, dass die Übernahme zahlreicher wissenschaftlicher Innovationen gerade auch der katholischen Theologie in Deutschland – die historisch-kritische Bibelexegese ist nur das bekannteste Beispiel – hinsichtlich der Auffrischung wissenschaftlicher Standards geholfen hat und die nach wie vor gegebene internationale Bedeutung deutschsprachiger Theologie an staatlichen Universitäten auch für die katholische Seite gilt. Im gegenwärtigen religionsverfassungsrechtlichen Rahmen wird die Kunst darin bestehen, den Islam ohne unzuträglichen Zwang zur Ausbildung islamischer Theologie zu bewegen, gleichwohl keine Art neuen „Kulturkampfs"[82] damit zu verbinden. Die vielfach geäußerte Erwartung eines anspruchsvollen Textverständnisses unter wissenschaftlichen Standards ist nachvollziehbar, bleibt gleichwohl eine Hoffnung, die nicht erzwungen werden kann. Juristen bezeichnen derartige Hoffnungen oder Voraussetzungen

---

– ihnen Gelegenheit gegeben wird, sich zu Lehrinhalten zu äußern, soweit sie schwerwiegende Abweichungen von den islamischen Glaubensgrundsätzen geltend machen, und

– sie in die Erarbeitung von Grundsätzen für eine Akkreditierung von Studiengängen und Formulierung von Prüfungsanforderungen einbezogen werden.

Die islamischen Religionsgemeinschaften erklären, dass sie Stellungnahmen einheitlich abgeben werden. Stellungnahmen, die nicht einheitlich abgegeben werden, lösen keine Verpflichtungen der Freien und Hansestadt Hamburg im Sinne des vorstehenden Absatzes aus."

Vgl. zu dem Problemkomplex insgesamt demnächst J. Lutz-Bachmann, Mater rixarum? Staatskirchenverträge mit kleinen Religionsgemeinschaften am Beispiel der jüdischen Verträge mit Ausblicken auf Verträge mit dem Islam, Diss. iur. Bonn 2012, im Erscheinen.

81 Vgl. in einem größeren Zusammenhang auf die Religion als solche bezogen am Beispiel des Protestantismus R. Schieder, Sind Religionen gefährlich? Berlin 2008, 274–279.

82 Nach wie vor interessant die Parallelisierung der aktuellen Behandlung des Islam in westlichen Gesellschaften der Gegenwart mit dem „Kulturkampf" gegen die katholische Kirche im 19. Jh. durch J. Casanova, Religion, Politik und Geschlecht im Katholizismus und im Islam, in: ders., Europas Angst vor der Religion, Berlin 2009, 31–81.

als „Verfassungserwartungen".[83] Diese können freilich, wie am prägnantesten Ernst-Wolfgang Böckenförde formuliert hat,[84] nicht erzwungen werden.[85] Nicht ganz zu Unrecht wird von islamischer Seite Geduld und die Vermeidung von Überstürzung eingefordert.[86] Auch die Geschichte der Beziehung zwischen den christlichen Konfessionen und dem Staat hat gezeigt, dass eine entsprechende Kooperation beide Seiten beeinflusst und letztlich auch verändert. Dies zu ignorieren, wäre unredlich. Die Verfassungserwartung an den Islam besteht inzwischen aus einer Art „Gesamtpaket": Religionsunterricht an öffentlichen Schulen, Theologie an staatlichen Universitäten sowie darüber hinausreichend insgesamt die Bereitschaft zu Kooperation. Das Ganze ist ein Experiment. Viele Regelungen sind – oftmals wiederum mit Evaluationsaufträgen versehen – zunächst zeitlich befristet. Zwar wäre es naiv zu glauben, dass solche Experimente einfach abgebrochen werden könnten; gleichwohl wird die Evaluation ernst zu nehmen sein und notwendige Korrekturen müssten umgesetzt werden.

Zusammenfassung

Die Einführung islamischer Theologie an staatlichen Hochschulen stellt eines von mehreren Projekten dar, den Islam in das überkommene staatskirchenrechtliche System des deutschen Grundgesetzes zu integrieren. Sie hängt unmittelbar mit der Einführung islamischen Religionsunterrichts an öffentlichen Schulen zusammen. Auch hier stellt sich vorrangig das Problem, wer als Ansprechpartner verbindlich die Glaubensinhalte verbürgen sowie die Unbedenklichkeit des Lehrpersonals in Fragen von Lehre und Lebensführung bestätigen kann. An vier Uni-

---

83 Vgl. etwa J. Isensee, Grundrechtsvoraussetzungen und Verfassungserwartungen an die Grundrechtsausübung, in: ders./P. Kirchhof (Hg.), Handbuch des Staatsrechts der Bundesrepublik Deutschland, Bd. 9, Heidelberg ³2011, § 190, 265–411; kritisch auf das hiesige Thema bezogen C. Möllers, Religiöse Freiheit als Gefahr?, Veröffentlichungen der Vereinigung der Deutschen Staatsrechtslehrer 68 (2009), 47–93: 51–52.

84 Die Entstehung des Staates als Vorgang der Säkularisation, in: ders., Recht, Staat, Freiheit, Frankfurt a. M. 1991, 92–114: 112.

85 M. Heckel, Die Zukunftsfähigkeit des deutschen „Staatskirchenrechts" oder „Religionsverfassungsrechts", Archiv des öffentlichen Rechts 134 (2009), 309–390: 342–343; Waldhoff, Religionskonflikte (s. Anm. 1), D 49 D 50.

86 Vgl. etwa H. Mohagheghi, Diskussionsbeitrag, in: Verhandlungen des 68. Deutschen Juristentages Berlin 2010, Bd. II/2 Sitzungsberichte (Diskussion und Beschlussfassung), München 2011, O 113–O 114.

versitäten laufen zurzeit entsprechende Modellversuche. Anstelle der verfassten Kirchen treten Beiräte, die mit Vertretern islamischer Verbände sowie Persönlichkeiten des Islam besetzt sind.

The implementation of Islamic theology in public universities is one of several projects to integrate Islam into the traditional state-church law system of the German Grundgesetz. It correlates directly with the implementation of religious education in public schools. Here, too, there is primarily the problem of finding reference contacts, which can firmly guarantee Islamic beliefs and can also confirm the soundness of teaching staff in questions of science and lifestyle. At the moment there are tests in progress at four universities. The institutionalized churches are replaced by advisory councils, which are staffed with representatives of Islamic organisations and leading Islamic figures.

MICHAEL HASPEL

Diakonie und Arbeitsrecht in theologischer Perspektive

Evangelisches Profil und kirchlicher Auftrag der Diakonie nach dem Ende des Konzepts der Dienstgemeinschaft

Die Themenstellung Diakonie und Arbeitsrecht in theologischer Perspektive ist nicht nur grundsätzlich, sondern auch umfassend. Wenn man die Frage nach dem Wesen der Diakonie einmal außer Acht lässt, stellen sich gleichwohl mindestens drei Themenbereiche hinsichtlich des Arbeitsrechts mit Hinsicht auf die Diakonie. Die staatskirchenrechtlichen Grundlagen einschließlich ihrer Entwicklung im europarechtlichen Zusammenhang, die Folgerungen daraus für das individuelle und kollektive Arbeitsrecht. Dabei ist vor allem das Konzept der Dienstgemeinschaft zentral, mit dem der eigene Weg der Kirchen im Arbeitsrecht, der sogenannte Dritte Weg, begründet wird.

Dieses Themenfeld soll problemorientiert erschlossen werden, indem zunächst die (aktuellen) Herausforderungen hinsichtlich des Arbeitsrechtes in Kirche und Diakonie[1] erhoben werden (1). Wichtig scheint für die weitere Untersuchung, dass die rechtlichen und theologischen Fragen nicht für sich stehen, sondern in einem spezifischen gesellschaftlichen Kontext auftauchen und diskursiv bearbeitet werden (2). Den Hauptteil der Untersuchung bildet die Auseinandersetzung mit dem Konzept der Dienstgemeinschaft in theologischer Perspektive (3). Daran anschließend wird nach Szenarien für das kirchliche Arbeitsrecht jenseits des – so die im Laufe des Textes entwickelte These – theologisch nicht haltbaren Konzepts der Dienstgemeinschaft gefragt (4).

1. Herausforderungen des Arbeitsrechtes in Kirche und Diakonie

Immer wieder sorgen Klagen von kirchlichen und diakonischen Mitarbeitenden, sowohl an deutschen Arbeitsgerichten als auch an europäischen Gerichten, weit

---

[1] Da die Grundlagen des Arbeitsrechtes in Kirche und Diakonie gleich sind, werden immer wieder beide Bereiche angesprochen werden. Im Blick auf Anwendung und Konkretion findet dann eine Fokussierung auf die Diakonie statt.

über die kirchliche Öffentlichkeit hinaus für Aufmerksamkeit.[2] Dabei steht meist zur Debatte, inwiefern die Regelungen des kirchlichen Arbeitsrechtes, die auf dem verfassungsrechtlich garantierten Selbstbestimmungsrecht der Kirchen gründen und vom allgemeinen Arbeitsrecht abweichen können, mit anderen Normen des Grundgesetztes und insbesondere europarechtlichen Regelungen sowohl im Rahmen der EU als auch hinsichtlich der Europäischen Menschenrechtskonvention in Einklang zu bringen sind. Das deutsche Staatskirchenrecht gesteht den Kirchen ein Selbstbestimmungsrecht zu. Daraus wird nach herrschender Meinung das Recht abgeleitet, bei ihren Beschäftigten unter bestimmten Umständen nach bestimmten Kriterien zu diskriminieren wie Geschlecht, sexuelle Orientierung, Kirchenmitgliedschaft, Lebensführung etc. Dies steht allerdings in Spannung sowohl zu anderen Normen des Grundgesetztes als auch zu europäischen Grundrechts- und Gleichstellungsnormen. Bei diesen rechtlichen Auseinandersetzungen geht es also im Kern darum, ob die Regelungen des deutschen Staatskirchenrechts, welches den Kirchen verfassungsrechtlich garantiert Sonderrechte einräumt, europarechtlich Bestand haben wird.[3]

In den Hintergrund tritt bislang die Frage, ob denn diese spezifische Privilegierung der Kirchen und mit ihnen ihrer jeweiligen diakonisch-karitativen Einrichtungen, die weit über den Tendenzschutz hinausgeht, den alle weltanschaulich geprägten Arbeitgeber (Parteien, Gewerkschaften, Verbände) in Anspruch nehmen können, *theologisch* überhaupt begründbar bzw. erforderlich ist. Dies gilt sowohl hinsichtlich der Frage der Privilegierung an sich, als auch nach dem materialen Gehalt der Normen.

---

2 Bis hin in die Politik: Deutscher Bundestag. Kleine Anfrage. Der Sonderweg der Kirchen im Arbeitsrecht – Entgelte, Arbeitsbedingungen und Streikrecht. Drucksache 17/4928, 24.02.2011; Deutscher Bundestag. Antrag. Grundrechte von Kirchen und kirchlichen Einrichtungen stärken, Drucksache 17/5523, 12.04.2011; Deutscher Bundestag. Plenarprotokoll 17/108, 12.05.2011, Tagesordnungspunkt 9: Grundrechte der Beschäftigten von Kirchen und kirchlichen Einrichtungen stärken (Drucksache 17/5523), 12365-12373.

3 Einen Überblick über die aktuellen rechtlichen Herausforderungen und Entwicklungen geben *inter alia* C. Walter, Kirchliches Arbeitsrecht vor den Europäischen Gerichten, ZEvKR 57 (2012), 233-262; J. Joussen, Die Folgen des Mormonen- und des Kirchenmusikerfalls für das kirchliche Arbeitsrecht in Deutschland, Recht der Arbeit 64 (2011), 173-178; U. Hammer, Europäische Wende im kirchlichen Arbeitsrecht? Arbeit und Recht 7 (2011), 278-285; N. Manterfeld, Ein bisschen Kirche – ein bisschen Streik? KuR 86 (2011), 86-107; H. Reichold, Das deutsche Arbeitsrecht der Kirchen im Fokus des Europäischen Gerichtshofs für Menschenrechte, Europäische Zeitschrift für Arbeitsrecht 4 (2011), 320-328; ders., Neues zum Streikrecht in diakonischen Einrichtungen, ZEvKR 57 (2012), 57-74.

Dabei steht in theologischer Perspektive außer Frage, dass der Auftrag der Kirche und der Diakonie (Zeugnis und Dienst) nur erfüllt werden kann, wenn die Möglichkeit besteht, beruflich Mitarbeitende auszuwählen, die sich über ihre rein fachliche Qualifikation hinaus in angemessener Weise mit diesem Auftrag identifizieren und bereit sind, an seiner Erfüllung inhaltlich mitzuwirken. Dies mag hinsichtlich unterschiedlicher Funktionen und Ämter auch in Abstufungen möglich sein; prinzipiell ist dies aber die Bedingung der Möglichkeit einer auftragsgemäßen Arbeit von Kirche und Diakonie.

Wie diese Voraussetzung allerdings arbeitsrechtlich ausgestaltet werden sollte, ist *theologisch* bislang wenig debattiert, da Voraussetzung und Praxis des deutschen Staatskirchenrechts weitgehend unhinterfragt blieben, wenn auch einzelne Rechtsfolgen zwischen Dienstgebern und Arbeitnehmenden umstritten sind. Es ist zu beobachten, dass in Folge der rechtlichen, aber auch gesellschaftlichen Transformationsprozesse, hier ein Veränderungsprozess in Gang kommt, der eine theologische Reflexion notwendig macht.[4] Es stellt sich also nicht nur die Frage, welche rechtlichen Möglichkeiten Kirche und Diakonie zur Gestaltung des jeweiligen Arbeitsrechtes haben, sondern auch welche Form von Arbeitsrecht im gegenwärtigen Kontext für Kirche und Diakonie theologisch zu begründen bzw. zu präferieren ist.

Juristisch fokussieren sich die Konflikte in drei Bereichen. Zur Debatte steht erstens, wer Mitarbeitender werden kann, d. h. nach welchen Kriterien den Kirchen erlaubt ist, bei der Auswahl unabhängig von der Qualifikation zu diskriminieren, z. B. nach Geschlecht, Kirchenmitgliedschaft, aktivem kirchlichen Engagement etc. Daran schließt sich zweitens die Frage an, ob kirchlich und diakonisch

---

4 Als *terminus a quo* kann die Debatte im Vorfeld der Verabschiedung der „Richtlinie des Rates der Evangelischen Kirche in Deutschland nach Art. 9 Buchst. b Grundordnung über die Anforderungen der privatrechtlichen beruflichen Mitarbeit in der Evangelischen Kirche in Deutschland und des Diakonischen Werkes der EKD vom 1.7.2005" („Loyalitätsrichtlinie") identifiziert werden. Hier haben nach meiner Wahrnehmung in neuer Qualität theologische Argumente zur Modifikation der staatskirchen- und arbeitsrechtlichen Positionen des zunächst vorliegenden Entwurfs auf Grund zweier theologischer Gutachten geführt. Vgl. M. Haspel, Die kirchenrechtliche Regelung der Anforderungen an die privatrechtliche berufliche Mitarbeit in der EKD und ihres Diakonischen Werkes aus theologischer Perspektive, epd-Dokumentation 35 (2004); H.-R. Reuter, Kirchenspezifische Anforderungen an die privatrechtliche berufliche Mitarbeit in der Evangelischen Kirche und ihrer Diakonie. Theologisches Gutachten für die EKD, epd-Dokumentation 29 (2005). Letzteres auch in H.-R. Reuter, Botschaft und Ordnung. Beiträge zur Kirchentheorie (Öffentliche Theologie 22), Leipzig 2009, 185–222 (im Folgenden nach der letztgenannten Version zitiert).

Mitarbeitenden bestimmte außerdienstliche Lebensführungsverpflichtungen (Loyalitätsobliegenheiten. Allgemeine Loyalitätspflichten sind auch im allgemeinen Arbeitsrecht unbestritten, insbesondere bei Tendenzbetrieben) auferlegt werden dürfen (individuelles Arbeitsrecht). Drittens ist das kirchliche Arbeitsrechtssystem des sogenannten Dritten Weges zu beachten, das insbesondere Tarifverträge mit Gewerkschaften und Arbeitskampfmaßnahmen ausschließt und eine konsensuale Lösung arbeits- und tarifrechtlicher Fragen durch paritätisch besetzte, arbeitsrechtliche Kommissionen vorsieht (kollektives Arbeitsrecht). Strittig ist dabei vor allem, ob kirchlichen und diakonischen Arbeitgebern auf Grund ihres Selbstbestimmungsrechtes Rechte zustehen, die (weit) über den Tendenzschutz im allgemeinen Arbeitsrecht hinausgehen und Eingriffe in die individuellen und kollektiven Grundrechte der Arbeitnehmenden rechtfertigen.

Untersucht man diesen Themenbereich in theologischer Perspektive, wird man fragen müssen, was theologisch für die Auftragserfüllung notwendig erscheint und ob dies angemessen und verhältnismäßig mit den bislang in Anspruch genommenen Rechtsinstituten gewährleistet werden kann, bzw. welche anderen, möglicherweise besser geeigneten Regelungen implementiert werden könnten. Dabei wird im Blick zu behalten sein, dass das Profil diakonischer Einrichtungen und die Frage der Auftragserfüllung von Kirche und Diakonie nicht alleine an den durch das Arbeitsrecht zu regelnden Sachverhalten entschieden werden. So wird allein das Erfordernis, dass Mitarbeitende der Diakonie etwa Kirchenglieder sein sollen, für sich weder ein angemessenes diakonisches Profil noch die Erfüllung des kirchlichen Auftrages garantieren. Die Kirchenmitgliedschaft kann allenfalls eine notwendige Bedingung sein. Selbst wenn alle beruflich Mitarbeitenden eines diakonischen Unternehmens Kirchenmitglieder wären, stellte dies noch keine hinreichende Bedingung dar, dass die Einrichtung auch ein entsprechendes Profil ausbildet. Hier ist es wichtig, bei der Fokussierung auf arbeitsrechtliche Fragen die konzeptionellen Fragen der diakonischen Arbeit, insbesondere eines dem kirchlichen Auftrag entsprechenden diakonischen Profils, nicht darauf zu verengen, sondern umgekehrt, die arbeitsrechtlichen Fragen immer vor dem Hintergrund der Gesamtheit der Faktoren, die zu einem diakonischen Profil beitragen, zu sehen.

Wenn man diese Fragestellung in theologischer Perspektive untersuchen und beurteilen möchte, stellen sich Fragen in ekklesiologischer und in rechts- und sozialethischer Hinsicht. In ekklesiologischer Hinsicht ist zu fragen, welchen Status beruflich Mitarbeitende von Kirche und Diakonie haben (sollen), insbesondere wenn sie nicht Amtsträger sind. Dies gilt sowohl im Innenverhältnis, also hinsichtlich der Frage, ob sich für beruflich Mitarbeitende ekklesiologisch andere Anforderungen ergeben als für normale Mitglieder oder ehrenamtliche Amtsträger, als auch im Außenverhältnis, nämlich ob es begründet und notwendig erscheint, beruflich Mitarbeitende von Kirche und Diakonie rechtlich anders zu behandeln als Mitarbeitende von Arbeitgebern, die nicht unter die staatskirchenrechtliche Privilegierung fallen. Darüber hinaus stellt sich theologisch aber auch die Frage, ob solche Privilegien, gerade im Bereich der Unternehmensdiakonie, sozial- und rechtsethisch zu verantworten sind.

Dabei ist zu beachten, dass die Frage nach den (arbeits-)rechtlichen Entwicklungen in Kirche und Diakonie nicht nur theologisch oder juristisch angemessen beantwortet werden können. Denn die Fragen brechen nicht zufällig im Kontext mehrerer gesellschaftlicher und kirchlich-diakonischer Transformationsprozesse auf, die mit dem rechtlichen und theologischen Diskurs verschränkt sind. Die hier zu verhandelnden Fragen stehen also in einem größeren theologisch-ekklesiologischen Zusammenhang, in dem seit einiger Zeit die Frage debattiert wird, wie Kirche und Diakonie unter sich signifikant ändernden gesellschaftlichen Bedingungen ihren Auftrag angemessen gestalten können und welche Veränderungen in Kirche und Diakonie hierfür notwendig sind. Auch die Frage nach dem kirchlichen und diakonischen Arbeitsrecht steht in diesem Zusammenhang, der auf Seiten von Kirche und Diakonie zur Aufgabe der Reorientierung unter veränderten Umweltbedingungen wird, was gemeinhin als „Reformprozess" bezeichnet wird.

2. Gesellschaftlicher Kontext des juristischen und theologischen Diskurses

Es ist zu beachten, dass die Frage nach den (arbeits-)rechtlichen Entwicklungen in Kirche und Diakonie im Kontext verschiedener gesellschaftlicher und kirchlich-diakonischer Transformationsprozesse steht, die mit dem rechtlichen und theologischen Diskurs verschränkt sind.

Rechtlich gibt es Veränderungen, die vor allem durch die Rückwirkung europäischen Rechts (sowohl des Rechtes und der Grundrechtscharta der EU als auch der EMRK des Europarates) auf das deutsche Recht, das auch die Anwendung und die Auslegung der staatskirchenrechtlich begründeten Regelungen überformt. In der deutschen Rechtsprechung muss stärker als bisher im Einzelfall eine Abwägung von Grundrechten stattfinden, der korporativen Religionsfreiheit einerseits und individueller und kollektiver Freiheitsrechte andererseits. Dies stellt zwar das deutsche Staatskirchenrecht und die daraus sich ergebenden arbeitsrechtlichen Regelungen nicht grundsätzlich in Frage, erhöht aber die Plausibilisierungs- und Begründungspflicht kirchlicher und diakonischer Arbeitgeber. Von den betroffenen Institutionen wird dies in der Regel als Bedrohung ihrer Rechtssicherheit wahrgenommen.

Gesellschaftlich vollzieht sich dies in Deutschland parallel mit einem Prozess fortschreitender Säkularisierung und Entkirchlichung, der insbesondere in Ostdeutschland und in Großstädten Westdeutschlands Christinnen und Christen zur Minderheit werden lässt, teilweise mit Mitgliedschaftszahlen im einstelligen Prozentbereich. Dies setzt die Kirchen unter erheblichen finanziellen und Plausibilitätsdruck. Sie stehen in der Gefahr, gesellschaftlich in die Defensive zu geraten.

Staatskirchenrechtlich scheint die Plausibilität von verschiedenen Regelungsbereichen zunehmend geringer zu werden, nicht zuletzt vor dem Hintergrund der demographischen und fiskalischen Entwicklung. Auch hier nimmt Ostdeutschland eine gewisse Vorreiterrolle ein. Bei rapide abnehmenden Finanzmitteln des Staates, sinkenden Bevölkerungszahlen und absolut und relativ rückläufiger Kirchenmitgliedschaft werden gleichbleibende oder gar strukturell steigende Staatsleistungen in Frage gestellt. Regelungen im schulischen Bereich, sei es hinsichtlich des Religionsunterrichtes, sei es mit Bezug zur Finanzierung von Schulen in kirchlicher Trägerschaft, werden bei rückläufigen Geburtenraten und Finanzen hinterfragt. Kirche und Diakonie sind also nicht nur hinsichtlich des kirchlichen Arbeitsrechtes mit Anfragen und Veränderungen der Rahmenbedingungen konfrontiert, sondern die selbstverständliche Plausibilität des deutschen, staatskirchlichen Arrangements erodiert, es kommt mithin zu einem „Verlust staatskirchenrechtlicher Selbstverständlichkeiten."[5]

Wirtschaftlich stehen die Kirchen durch rückläufige Kirchensteuereinnahmen und die Diakonie durch die zunehmende Konkurrenz und die damit einhergehenden verschlechterten Refinanzierungsbedingungen auf dem Sozialmarkt vor großen Herausforderungen. Die spezifischen arbeitsrechtlichen Regelungen haben hier bislang einen relativen Vorteil darstellen können – wobei inzwischen im Preiskampf auch die auf dem Dritten Weg vereinbarten Entgeltregelungen durch verschiedene Maßnahmen (Outsourcing; Gründung eigener Zeitarbeitsagenturen; Ausgliederung von Unternehmensbereichen ohne Tarifbindung) immer wieder unterlaufen werden.[6]

---

5 H.M.Heinig, Zum Verhältnis von kirchlichem Arbeitsrecht und Streikrecht aus verfassungsrechtlicher Sicht, Göttinger E-Papers zu Religion und Recht 1 (2012), 1-16: 1. Vgl. H.M.Heinig, Ordnung der Freiheit – das Staatskirchenrecht vor neuen Herausforderungen, ZEvK 53 (2008), 235-254: 237ff.

6 Vgl. dazu etwa auch die Kundgebung: „Zehn Forderungen zur solidarischen Ausgestaltung des kirchlichen Arbeitsrechts" der 4. Tagung der 11. Synode der Evangelischen Kirche in Deutschland vom 09. November 2011.

Dies zusammengenommen führt dazu, dass die hier zu verhandelnden Fragen Teil und Ausdruck eines größeren, gesellschaftlichen Diskurszusammenhanges sind. Die dogmatischen und rechtlichen Aspekte sind dabei jeweils nur eine Perspektive unter mehreren. Aus der Perspektive von Kirche und Diakonie ergibt sich daraus, dass die konkreten Rechtsfragen immer auch *Teil eines kirchen- und unternehmenspolitisch-strategischen Diskurses* sind.

Bislang wurde im Raum der EKD ganz offensichtlich die Strategie verfolgt, bisher geltende Rechtspositionen prinzipiell zu verteidigen, also die Komplexität des Problems auf die (staatskirchen-)rechtliche Perspektive zu reduzieren. An dieser Stelle ist nicht zu beurteilen, ob eine solche Maximal-Strategie angemessen bzw. *in the long run* aussichtsreich erscheint. Es ist allerdings diskursanalytisch darauf hinzuweisen, dass die theologisch und rechtlich vorgebrachten Argumente von Kirche und Diakonie im Kontext einer Verteidigungsstrategie des *status quo* einer Institution unter Stress stehen, oder wie es Hans Michael Heinig formuliert: „Die Grundaufstellung ist zur Zeit defensiv."[7]

Mit diesen differenzierenden Vorbemerkungen ist der Rahmen gespannt, innerhalb dessen eine Bearbeitung des Themas „Diakonie und Arbeitsrecht in theologischer Perspektive" erfolgen kann. Im Zentrum der theologischen Begründung steht dabei das Konzept der „Dienstgemeinschaft", das im Folgenden näher untersucht werden soll.

3. Das Konzept der Dienstgemeinschaft in theologischer Perspektive[8]

Für die theologische Begründung arbeitsrechtlicher Regelungen, die vom allgemeinen Arbeitsrecht abweichen, ist das Konzept der *Dienstgemeinschaft* bislang von zentraler Bedeutung. Mit ihm wird versucht, die verfassungsrechtlich durch Art. 140 GG i. V. m. Art. 137 Abs. 3 WRV garantierte Kirchenautonomie durch Festlegung eindeutiger Anforderungen an die berufliche Mitarbeit und die Festsetzung des Arbeitsrechtes zu sichern. Es ist das Recht der Kirchen, die theologisch-inhaltlichen Kriterien des Arbeitsrechtes zu bestimmen.[9] Dies wird auch

---

7 Heinig, Kirchliches Arbeitsrecht und Streikrecht (s. Anm. 5), 2.

8 Im Folgenden nehme ich Gedanken und Argumente auf, die ich zuerst entwickelt habe in: Haspel, Anforderungen an Mitarbeit aus theologischer Perspektive (s. Anm. 4).

9 Vgl. das Urteil des Bundesverfassungsgerichts vom 04.06.1985; BVerfGE 70, 138.

europarechtlich als Ausdruck der kollektiven Religionsfreiheit nicht prinzipiell in Frage gestellt. Staatliche bzw. supranationale Gerichte können von dieser inhaltlichen Bestimmung ausgehend in etwaigen gerichtlichen Verfahren Abwägungen vornehmen.

Das Konzept der Dienstgemeinschaft nimmt in Anspruch, dass alle beruflich Mitarbeitenden am Verkündigungsauftrag von Kirche und Diakonie Anteil haben. Oder umgekehrt: Zur Erfüllung des kirchlichen Auftrages (auch in der Diakonie) wird es als notwendig angesehen, dass die beruflich Mitarbeitenden eine Dienstgemeinschaft bilden. Daraus werden drei wesentliche Aspekte des individuellen und kollektiven kirchlichen Arbeitsrechtes abgeleitet: zum einen, dass – prinzipiell ohne Abstufung – *alle* beruflich Mitarbeitende besondere Kriterien erfüllen müssen, etwa die Kirchenmitgliedschaft (i. d. R. in einer der Gliedkirchen der EKD oder einer Mitgliedskirche der Arbeitsgemeinschaft Christlicher Kirchen in Deutschland (ACK)), zum anderen, dass sich für alle Mitarbeitenden neben allgemeinen Loyalitätspflichten besondere Loyalitätsobliegenheiten bzw. Lebensführungspflichten ergeben.[10] Schließlich wird auch der Dritte Weg des kirchlichen und diakonischen Arbeitsrechtes damit begründet, dass es dem Wesen der Dienstgemeinschaft widerspreche, etwa zwischen sich antagonistisch gegenüberstehenden Gewerkschaften und Dienstgebern arbeitsrechtliche und tarifliche Regelungen zu vereinbaren oder gar Auseinandersetzungen mit den Mitteln des Streiks oder der Aussperrung zu erzwingen.

Dabei wird das Konzept der *Dienstgemeinschaft* überwiegend mit dem *Priestertum aller Gläubigen* begründet.[11] Weiter wird argumentiert, dass Kirche und

---

10 Vgl. Walter, Kirchliches Arbeitsrecht vor den Europäischen Gerichten (s. Anm. 3), 250f.; Joussen, Die Folgen des Mormonen- und des Kirchenmusikerfalls (s. Anm. 3).

11 Vgl. etwa R. Richardi, Arbeitsrecht in der Kirche. Staatliches Arbeitsrecht und kirchliches Dienstrecht, München, ⁶2012, 51f. (§ 4 R 11–13). Anders etwa J. Jurina, Die Dienstgemeinschaft der Mitarbeiter des kirchlichen Dienstes, ZEvKR 29 (1984), 171–188, der die Dienstgemeinschaft in der objektiven Mitwirkung *aller Mitarbeitenden* am kirchlichen Dienst begründet sieht. Von Notz scheint beide Konzepte zu kombinieren (K. von Notz, Lebensführungspflichten im evangelischen Kirchenrecht (Schriften zum Staatskirchenrecht 10), Frankfurt a. M. u. a. 2003, 156–164). Zur Kontroverse um die unterschiedlichen Begründungen vgl. M. Hirschfeld, Die Dienstgemeinschaft im Arbeitsrecht der evangelischen Kirche. Zur Legitimitätsproblematik eines Rechtsbegriffs, Frankfurt a. M. u. a. 1999, 50–80. Siehe dazu auch Reuter, Kirchenspezifische Anforderungen (s. Anm. 4), 204–208. Reuter hält beide Begründungen für insuffizient, die auf dem Allgemeinen Priestertum beruhende, weil dann alle beruflich Mitarbeitende Kirchenglieder sein müssten, was faktisch gerade in der Diakonie nicht der Fall ist, die auf der Annahme der objektiven Mitwirkung beruhende, weil aus ihr dann keine (gleichen) Rechtspflichten für alle abgelei-

Diakonie als Ganzes das Evangelium in Wort und Tat zu bezeugen haben, und deshalb alle daran ehren- oder hauptamtlich Mitarbeitenden in ihrer Funktion am Amt der Verkündigung Anteil haben.[12] Da die Diakonie eine (wichtige) Lebens- und Wesensäußerung der Kirche darstellt, gelten diese Konzepte für sie in gleicher Weise.

Dies korrespondiert mit dem evangelischen Berufsverständnis, dass ein jeder in seinem und eine jede in ihrem Beruf sein bzw. ihr Amt als Christenmensch ausübt. Im Gefälle dieser Argumentationslinie kann man dann beanspruchen, dass alle beruflich Mitarbeitenden in Kirche und Diakonie (zum Abendmahl zugelassene) Mitglieder der Kirche sein müssen. Dabei wird geltend gemacht, dass Kirche und Diakonie nur dann glaubwürdig das Evangelium bezeugen können, sei es in Wort, sei es in der Tat, wenn dort arbeitende Menschen glaubwürdig Zeugnis ablegen.

Dafür wird stillschweigend davon ausgegangen, dass es für die Erfüllung des kirchlichen Auftrages der Diakonie eine *notwendige* Bedingung sei, dass *idealiter alle* beruflich Mitarbeitenden Glieder der Kirche sind; meist wird implizit sogar unterstellt, dass dies die *hinreichende* Bedingung sei, damit das diakonische Profil, der kirchliche Auftrag der Diakonie realisiert wird. Dies wird im Weiteren noch zu beachten sein.

Insgesamt ergeben sich hinsichtlich der Konzeption der Dienstgemeinschaft in theologischer Perspektive prinzipielle Fragen. Zunächst die nach der Genese des Konzepts, das nicht theologischen Ursprungs ist (3.1.). Daran schließen sich theologische Fragen der Geltung an, nämlich etwa die nach dem Verhältnis von Dienstgemeinschaft der beruflich Mitarbeitenden im Verhältnis zur Zeugnis- und Dienstgemeinschaft aller Getauften (3.2.), die Problematik der differenzierten Formen der Kirchenmitgliedschaft im volkskirchlichen Kontext (3.3.) und die

---

tet werden können. Implizit gibt Reuter damit das Konzept der Dienstgemeinschaft theologisch auf, ohne dies explizit darzulegen. Dies findet sachlich darin seinen Niederschlag, dass er für eine Abstufung von Pflichten eintritt – wogegen ja das Konzept der Dienstgemeinschaft gerade in Stellung gebracht wurde.

12 Vgl. Kirchenkanzlei der Evangelischen Kirche der Union (Hg.), Ordnung des kirchlichen Lebens der Evangelischen Kirche der Union (1999), Berlin, ²2001, Ziff. 90–93; VELKD, Leitlinien kirchlichen Lebens der Vereinigten Evangelisch-Lutherischen Kirche Deutschlands (VELKD). Handreichung für eine kirchliche Lebensordnung (2002), Gütersloh 2003, 17f., 108–110. Zur Bedeutung des Konzepts der Dienstgemeinschaft für das kirchliche Arbeitsrecht vgl. U. Hammer, Kirchliches Arbeitsrecht, Frankfurt a. M. 2002, 201–206. Zur Entwicklung und Bedeutung der kirchlichen Lebensordnungen vgl. M. Honecker, Kirchliche Lebensordnung zwischen Recht und Pastoralethik, ZEvK 57 (2012), 146–167.

rechts- und sozialethische Herausforderungen durch die faktische Öffnung der sozialstaatlich verankerten Diakonie für nicht kirchlich gebundene beruflich Mitarbeitende (3.4.).

3.1. Die nicht-theologische Genese des Konzepts der Dienstgemeinschaft

Immer wieder wird darauf rekurriert, das Konzept der Dienstgemeinschaft sei das *theologische* Konzept, mit welchem die Kirchen ihr verfassungsmäßig garantiertes Recht der Selbstbestimmung mit Blick auf das Arbeitsrecht inhaltlich bestimmten.[13] Das Problem ist allerdings, dass es eine solche theologische Begründung nicht gibt und das Konzept der kirchlichen Dienstgemeinschaft kein genuin theologisches ist.

Das Konzept der Dienstgemeinschaft ist weder in der evangelischen noch römisch-katholischen Theologie ein prominentes Konzept. Es ist erst in den 1950er Jahren im Zuge des sich entwickelnden kirchlichen Arbeitsrechts kirchlich, vor allem aber kirchenrechtlich rezipiert worden. Herman Lührs hat schon vor einiger Zeit nachgewiesen, dass das Konzept der Dienstgemeinschaft im theologischen Schrifttum erst spät, als eigenes Lemma in den theologischen Enzyklopädien sogar erst ab den 1990er Jahren auftaucht und dort durchweg ganz überwiegend kirchenrechtlich verhandelt und vor allem belegt wird![14]

---

13 So etwa aktuell und explizit Heinig, Kirchliches Arbeitsrecht und Streikrecht (s. Anm. 5), 6. Allerdings wird die Feststellung, „dass das kirchliche Arbeitsrecht auf einem theologischen Konzept der ‚Dienstgemeinschaft' beruht" mit keinem theologischen Beleg begründet. Diese Spannung kommt noch deutlicher zum Ausdruck bei Manterfeld. Er schreibt einerseits, dass „die Ablehnung von Arbeitskämpfen im Bereich von Kirche und Diakonie auf das Leitbild der kirchlichen Dienstgemeinschaft zurückgeführt wird und damit nach kirchlichem Selbstverständnis theologisch begründet ist." (S. 97). Er schließt seinen Artikel andererseits mit der Feststellung mit Bezug zu einem theologischen Kommentar, der dem Streikrecht positiv gegenüber steht: „Auch theologische Erwägungen rechtfertigen es deshalb nicht, die Selbstgestaltungsverantwortung der Kirchen für ihr Arbeitsrecht aufzugeben und den Streik in der Kirche und Diakonie hinzunehmen" (S. 107). Einerseits wird in Anspruch genommen, dass der juristische Begriff der Dienstgemeinschaft theologisch begründet sei, andererseits wird der Theologie die Kompetenz zur Begründung oder eben Kritik abgesprochen. In der Theoriesprache nennt man so ein Vorgehen Selbstimmunisierung. – Das von Manterfeld angeführte, vom LAG eingeholte theologische Gutachten war mir nicht zugänglich. Vgl. Manterfeld, Streik (s. Anm. 3), 97f.

14 Vgl. H. Lührs, Kirchliche Dienstgemeinschaft. Genese und Gehalt eines umstrittenen Begriffs, KuR 110 (2007), 220–246: 222–225.

Er kann weiter nachweisen, dass das Konzept der Dienstgemeinschaft über das nationalsozialistische Arbeitsrecht in den Raum der Kirchen gelangt ist. Aufgrund veränderter arbeitsrechtlicher Regelungen, die im Geiste der nationalsozialistischen Ideologie das Tarifrecht abschafften und das Leitbild der Betriebsgemeinschaft implementierten, wurde 1937 eine „Tarifordnung für die Anstalten und Einrichtungen der Gesundheitspflege, soweit sie dem Central-Ausschuss für die Innere Mission der Deutschen Evangelischen Kirche angeschlossen sind" erlassen. Dort heißt es: „Betriebsführer und Gefolgschaft bilden eine Dienstgemeinschaft im Sinne des § 2 des Gesetzes zur Ordnung der Arbeit in öffentlichen Verwaltungen und Betrieben vom 23. März 1934."[15] 1938 wurden dann die im öffentlichen Dienst noch geltenden Tarifverträge durch Tarifordnungen ersetzt. Diese wurden durch die Kirchenleitungen in den Kirchen in Kraft gesetzt und galten zum Teil bis zur Einführung des BAT 1961 fort! Lührs folgert daraus: „Der Begriff ‚Dienstgemeinschaft' wurde damit als Kategorie des nationalsozialistischen staatlichen Arbeitsrechtes in den kirchlichen Funktionszusammenhang ab 1936 für die dort Beschäftigten eingeführt, ohne dass es zu diesem Zeitpunkt einen kirchlich tradierten Begriff der Dienstgemeinschaft gegeben hat."[16]

In der weiteren Entwicklung nach 1945 ist besonders interessant, dass die 1949 vom Rat der EKD erlassene „Vorläufige Arbeitsvertragsordnung für den kirchlichen Dienst" nicht auf das Konzept der Dienstgemeinschaft rekurriert, während in den „Richtlinien für Arbeitsverträge in den Einrichtungen der offenen und halboffenen Fürsorge, die dem Central-Ausschuss für die Innere Mission der Deutschen Evangelischen Kirche angeschlossen sind" von 1951 in Anlehnung an die entsprechende Regelung der Caritas von 1950, alle Mitarbeitenden als Dienstgemeinschaft bezeichnet werden.[17]

---

15 Zit. nach Lührs, Kirchliche Dienstgemeinschaft (s. Anm. 14), 228. Auch Richardi weist auf die problematische Geschichte des Begriffes in der Zeit des Nationalsozialismus hin, grenzt den Begriff der kirchlichen Dienstgemeinschaft davon aber ab: Richardi, Arbeitsrecht in der Kirche (s. Anm. 11), 54f. (§ 4 R 19).

16 Lührs, Kirchliche Dienstgemeinschaft (s. Anm. 14), 229.

17 Vgl. Lührs, Kirchliche Dienstgemeinschaft (s. Anm. 14), 232f. Dieser Unterschied setzt sich übrigens bis heute fort. Sowohl das Arbeitsrechtsregelungsgesetz der Evangelischen Kirche in Deutschland (ARRG-EKD) vom 10. November 1988 (ABl.EKD, 366), geändert durch Kirchengesetz vom 6. November 2003 (ABl.EKD, 414) als auch das Arbeitsrechtsregelungsgesetz EKD-Ost vom 5. November 2008 (ABl.EKD 2008, 367; ABl.EKD 2009, 83) rekurrieren nicht auf das Konzept der Dienstgemeinschaft, während das Kirchengesetz über die Grundsätze zur Regelung der Arbeitsverhältnisse der Mitarbeiterinnen und Mitarbeiter in der Diakonie (Arbeitsrechtsregelungsgrundsätzegesetz der EKD – ARGG-Diakonie-EKD) vom 9. November 2011 (ABl.EKD 2011, 323) in

In der Folgezeit wird der Begriff der Dienstgemeinschaft – so die Formulierung
Lührs' – theologisiert (und damit entnazifiziert) und zwar nicht von theologischer
Seite, sondern von Kirchenjuristen.[18] Er avanciert zum Kernkonzept des staatskirchenrechtlich begründeten besonderen Arbeitsrechts der Kirchen und wird mit der
Entscheidung des Bundesverfassungsgerichts von 1985 gleichsam juristisch als
theologischer Begriff dogmatisiert. In genetischer Perspektive scheint es also mehr
als fraglich, die Dienstgemeinschaft als *theologisches* Konzept zu bezeichnen.

3.2. Die Dienstgemeinschaft der beruflich Mitarbeitenden und die Zeugnis- und Dienstgemeinschaft aller Getauften

Nach evangelischem Verständnis der Kirche wirken die verschiedenen Ämter mit
allen Getauften als Zeugnis- und Dienstgemeinschaft zusammen, ohne dass eine
bestimmte Gruppe einen besonderen geistlichen Stand in qualitativer Differenz
zu den übrigen Kirchengliedern bilden würde. Insofern liegt die Vorstellung einer
Dienstgemeinschaft von beruflich Mitarbeitenden quer zum evangelischen Kirchenverständnis, zumindest dann, wenn er nicht lediglich als deskriptiver, sondern als theologisch-normativer Begriff gebraucht wird. Insofern das Konzept der
Dienstgemeinschaft jedoch dazu dient, besondere Rechtsansprüche zu begründen, die einerseits über die Pflichten aller Kirchenglieder bzw. mit einem Amt Beauftragten hinaus gehen (Kirchen- bzw. Amtszucht)[19] bzw. andererseits vom allgemeinen Arbeitsrecht abweichende Normen begründet werden sollen, ist es in
evangelischer Perspektive ungeeignet. Genau dazu soll dieser vermeintlich theologisch begründete Rechtsbegriff aber dienen.

   Aber auch im Blick auf das evangelische Berufsverständnis ist das juristische
Konzept der Dienstgemeinschaft problematisch. Nach evangelischer Auffassung
erfolgt der Dienst der Christinnen und Christen in ihrem jeweiligen *weltlichen*

---

§ 1, Abs. 1 die Dienstgemeinschaft als zentrale Kategorie anführt. Diese Diskrepanz scheint mir
bislang weder hinsichtlich der Genese noch systematisch beachtet.

18 Vgl. Lührs, Kirchliche Dienstgemeinschaft (s. Anm. 14), 235–238. Spannend ist m. E. die Frage, wie
es rechtsdogmatisch zu begründen ist, dass die Kirchen in der Weimarer Republik auf Grundlage
des gleichen Normbestandes der WRV, der ja in das GG inkorporiert wurde, ihr Arbeitsrecht ta-
rifvertraglich geregelt haben, in der Bundesrepublik dann aber den Dritten Weg als notwendig
postuliert haben.

19 Den Zusammenhang von Kirchen- und Amtszucht bestimmt Reuter kategorial anders. Vgl. Reuter, Kirchenspezifische Anforderungen (s. Anm. 4), 210–212. Leider hatten wir noch keine Gelegenheit, diesen Dissens zu klären.

Beruf.[20] Daraus folgt, dass auch das Leitbild der Dienstgemeinschaft weder für den kirchlichen Dienst exklusiv, noch in besonderer Weise Verwendung finden dürfte: „Der Dienst der Kirche geht weit über den kirchlichen Dienst hinaus."[21] Sind ein evangelischer Pfleger, der für ein öffentliches Krankenhaus arbeitet, oder eine Hausmeisterin, die in einem kommerziellen Unternehmen beschäftigt ist, weniger Teil der Zeugnis- und Dienstgemeinschaft als ihre KollegInnen in kirchlichen oder diakonischen Einrichtungen? Sollten nicht auch sie in ihrem Beruf auf ihre christliche Existenz hin ansprechbar und auskunftsfähig sein?

Probleme ergeben sich aber auch aus konfessionellen Differenzen, die einem einheitlichen theologischen Konzept widersprechen. Während in evangelischer Perspektive die Dienstgemeinschaft auf Gleichheit hin geordnet sein müsste, gehört die hierarchische Differenz konstitutiv zum römisch-katholischen Verständnis der Dienstgemeinschaft. In der Perspektive einer römisch-katholischen Ekklesiologie macht es keine Probleme, eine bestimmte Gruppe von Gläubigen in ihrem kirchlichen Status von anderen zu unterscheiden. Das Verständnis des Priesteramts hat dies explizit zur Voraussetzung.[22] Dann kann man auch gut argumentieren, dass andere Aufgaben in Kirche und Caritas genau diesem Priesteramt zugeordnet sind und die damit beauftragten beruflichen Mitarbeiter an der Differenz von geistlichem Stand und sonstigen Kirchengliedern partizipieren, für die zunächst kirchen- dann auch staatskirchenrechtlich besondere Regeln gelten, die über den allgemeinen Tendenzschutz hinausgehen – wobei die Priester ausdrücklich aus der Dienstgemeinschaft ausgenommen sind.[23]

Dies zeigt, dass sich das Konzept der Dienstgemeinschaft als objektiver Rechtsbegriff zur Bezeichnung der Gesamtheit aller kirchlich-diakonischen (beruflich) Mitarbeitenden nicht mit einem theologisch angemessenen evangelischen Verständnis der Dienstgemeinschaft, die sich strikt aus dem Dienst der Kirche ableitet, zur Deckung bringen lässt. Damit leistet dieses Konzept – so viel kann schon jetzt konstatiert werden – viel weniger, als in der herrschenden Meinung des (evangelischen) Kirchenrechtsdiskurses suggeriert wird.[24]

---

20 Auch das geistliche Amt ist in diesem Sinne nach evangelischem Verständnis ja ein bürgerlicher Beruf.

21 W. Lienemann, Kirchlicher Dienst zwischen kirchlichem und staatlichem Recht, in: G. Rau u. a. (Hg.), Das Recht der Kirche, Bd. 3. Zur Praxis des Kirchenrechts, Gütersloh 1994, 495–530: 517.

22 Vgl. etwa R. Miggelbrink, Einführung in die Lehre von der Kirche, Darmstadt 2003, 144–166.

23 Vgl. Lührs, Kirchliche Dienstgemeinschaft (s. Anm. 14), 240–244.

24 Der Versuch von Germann und de Wall, das Konzept der Dienstgemeinschaft theologisch präziser und substantieller zu begründen, ist daher zu begrüßen. Allerdings scheint ihre tauftheologische Begründung in der Sache dann nicht wirklich weiterzuführen. Wenn die Dienstgemein-

3.3. Das Konzept der Dienstgemeinschaft im Kontext der Volkskirche

Das Konzept der Dienstgemeinschaft wird aber auch durch die *volkskirchliche Gestalt* der Gliedkirchen der EKD und das damit verbundene Verständnis von Kirchenmitgliedschaft in Frage gestellt. Das Konzept des Priestertums aller Getauften zielt auf eine Beteiligungskirche, in der die Gemeindeglieder diejenige Instanz sind, die anhand von Schrift und Bekenntnis über die Richtigkeit der Verkündigung urteilen sollen und den Hauptteil der Unterweisung in Familie und Beruf selbst übernehmen.

Diese dogmatische Lehraussage trifft nun hierzulande auf einen empirischen Befund, der in den allermeisten Fällen von diesem Postulat weit entfernt ist. Ein Großteil der evangelischen Kirchenmitglieder[25] sind so genannte Kirchendistanzierte oder mittel Verbundene und mittel Religiöse, die zwar bewusst Mitglied der evangelischen Kirche sind, aber am Gemeindeleben nicht aktiv, oft sogar nur sporadisch passiv teilnehmen.[26] Für sie konstituiert sich Kirche bei den großen Festen des Kirchenjahres oder den Anlässen des Lebenszyklus von Fall zu Fall. Die Auskunftsfähigkeit vieler über die Lehr- und Bekenntnisgrundlagen ihrer evangelischen Kirche ist eher begrenzt. Dies zeigt sich nicht zuletzt an der Diskrepanz zwischen theologischer Bestimmung und populärer Deutung der Kasualien,

---

schaft nur die getauften Kirchenmitglieder umfassen soll, wie von den Autoren vorgeschlagen, ist damit zwar eine sachgemäße Differenzierung zwischen Kirchengliedern und Nicht-Getauften vorgenommen, die von der herrschenden Konzeption eingezogen wird, aber für die Lösung des Problems der Bestimmung und Begründung der Loyalitätsobliegenheiten der Nicht-Kirchenmitglieder ist nichts gewonnen. Darüber hinaus bleibt die entscheidende Differenz zwischen dem Dienst der Kirche und dem kirchlichen Dienst unberücksichtigt. Vgl. M. Germann/H. de Wall, Kirchliche Dienstgemeinschaft und Europarecht, in: R. Krause u. a. (Hg.), Recht der Wirtschaft und der Arbeit in Europa, Berlin 2004, 549–577: 567–573.

25 Zur Kirchenmitgliedschaft in praktisch-theologischer Perspektive vgl. J. Hermelink, Praktische Theologie der Kirchenmitgliedschaft. Interdisziplinäre Untersuchungen zur Gestaltung kirchlicher Beteiligung (APTh 38), Göttingen 2000.

26 Dass die sog. Kirchendistanzierten eine eigenständige, in sich konsistente und weitgehend stabile Form heutiger (Volks-)Kirchlichkeit bilden, gehört zu den wesentlichen Ergebnissen der Kirchenmitgliedschaftsuntersuchungen seit den siebziger Jahren. Vgl. H. Hild (Hg.), Wie stabil ist die Kirche? Bestand und Erneuerung. Ergebnisse einer Umfrage, Gelnhausen/Berlin 1974 (hier insbesondere im Abschnitt 2.5 Verbundenheit, 184ff.). Dies wird auch von den Auswertungen der vierten Befragung bestätigt: W. Huber/J. Friedrich/P. Steinacker (Hg.), Kirche in der Vielfalt der Lebensbezüge. Die vierte EKD-Erhebung über Kirchenmitgliedschaft, Gütersloh 2006, 147–156. Vgl. P. Höhmann/V. Krech, Die vierte Kirchenmitgliedschaftsuntersuchung. Alles wie gehabt?, Praktische Theologie 39 (2004), 3–12. Siehe auch K.-W. Dahm, Art. Kirchenmitgliedschaft, in: TRE 18 (1989), 643–649.

z. B. der kirchlichen Trauung.[27] Dies kann in der gegenwärtigen Lage des Protestantismus in Deutschland nicht als Randphänomen oder zu vernachlässigende Verfallserscheinung angesehen, sondern muss geradezu als konstitutiv für den Kommunikationszusammenhang Kirche angesehen werden. Es gehört zu den Kennzeichen des gegenwärtigen Protestantismus, dass sich persönlicher Glaube und persönliche Lebensführung in individuell bestimmter Beziehung – also auch in selbst gewählter Nähe oder Distanz zur institutionalisierten Glaubenskommunikation der verfassten Kirche konstituieren und individuell verantwortet und oft individuell unterschiedlich gestaltet werden. So heißt es prägnant in einem aktuellen Beitrag: „[D]ie Volkskirche [hat] einen Vorteil: Sie lässt jene Mitglieder in Ruhe, die zur christlichen Religion ein distanziertes Verhältnis pflegen möchten."[28]

Dies macht die normative Bestimmung der Inhalte der Glaubens- und Sittenlehre durch die die Gemeinden repräsentierenden Organe der Kirche keinesfalls hinfällig. Im Gegenteil, es gehört zu den vornehmsten Aufgaben der Gemeinden und Synoden sowie der akademischen Theologie, Orientierung für die zeitgemäße Verkündigung des Evangeliums in Wort und Tat zu entwickeln. Es wäre allerdings ein doktrinalistisches Missverständnis, den Glaubensvollzug in evangelischem Verständnis mit der Übereinstimmung mit festgelegten Inhalten der Glaubens- und Sittenlehre zu identifizieren, wie das in anderen christlichen Konfessionen der Fall ist und dort durch ein zentrales kirchliches Lehramt sichergestellt werden soll. Vielmehr geht es um die (aktive wie passive) Teilhabe an der komplexen, aber geordneten Glaubenskommunikation, für welche die verfasste Kirche den institutionellen Rahmen bietet.[29]

Daraus können für die hier verhandelte Frage zwei Schlussfolgerungen gezogen werden. Zum einen wäre es theologisch fatal, wenn für die privatrechtlich beruflich Mitarbeitenden in Kirche und Diakonie Anforderungen formuliert wür-

---

27 Vgl. K. Fechtner, Kirche von Fall zu Fall. Kasualpraxis in der Gegenwart – eine Orientierung, Gütersloh 2003.

28 Vgl. C. König, „Nur in der Sekte müssen Sie in der ersten Reihe sitzen." Die Volkskirche ermöglicht distanziertes Christsein in aufdringlichen Zeiten. Interview mit Kristian Fechtner, Sonntags-Zeitung, 20. Januar 2013, 6.

29 Vgl. K. Fechtner, Religiöser Individualismus. Und Kirche: Praktisch-ekklesiologische Perspektiven im Anschluß an Ernst Troeltsch, in: ders.; M. Haspel (Hg.), Religion in der Lebenswelt der Moderne, Stuttgart/Berlin/Köln 1998, 208–226; ders., Volkskirche im neuzeitlichen Christentum. Die Bedeutung Ernst Troeltschs für eine künftige praktisch-theologische Theorie der Kirche (Troeltsch Studien 8), Gütersloh 1995; M. Haspel, Sozialethik in der globalen Gesellschaft. Grundlagen und Orientierung in protestantischer Perspektive, Stuttgart 2011, 142–180.

den, die *de facto* einem freikirchlichen Kirchenverständnis entsprechen und so eine Art diakonische Freikirche in der Volkskirche konstituiert werden soll.[30] Dies ist einerseits ekklesiologisch problematisch und käme der Vorstellung eines geistlichen Standes, wie sie etwa in der römisch-katholischen Ekklesiologie anzutreffen ist, gefährlich nahe. Andererseits wäre das geradezu eine kontrafaktische dogmatische Setzung, die den empirischen Verhältnissen in der Kirche und insbesondere der Diakonie zuwider läuft. Dies könnte zu einem doketistischen, die empirischen Bedingungen ausblendenden Kirchenverständnis führen, das den für den Protestantismus konstitutiven Verweisungszusammenhang von empirischer und unsichtbarer Kirche unterliefe.[31]

3.4. Das Konzept der Dienstgemeinschaft im sozialstaatlichen Kontext

Besondere Brisanz bekommt das Konstrukt der Dienstgemeinschaft vor dem Hintergrund der Tatsache, dass der ganz überwiegende Teil der Betroffenen Mitarbeiterinnen und Mitarbeiter der durch über 90 Prozent aus staatlichen und Mitteln der Sozialversicherungen finanzierten kirchlichen Diakonie sind. Seit der Expansion der Diakonie in Folge des Ausbaus des Sozialstaates seit den sechziger Jahren ist der Personalbedarf so stark gewachsen, dass er nicht mehr aus den klassischen kirchlichen Sozialberufen[32] (Diakonissen, Diakone, Katechetinnen) gedeckt werden konnte.[33] Zugleich setzte mit dem Ausbau des Sozialstaates ein Schub der Professionalisierung sozialer Arbeit ein, der sich auch an der Akademisierung der jeweiligen Ausbildungen ablesen lässt. Zusammen führte dies zu einem grundlegenden Wandel der Struktur der Mitarbeitenden spätestens seit den siebziger Jah-

---

30 Wie etwa der Entwurf einer Richtlinie des Rates der Evangelischen Kirche in Deutschland nach Art. 9 Buchst. b Grundordnung über die Anforderungen der privatrechtlich beruflichen Mitarbeit in der Evangelischen Kirche in Deutschland und ihres Diakonischen Werkes vom 18.02.2004 in einigen Formulierungen, die nun in der endgültigen Fassung nicht mehr vorkommen, hätte es nahelegen können. Es wäre eine eigene Untersuchung wert, welche ekklesiologischen Vorstellungen eigentlich der kirchenrechtlichen Dogmatik zu Grunde liegen und darüber hinaus, welche ekklesiologischen Leitbilder im Milieu evangelischer Kirchenjuristinnen und -juristen vorherrschend sind.

31 Vgl., wenn auch mit anderer Akzentsetzung, J. Dierken, Konfessionsbündische Unübersichtlichkeit oder unevangelische Zentralisierung? Überlegungen zum Begriff der Kirche und des Kirchenrechts anlässlich der Organisationsdebatte im deutschen Protestantismus, ZEE 47 (2003), 136–152.

32 Vgl. dazu G. Buttler, Art. Kirchliche Berufe, in: TRE 19 (1990), 191–213.

33 Vermutlich liegt genau hier ein Problem der Genese des Konzepts der Dienstgemeinschaft. Es wird der Gedanke einer Lebens- und Arbeitsgemeinschaft, wie er etwa für die Diakonissenschaft grundlegend ist, auf privatrechtlich beruflich Mitarbeitende übertragen, ohne die Differenzen

ren, im Osten mit einer gewissen Verzögerung, aber mit nicht weniger gravierenden Konsequenzen nach der Wende. Selbst wenn man daran festhält, – und der Autor hat sich an anderer Stelle dafür ausgesprochen[34] – dass die Diakonie nur dann eine Berechtigung im Sozialstaat als kirchliche Diakonie hat, wenn es ihr gelingt, ein spezifisch evangelisches Profil zu entwickeln respektive zu bewahren, und dies auch die Identifikation der Mitarbeitenden mit diesem Profil erfordert, wird man nicht umhin können, folgende Probleme ernst zu nehmen.[35]

Im Zuge der *Expansion* der Diakonie kommt es quantitativ zu einer Ausweitung der Rekrutierungsbasis der Mitarbeitenden, die qualitativ zu einer Veränderung der Struktur der Angestellten führt. Zunächst ist dabei an die Einbeziehung volkskirchlich-distanzierter Milieus zu denken, die zwar Kirchenmitglieder sind, aber weder aktiv am Gemeindeleben teilhaben, noch in erster Linie aus einer Glaubensmotivation heraus in der Diakonie arbeiten. Darüber hinaus arbeiten zunehmend nicht-evangelische Mitarbeiterinnen und Mitarbeiter in diakonischen Einrichtungen und dies gilt sowohl für Ost als auch für West. So ist der Anteil der evangelischen Mitarbeitenden in der Diakonie in Baden-Württemberg (49,2 %) etwa genauso hoch wie der in Sachsen-Anhalt (50,2 %) und liegt damit auch ungefähr im Bundesdurchschnitt (53,0 %). Freilich setzt sich der nicht-evangelische Teil sehr unterschiedlich zusammen.

Sind es in Baden-Württemberg 30,7 % Römisch-Katholische und 17,8 % Konfessionslose, so sind es in Sachsen-Anhalt nur 5,6 % römisch-katholische Christinnen und Christen, aber 43,9 % Mitarbeiterinnen und Mitarbeiter, die keiner Konfession angehören. Der Anteil der Angehörigen einer anderen Religion ist in beiden Fällen, wie auch im Bundesdurchschnitt insgesamt, vernachlässigbar. Der Anteil der Römisch-Katholischen bzw. der Konfessionslosen kann allerdings noch deutlichere Werte annehmen. In Bayern und Rheinland-Pfalz arbeiten 48,7 bzw. 34,3 % Römisch-Katholische, in Mecklenburg-Vorpommern 57 % Konfessionslose in der

---

genügend zu berücksichtigen. Vgl. dazu Lührs, Kirchliche Dienstgemeinschaft (s. Anm. 14), 225–227.

34 Vgl. M. Haspel, Personale, gesellschaftliche und politische Diakonie als Notwendigkeiten evangelischer Jugendarbeit. Eine sozialethische Annäherung, in: M. Bangert/K. Schmucker/M. Freitag (Hg.), Muss evangelische Jugendarbeit wieder notwendiger werden? (aej studien 2), Hannover 1998, 39–51; ders., Diakonie im Spannungsfeld von Markt, Sozialpolitik und Nächstenliebe, Praktische Theologie 40 (2005), 135–144.

35 Zu den Entwicklungen in der Diakonie vgl. *inter alia:* K.-F. Daiber, Diakonie und kirchliche Identität. Studien zur diakonischen Praxis der Volkskirche, Hannover 1998; D. Starnitzke, Diakonie als soziales System. Eine theologische Grundlegung diakonischer Praxis in Auseinandersetzung mit Niklas Luhmann, Stuttgart 1996.

Diakonie. Am evangelischsten ist die Diakonie in den klassisch evangelischen Territorien des Nordens der alten Bundesrepublik (Schleswig-Holstein 72,6 %; Niedersachsen 65,4 %, aber auch Thüringen 67,8 %). Trotz dieser Extremwerte auf beiden Seiten ist es doch wichtig festzuhalten, dass auch in etlichen der alten Länder des Westens der Anteil der evangelischen Mitarbeitenden in der Diakonie unter 60 % liegt.[36] Da diese Zahlen Durchschnittswerte abbilden, kommt durch sie nicht in den Blick, dass die Verteilung in den Einrichtungen sehr unterschiedlich ist. So gibt es neben Einrichtungen, die fast vollständig evangelische oder zumindest christliche Mitarbeitende haben, gerade auch dort, – insbesondere im Osten Deutschlands – wo durch Übernahmen und Fusionen bislang nicht-kirchlicher Einrichtungen Personal übernommen wurde, Einrichtungen, deren Mitarbeitende zu 80 % konfessionslos sind, die auch zum Teil, wie etwa Krankenhäuser in der Regionalversorgung, nach außen gar nicht als evangelische bzw. diakonische Einrichtungen erkennbar sind. Da dies oft große Einrichtungen betrifft, ist die Zahl der beruflich Mitarbeitenden entsprechend hoch. Hier steht das Konzept der Dienstgemeinschaft augenscheinlich in der Gefahr überdehnt zu werden. Diese Situation wird noch dadurch verschärft, dass im Bereich der westlichen Landeskirchen ein hoher Anteil der Mitarbeitenden nach den Regelungen des öffentlichen Dienstes entlohnt wird, während gerade im Osten Deutschlands mit dem niedrigsten Anteil der Kirchenglieder unter den Mitarbeitenden die Regelungen im Rahmen des Dritten Weges einen besonders hohen Anteil haben. Hier scheint es evident, dass das evangelische Profil der Diakonie unter solchen Bedingungen nicht vorrangig über die arbeitsrechtlichen Regelungen wird gewährleistet werden können, sondern andere konzeptionelle Instrumente Gestalt gewinnen müssen.[37]

Dabei spielt auch die *Ausdifferenzierung und Spezialisierung der Berufe und diakonischen Einrichtungen* eine wesentliche Rolle. Mit dem Ausbau der sozialen

---

36 Alle Zahlen aus: Diakonisches Werk der EKD (Hg.), Mitarbeitendenstatistik zum 1. September 2008, Diakonie Texte, Statistische Informationen 06.2011, 20–23. Gegenüber der vorhergehenden Erhebung (Diakonisches Werk der EKD (Hg.), Statistik der Mitarbeiter/innen im diakonischen Dienst, Statistische Informationen Nr.3, Stuttgart 1996; die Zahlen beruhen auf einer Stichprobe von 1994, an der sich allerdings die diakonischen Werke in Baden und Hamburg nicht beteiligt haben) ist deutlich, dass fast durchgängig der Anteil der evangelischen Mitarbeitenden um ca. 10 % zurückgegangen ist. Dieser Trend dürfte sich auch gegenüber den Zahlen von 2008 inzwischen fortgesetzt haben.

37 Der Versuch Jurinas, dieses Problem zu beheben, indem er die Einheitlichkeit der Dienstgemeinschaft nicht von der subjektiven religiösen Einstellung, sondern von der objektiven Mitwirkung am kirchlichen Dienst her begründet, mag zwar ein in rein pragmatischer Hinsicht zunächst

Angebote geht eine Professionalisierung der helfenden Berufe und eine Akademisierung ihrer Ausbildungsgänge einher. Die berufliche Identität dieser Berufsgruppen ist nun nicht länger ausschließlich durch ihre persönliche Motivation und die weltanschauliche Orientierung der Anstellungsträger geprägt, sondern in erheblichem Maße an den fachlichen Standards ihrer Profession orientiert. In der Folge ergaben sich innerhalb dieser neuen Berufs- und Ausbildungswege bald weitere Spezialisierungen (SozialarbeiterInnen, SozialpädagogInnen, HeilpädagogInnen, Arbeits- und BeschäftigungstherapeutInnen etc.). Parallel dazu lösten sich die größer und komplexer werdenden diakonischen Einrichtungen aus den gemeindlichen Zusammenhängen, so dass von einer weitgehenden Ausdifferenzierung zwischen Kirche und Diakonie einerseits und einer zunehmenden Ausdifferenzierung der Berufe innerhalb der Diakonie auszugehen ist,[38] die nun auch empirisch das Leitbild einer einheitlichen Dienstgemeinschaft in Frage stellen.[39]

Parallel zu dem Ausbau der Angebote entwickelt sich eine *Pluralisierung des Bedarfs*: Nicht nur weil diakonische Einrichtungen im Rahmen des Ausbaus des Sozialstaates und auf Grund des Subsidiaritätsprinzips für immer mehr Menschen Angebote machen, sondern weil im gleichen Zeitraum die Gesellschaften in beiden deutschen Staaten einem tief greifenden kulturellen Wandel unterzogen sind. Während im Westen die kulturelle Pluralisierung im Zuge der gesellschaftlichen Modernisierung und durch Migration im Vordergrund steht, ist die Situation im Osten vor allem durch die massive Entkirchlichung und Säkularisierung seit den fünfziger Jahren gekennzeichnet. Insgesamt führt diese Entwicklung dazu, dass die Diakonie in zunehmendem Umfang Angebote für Menschen macht, die zu einem erheblichen Teil selbst gar keinen Wert auf ein spezifisch evangelisches Profil legen, sondern lediglich an weltanschaulich neutralen, professionellen Angeboten interessiert sind. (Dabei bleibt es unbenommen, dass quasi die Marken „Evangelisch" oder „Diakonie" gerade deshalb wichtig sind, weil sie aus Sicht der Hilfebedürftigen genau für diese professionelle Qualität stehen).

---

hilfreich erscheinendes, rechtsdogmatisches Konstrukt sein, geht aber an den tatsächlichen Problemen vorbei und verfehlt ein theologisch nachvollziehbares Verständnis von Dienstgemeinschaft ums Ganze (Jurina, Die Dienstgemeinschaft der Mitarbeiter des kirchlichen Dienstes (s. Anm. 11)). Vgl. dazu auch Reuter, Kirchenspezifische Anforderungen an die privatrechtliche berufliche Mitarbeit (s. Anm. 4), 204–208.

38 Vgl. zu dieser Entwicklung *inter alia* Daiber: Diakonie und kirchliche Identität (s. Anm. 35), 111-121.

39 Vgl. Lienemann, Kirchlicher Dienst (s. Anm. 21), 511f.

Dies kann einerseits dazu führen, dass es diakonische Einrichtungen gibt, z. B. wenn in den östlichen Bundesländern Krankenhäuser oder Kindergärten aus der Trägerschaft der öffentlichen Hand übernommen werden, in denen der ganz überwiegende Teil der Belegschaft und der ganz überwiegende Teil der Klientinnen und Klienten nicht evangelisch bzw. überhaupt nicht kirchlich gebunden sind. Andererseits können auch Situationen entstehen, wo die Zusammensetzung der Klientel es geradezu notwendig macht, nicht-evangelische Mitarbeiterinnen und Mitarbeiter einzustellen, etwa dann, wenn in Krankenhäusern, Beratungsstellen, Sozialstationen, Kindergärten zu einem erheblichen Teil Menschen mit Migrationshintergrund das Klientel bilden. Dann könnte es – um des diakonischen Auftrags willen, Kirche für andere zu sein – geboten sein, wegen der sprachlichen, aber auch kulturellen und religiösen Kenntnisse ganz bewusst – und nicht als Notlösung – Mitarbeitende einzustellen, die selbst über Erfahrungen in der Migrationskultur verfügen. In beiden Fällen wäre eine Verpflichtung auf die Grundsätze des evangelischen Glaubens schwerlich zu rechtfertigen – genauso wenig wie ihre Behandlung als Mitarbeitende zweiter Klasse.

Zusammenfassend kann festgehalten werden, dass der kirchenrechtlich verwendete Begriff der Dienstgemeinschaft theologisch nicht begründet werden kann. Theologisch könnte er nur im Sinne der Zeugnis- und Dienstgemeinschaft entfaltet werden. Genau dann könnten aber die mit ihm bislang begründeten arbeitsrechtlichen Ansprüche nicht aufrechterhalten werden. Der Begriff der Dienstgemeinschaft ist also auch arbeitsrechtlich unbrauchbar – sowohl in Hinsicht auf das individuelle als auch das kollektive Arbeitsrecht.

Nota bene: Dies bedeutet nicht, dass damit das Selbstbestimmungsrecht der Kirche hinfällig wäre; es scheint jedoch nicht angemessen, sich dafür auf das Konzept der Dienstgemeinschaft zu berufen. Es ergibt sich also die Frage, wie eine auftragsgemäße Ausgestaltung der kirchlichen und diakonischen Arbeitsbeziehungen geleistet werden könnte und in welcher Form dabei das verfassungsrechtlich garantierte Recht auf Selbstbestimmung zur Geltung gebracht werden soll.

4. Das Arbeitsrecht von Kirche und Diakonie jenseits der Dienstgemeinschaft

Es wurde oben schon darauf hingewiesen, dass die arbeitsrechtlichen Regelungen der EKD für den Bereich der Kirchen von Anfang an auf den Begriff der Dienstgemeinschaft verzichtet haben. Interessant ist, dass dieser trotzdem kirchenrechtlich eine so prominente Rolle einnehmen konnte. In dieser Tradition wird auch in der Loyalitätsrichtlinie der EKD nicht auf die Dienstgemeinschaft rekurriert.[40] Beachtlich dabei ist, dass sie ja ausdrücklich auch für die Diakonie Geltung beansprucht. Mit der Abstufung der Loyalitätspflichten und -obliegenheiten für privatrechtlich beruflich Mitarbeitende[41] wird zumindest das Merkmal der „Einheitlichkeit der Dienstgemeinschaft" aufgegeben. Dieser Schritt hin zur Abstufung der Anforderungen ist sachlich richtig und war auch von beiden theologischen Gutachten zum Entwurf gefordert worden. Systematisch stimmiger wäre es gewesen, diese Abstufung noch stärker beim Erfordernis der Kirchenmitgliedschaft als Einstellungsvoraussetzung zu berücksichtigen.

Man wird also schwerlich sagen können, dass die EKD mit dieser Regelung hinsichtlich des individuellen Arbeitsrechtes dem Konzept der Dienstgemeinschaft eine zentrale Bedeutung einräumt. Vielmehr spielt es keine Rolle.[42] Die arbeitsrechtlichen Regelungen, die zur Erfüllung des Auftrages von Kirche und Diakonie notwendig erscheinen, können offensichtlich ohne den Umweg des Konzepts der Dienstgemeinschaft begründet werden.[43] Hier scheint die theologische Debatte um die Loyalitätsrichtlinie Früchte getragen zu haben, indem theo-

---

40 Auch der Entwurf der Loyalitätsrichtlinie, auf den sich die Gutachten von Reuter und Haspel bezogen, tat dies nicht.

41 Vgl. § 2 (1), Satz 1; § 3 (2); insbesondere § 4. Die Einstellung von Mitarbeitenden, die keiner christlichen Kirche angehören, ist allerdings in § 3 nicht ausdrücklich vorgesehen. Diese Möglichkeit ergibt sich aus der Formulierung § 3 (2) dass, wenn keine Mitglieder einer Gliedkirche der EKD zur Verfügung stehen, in besonderen Fällen von dieser Bedingung abgewichen werden kann, dann aber gilt: „In diesem Fall können auch Personen eingestellt werden, die einer anderen Mitgliedskirche der Arbeitsgemeinschaft christlicher Kirchen in Deutschland oder der Vereinigung Evangelischer Freikirchen angehören sollen." Aus der Soll-Bestimmung ergibt sich erst die Einstellungsmöglichkeit von Konfessionslosen, die aber in der Realität teilweise, wie oben dargestellt, mehr als die Hälfte der Mitarbeitenden ausmacht. Dies ist m. E. eine rechtsethisch bedenkliche Version des Wechselspiels von Regel und Ausnahme, wenn quasi die Ausnahme die Regel ist. Erstaunlich ist dann, dass für „nichtchristliche Mitarbeiterinnen und Mitarbeiter", die es ja eigentlich nicht geben soll, in § 4 (4) spezifische Anforderungen formuliert werden.

42 Allerdings wird im Schrifttum zum kirchlichen Arbeitsrecht weiter unterstellt, das Konzept der Dienstgemeinschaft sei hier leitend. Mit Verweis auf die Abstufung von Loyalitätspflichten in der Loyalitätsrichtlinie und einer entsprechenden römisch-katholischen Regelung schreibt etwa Hans Michael Heinig: „Diese Regelungen reflektieren den Umstand, dass das Konzept der Dienstgemeinschaft eine Innen- und Außenperspektive kennt." (Heinig, Kirchliches Arbeitsrecht und Streikrecht (s. Anm. 5), 9).

43 Joussen weist mit Blick auf die europarechtliche Lage implizit darauf hin, dass hinsichtlich der Loyalitätspflichten nicht auf die Dienstgemeinschaft rekurriert werden muss, sondern direkt auf das Selbstbestimmungsrecht zurückgegriffen werden kann. Vgl. Joussen, Die Folgen des Mormonen- und des Kirchenmusikerfalls (s. Anm. 3), 174.

logisch problematische Konzepte in der endgültigen Fassung ebenso modifiziert wurden wie die Abstufungen hinsichtlich der Loyalitätsanforderungen.[44]

Mit Blick auf das kollektive Arbeitsrecht in der Diakonie stellt sich die Situation allerdings anders dar. Es ist auffällig, dass in dem erst 2011 erlassenen Kirchengesetz über die Grundsätze zur Regelung der Arbeitsverhältnisse der Mitarbeiterinnen und Mitarbeiter in der Diakonie (Arbeitsrechtsregelungsgrundsätzegesetz der EKD – ARGG-Diakonie-EKD) vom 9. November 2011. (ABl. EKD 2011, S. 323) in § 1 (1) das Konzept der Dienstgemeinschaft ausdrücklich mit Bezug auf das kirchliche Arbeitsrecht Erwähnung findet: „Die gemeinsame Verantwortung für den Dienst der Kirche und ihrer Diakonie verbindet sie [die Mitarbeitenden; M.H.] zu einer Dienstgemeinschaft, die auch in der Gestaltung des Verfahrens zur Regelung der Arbeitsbedingungen ihren Ausdruck findet."[45] Hier wird das Konzept der Dienstgemeinschaft ganz offensichtlich funktionalisiert, um den Dritten Weg zu begründen.

Wenn nun also, wie oben dargelegt, das Konzept der Dienstgemeinschaft theologisch nicht begründbar ist, müsste es auch hinsichtlich der Begründung des Dritten Weges aufgegeben werden. Dies hieße aber nicht notwendig, dass auch der Dritte Weg hinfällig wäre – wie es analog oben mit Blick auf das individuelle Arbeitsrecht ausgeführt wurde. Auch dieser ließe sich ohne das Konstrukt

---

44 Da es an einigen Stellen erheblichen Dissens zwischen den Positionen der Gutachten von Hans-Richard Reuter und dem Verfasser zum Entwurf der Loyalitätsrichtlinie gibt (etwa zum Verhältnis von Amts- und Kirchenzucht, zur rechtlichen Durchsetzung von Loyalitätsobliegenheiten bei privatrechtlich beruflich Mitarbeitenden, die inhaltlich über die Kirchenzucht hinaus gehen), ist weitgehend übersehen worden, dass die beiden Gutachten in wesentlichen Teilen übereinstimmen und dass einige dieser übereinstimmenden Positionen über Reuters Vorschläge in die endgültige Version der Loyalitätsrichtlinie Eingang gefunden haben. Diese oft textlich kleinen Änderungen haben allerdings substantielle Bedeutung.

45 Die Kundgebung der Synode geht inhaltlich hier noch weiter. Ob das Postulieren von wünschenswerten Zuständen allerdings die reale Problembearbeitung zu fördern vermag, muss dahingestellt werden. In der Kundgebung (s. Anm. 6) heißt es unter Ziff. 1: „Diakonie als soziale Arbeit der evangelischen Kirche ist Teil ihrer Sendung und erfüllt eine gesamtgesellschaftliche Aufgabe. Das Leitbild der Dienstgemeinschaft betont, dass soziale Dienste auf Kooperation aller Beteiligten angewiesen sind. Dienstnehmer und Dienstnehmerinnen, Dienstgeber und Dienstgeberinnen sind für ihre Arbeit auf zivilgesellschaftliche Verwurzelung und auf eine tragfähige Unternehmenskultur angewiesen, für die die Kirche einen guten Rahmen bieten kann. Dienstgemeinschaft ist damit mehr als eine Bestimmung im Arbeitsrecht. Sie muss sich in der Unternehmenskultur, im Führungsverständnis wie im Umgang mit den anvertrauten Menschen und ihren Angehörigen ausdrücken und gelebt werden. Sie muss dem Anspruch, Teil der Kirche und ihres Selbstbestimmungsrechts zu sein, gerecht werden."

der Dienstgemeinschaft aus dem Selbstbestimmungsrecht der Kirchen ableiten, insofern diese plausibel darlegen können, dass eine solche Form der Regelung der Arbeitsbeziehungen zur Erfüllung des kirchlichen Auftrages notwendig und theologisch begründbar sei.

Allerdings sollte an dieser Stelle der Fokus noch einmal geweitet werden. Ganz offensichtlich ist das primäre Problem, auf das sich auch die Kundgebung der Synode bezieht, das evangelische Profil der Diakonie. Die Frage ist nun, ob die Herausforderungen, die in der Kundgebung bzw. in der diakonischen Praxis für das evangelische Profil der Diakonie identifiziert werden, tatsächlich mit den Instrumenten des Arbeitsrechts bearbeitet werden können, oder ob hier eine Problemverschiebung stattfindet.

In der Kundgebung werden ökonomischer Wettbewerb und knappe finanzielle Ressourcen als die Ursachen dafür angesehen, dass diakonische Unternehmen zu von der Synode als unerwünscht angesehenen Maßnahmen greifen lässt, wie Tarifflucht, Outsourcing, Leiharbeit, Verdichtung der Arbeit etc. Das Interessante dabei ist, dass also das Verhalten von Teilen der Dienstgeber als problematisch angesehen wird, nicht etwa die individuellen oder kollektiven Ansprüche der beruflich Mitarbeitenden. Wenn aber die Problembeschreibung der Kundgebung zutrifft, würde das erhebliche Zweifel an der Effektivität des Dritten Weges wecken, denn dann hätten ja die Dienstgeber einseitig den Dritten Weg genutzt, um Maßnahmen zu ergreifen, die nicht etwa dem evangelischen Profil der diakonischen Unternehmen dienten, sondern deren ökonomischer Wettbewerbsfähigkeit. Dann aber wäre es naheliegend, zum Interessenausgleich zwischen Mitarbeitenden und Dienstgebern zumindest Elemente des Zweiten Weges zuzulassen.

Anhand der Diskussion um die Leiharbeit in der Diakonie kann man das exemplarisch verdeutlichen. Als der Kirchengerichtshof der EKD in seinem Beschluss vom 09.10.2006 den dauerhaften Einsatz von Leiharbeit in diakonischen Einrichtungen als nicht mit dem Konzept der Dienstgemeinschaft und deshalb auch nicht mit dem kirchlichen Arbeitsrecht vereinbar ansah, gab es massiven Protest vom Verband Diakonischer Dienstgeber.[46] Andererseits hat sich die EKD-Synode vehement gegen Leiharbeit in der Diakonie ausgesprochen: „Missstände wie Outsourcing mit Lohnsenkungen, ersetzende Leiharbeit und nicht hinnehmbare Niedriglöhne müssen zu ernsthaften Konsequenzen wie Sanktionen führen. Sie sind mit dem und im kirchlichen Arbeitsrecht nicht begründbar."[47]

---

46 Vgl. Stellungnahme vom 07.02.2007.
47 Kundgebung (s. Anm. 6), Ziff. 6.

Zum einen wird deutlich, dass die normativen Vorstellungen der diakonischen Arbeit etwa von Seiten der Synode und des Kirchengerichtshofes und die Realität diakonischer Praxis erheblich auseinanderfallen. So haben große diakonische Einrichtungen eigene Gesellschaften zur Arbeitnehmerüberlassung gegründet. Leiharbeit ist in vielen Bereichen ein selbstverständlicher und ökonomisch bedeutsamer Teil der Unternehmensdiakonie. Zum anderen ist aber auch zu konstatieren, dass das arbeitsrechtliche und kirchlich-theologische Verständnis der Dienstgemeinschaft und damit verbunden des Dritten Weges differieren. Denn es ist auffällig, dass die Synode hier eine Position einnimmt, die vom kirchenrechtlichen Schrifttum jedenfalls nicht durchgängig geteilt wird, insofern Leiharbeit als mit der Vorstellung der Dienstgemeinschaft und dem Dritten Weg als vereinbar angesehen wird.[48] Einerseits wird am Beispiel der Leiharbeit deutlich, dass das arbeitsrechtliche Konstrukt der Dienstgemeinschaft in einer solchen Weise überdehnt wird, dass auch in diesem Zusammenhang seine Plausibilität bezweifelt werden kann. Andererseits stellt sich angesichts dieses Beispiels aber weitergehend die Frage, ob denn der Dritte Weg überhaupt das zu leisten vermag, was sich zumindest die EKD-Synode von ihm erhofft, nämlich einen Beitrag zum evangelischen Profil der Diakonie zu leisten, indem er ein Bollwerk gegen die Ökonomisierung des Sozialmarktes bildet. Es wäre auch denkbar, dass empirisch der Dritte Weg der Diakonie gerade ökonomische Wettbewerbsvorteile verschafft. Das ist nicht prinzipiell, schon gar nicht theologisch wissenschaftlich entscheidbar, müsste aber in einer umfassenden Bewertung Berücksichtigung finden.

Auch bei der Frage der Kirchenmitgliedschaft wird zunehmend fraglich sein, welche steuernden Wirkungen für das evangelische Profil der Diakonie von den arbeitsrechtlichen Regelungen tatsächlich ausgehen. Es ist schon angedeutet worden, dass bei einer Quote von 50 %, die dieses Kriterium nicht erfüllen, die Regel und die Ausnahme quantitativ den gleichen Umfang annehmen und diese Anforderung damit rechtsethisch fraglich wird. Darüber hinaus hat es auch ganz praktische Auswirkungen: In manchen Landeskirchen müssen die Ausnahmen im Einzelfall genehmigt werden, was erheblich Arbeitszeit bindet. Aber das entscheidende Argument in diesem Zusammenhang ist, dass angesichts von demographischer Entwicklung, Migration und Säkularisierung die Frage in Zukunft immer weniger sein wird, ob es rechtlich zulässig ist, ein Kirchenmitglied präferentiell einzustellen, sondern, ob es überhaupt eine angemessene Zahl von evangelischen Bewerberinnen und Bewerber für eine Mitarbeit in der Diakonie geben wird.

---

48 Vgl. H.M. Heinig, Dienstgemeinschaft und Leiharbeit – kirchenrechtliche Probleme eines komplexen Rechtsbegriffs, ZEvK 54 (2009), 62–75.

Insgesamt wird schon derzeit die steuernde Wirkung des Arbeitsrechts für die Bildung eines evangelischen Profils der Diakonie überschätzt.[49] Profilbildung und damit die Erfüllung des kirchlichen Auftrages müsste vielmehr über Leitbilder, Fortbildungen, Unternehmenskultur, Qualitätsmanagement, Kooperationskonzepte im (kirchlichen) Sozialraum etc. erreicht werden. Hier gibt es noch viel Handlungsspielraum.

Was heißt das aber für das kirchliche Arbeitsrecht? Ein entscheidender Schritt ist im individuellen Arbeitsrecht durch die Abstufung der Anforderungen differenziert nach Mitarbeitendengruppen erfolgt. Faktisch – wenn auch noch nicht in den arbeitsrechtlichen Normen gesatzt – wird eine Abstufung auch hinsichtlich des Mitgliedschaftserfordernisses in der Diakonie praktiziert, dies ist aus der Mitarbeitenden-Statistik evident. Wobei gerade im medizinischen Bereich bis in hohe Leitungsämter auf die Mitgliedschaft regelmäßig verzichtet wird. Das wird sich vermutlich in absehbarer Zeit auch in der Normierung niederschlagen. Durch Abstufung der Anforderungen und der durch die Rückwirkung europarechtlicher Entscheidungen verstärkt notwendigen Abwägung von Grundrechten im Einzelfall[50] wird sich vermutlich auch das auf das kirchliche Selbstbestimmungsrecht rekurrierende kirchliche Arbeitsrecht faktisch an den Tendenzschutz des allgemeinen Arbeitsrechtes annähern.

Für den Bereich des kollektiven Arbeitsrechtes ist das schwieriger, weil hier eine Abstufung nach Tätigkeiten nicht möglich erscheint, jedenfalls nicht nach Tätigkeitsmerkmalen bzw. Berufsgruppen.[51] Die Frage wäre, ob es eine Abstufung nach Unternehmenstypen geben könnte (Unternehmen mit hohem Anteil an Kirchenmitgliedern und starkem kirchlichem Profil *versus* Unternehmen mit hohem Anteil von Nichtkirchenmitgliedern und starker Ausrichtung am Sozialmarkt). Auch dann würde es wahrscheinlich eine sukzessive Änderung des Dritten Weges in Richtung Zweitem Weg geben. Schon die Forderungen der EKD-Synode nach

---

49 Dies gilt m. E. für das Kirchenrecht insgesamt. Hier spiegelt sich die alte Behördenstruktur der Kirche wider, in der die Pfarrämter eben auch Ämter mit quasi-hoheitlichen Aufgaben waren. Mit der Umstellung des Pfarrberufs von Amtshandeln auf Beziehung spätestens ab den 1970er Jahren verliert auch das kirchliche Recht als Steuerungsmedium an Bedeutung. Dies ist kybernetisch bislang weitgehend nicht bearbeitet und in den Strukturen der Landeskirchenämter strukturell nicht hinreichend umgesetzt. Dies wird verstärkt durch die Entwicklung neuer Steuerungsinstrumente in der öffentlichen Verwaltung.

50 Vgl. *inter alia* Joussen, Die Folgen des Mormonen- und des Kirchenmusikerfalls (s. Anm. 3).

51 Vgl. Heinig, Kirchliches Arbeitsrecht und Streikrecht (s. Anm. 5), 10–14. Siehe zum Gesamtzusammenhang hier auch O. Deinert, Neugestaltung der Arbeitsvertragsgrundlagen in Einrichtungen der evangelischen Kirchen, Zeitschrift für Tarifrecht 9 (2005), 461–479.

Stärkung der Verhandlungsposition der Mitarbeitenden gehen faktisch in diese Richtung. Indem die Position der Mitarbeitenden gestärkt wird, soll der Dritte Weg insgesamt seine Ersatzfunktion gegenüber dem Zweiten Weg bewahren – und nähert sich diesem dadurch faktisch an.[52]

Meines Erachtens gibt es mindestens drei Gründe, die für das Überdenken des Dritten Weges sprechen. Die ersten zwei sind nicht originell, gleichwohl immer noch bedenkenswert und werden deshalb knapp referiert. Zum Ersten verliert der Dritte Weg an Plausibilität, wenn ein immer höherer Anteil von Mitarbeitenden in der Diakonie nicht Mitglied der evangelischen Kirche ist. Zum Zweiten spricht vieles dafür, dass, wenn sich diakonische Unternehmen nach ökonomischen Kriterien auf den Sozialmarkt begeben (wenn auch gezwungener Maßen) und deshalb ihr Verhältnis zu den Mitarbeitenden wesentlich – wenn auch nicht ausschließlich – nach dem Gesichtspunkt der Kosteneffizienz gestalten, auch für diese Unternehmen die Regeln gelten sollten, welche die evangelische Sozialethik für die Wirtschaft insgesamt für angemessen hält, nämlich das Koalitionsrecht für die Arbeitnehmenden, um eine angemessene Verhandlungsposition zu erreichen. Wie oben erwähnt, wurde dieser Weg des Tarifrechts auf denselben staatskirchenrechtlichen Grundlagen in der Weimarer Republik gewählt und andere Tendenzbetriebe können offensichtlich auch damit leben. Ob dies allerdings in einen Flächentarif mit ver.di führt, muss dahingestellt werden.[53]

Zur Begründung des Dritten Weges wird immer wieder angeführt, dass antagonistische Interessenaustragung nicht dem Wesen von Kirche und Diakonie, insbesondere ihrem Auftrag zur Versöhnung entspräche. Dabei wird übersehen, dass die Imponierung des Dritten Weges ohne Zustimmung der Mitarbeitenden ein Machtakt ist, der notfalls mit staatlichen Zwangsmitteln durchgesetzt wird. Das entspricht nicht der kirchlichen Perspektive, aber wird von vielen Betroffenen, nicht nur Nichtkirchenmitgliedern, so empfunden. Es wäre theologisch zumindest be-

---

52 Vgl. auch Heinig, Kirchliches Arbeitsrecht und Streikrecht (s. Anm. 5), 14–16, der auch eine Modifizierung des Dritten Weges in Richtung der Stärkung der Position der Arbeitnehmenden vorschlägt.

53 Zumindest im Osten Deutschlands haben auch andere Sozialverbände, auch solche die weltanschaulich und politisch den Gewerkschaften nahe stehen, oft keine Flächentarifverträge mit ver.di, sondern Haustarife, zum Teil sogar mit „gelben" Gewerkschaften. Auch ist die Tarifbindung im kirchlichen und diakonischen Bereich höher als im Durchschnitt. Im Ergebnis bieten hier also die diakonischen Dienstgeber teilweise fairere Arbeitsbedingungen als vergleichbare Arbeitgeber.

denkenswert, ob aus dem Amt zur Predigt der Versöhnung[54] hier nicht folgen könnte, in dieser Situation auf einen eigenen Rechtsanspruch, der über das allgemeine Recht hinaus geht, zu verzichten. Ein ähnlicher Gedanke findet sich auch in Luthers Rechtsethik, nämlich dass man das Recht nicht um des eigenen Vorteils willen einsetzen soll, sondern um die Ordnung zu wahren und der Sünde zu wehren. Es wäre zu fragen, ob es nicht ein zumutbares Verhalten wäre, dass die Kirche um des gesellschaftlichen Friedens willen, ihre Privilegien im Arbeitsrecht aufgibt.

Für alle drei Argumente gilt, dass sie nicht zwingend die Abkehr vom Dritten Weg begründen können. So sollen sie auch nicht verstanden werden. Aber sie sollten bei einer Abwägung angemessene Berücksichtigung finden.

Es gibt auch mindestens drei sachbezogene Gegenargumente. Das eine ist die These, dass ohne den Dritten Weg das evangelische Profil und die Erfüllung des kirchlichen Auftrags der Diakonie nicht gewährleistet werden können. Dagegen scheint mir oben schon genug gesagt zu sein.

Ein weiteres Argument verweist darauf, dass bei der Aufgabe des Dritten Weges und der Einführung von tarifvertraglichen Regelungen das Lohnniveau sänke und sich die Lage der Mitarbeitenden verschlechtere.[55] Ohne die empirische Richtigkeit beurteilen zu müssen, ist dieses Argument insofern problematisch, weil es eine paternalistische Haltung zum Ausdruck bringt, die beansprucht, besser zu wissen als die Mitarbeitenden selbst, was gut für sie ist. Hier wäre vielmehr darauf zu vertrauen, dass die Mitarbeitenden ihre eigenen Interessen angemessen vertreten können, wenn man sie lässt. Auch die Vorstellung, mit dem Dritten Weg könnten die Kirchen fehlende politische Rahmensetzungen korrigieren und den Sozialmarkt positiv beeinflussen, ist – selbst wenn es empirisch zuträfe – ein sekundäres Argument, das nicht die Einschränkung des Rechts auf Koalitionsfreiheit rechtfertigen könnte.[56]

Drittens wird geltend gemacht, dass es bei Verlassen des Dritten Weges zu einem Ausscheren von Unternehmen aus dem Diakonie-Verbund kommen könnte, „um die Marktlogik optimal adaptieren zu können."[57] Der Einschätzung kann

---

54 Vgl. 2 Kor 5,18–20.

55 Vgl. etwa Heinig, Kirchliches Arbeitsrecht und Streikrecht (s. Anm. 5), 14f.

56 Positionen, die argumentieren, dass hier gar keine Grundrechtskollision vorliege, weil der Dritte Weg in der Sache ja das allgemeine Arbeitsrecht insgesamt vollumfänglich ersetze, halte ich für wenig überzeugend. Selbst wenn sich dies staatskirchenrechtlich konstruieren ließe, läge darin ein Widerspruch zum theologisch-ethischen Verständnis der Menschen- bzw. Grundrechte. Vgl. zu dieser Position etwa G. Robbers, Streikrecht in der Kirche, Baden-Baden 2010.

57 Heinig, Kirchliches Arbeitsrecht und Streikrecht (s. Anm. 5), 14.

man durchaus eine gewisse Plausibilität abgewinnen. Sie ließe dann den Rück-
schluss zu, dass schon jetzt bei diesen Unternehmen eine starke ökonomische Orientierung vorhanden ist, und nur eine abgeschwächte Orientierung am kirchlichen Auftrag, sonst würden sie ja solche Verhaltensoptionen nicht erwägen. Es
müsste hier weiter überlegt werden, ob es nicht gerade auch im kirchlich-diakonischen Interesse liegen könnte, dass sich hier eine Differenzierung vollziehen
würde, die schon heute in den Diakonischen Werken spürbar ist. Ob Unternehmen dann ihren kirchlich-diakonischen Auftrag ganz aufgeben oder sich ein
neuer Typus von diakonischen Unternehmen bildete, das müsste sich erweisen.

Schließlich ist an dieser Stelle noch einmal an die Eingangsbemerkungen zum
Diskurskontext zu verweisen. Es gibt gewichtige Stimmen in der Evangelischen
Kirche und im evangelischen Kirchenrecht, die eine schiefe Ebenen-Situation befürchten. D. h., wenn man an einer Stelle staatskirchenrechtliche Ansprüche auf-
gäbe – so die Argumentation –, würde das Stück für Stück dazu führen, dass man
auf der schiefen Ebene weiterrutschte und weitere grundgesetzlich garantierte
Rechtsansprüche zur Disposition gestellt würden. Deshalb, so die Logik dieses
Arguments, müsse man absolut an den bestehenden Regelungen festhalten. In
dieser Argumentationslogik geht es dann gar nicht um die Sachebene des Arbeitsrechtes, sondern um grundlegende staatskirchenrechtliche Fragen und kirchen-
politische Strategien. Die Gefahr dieser Strategie ist, dass wenn zu lange absolute
Positionen verteidigt werden, es irgendwann zum Dammbruch kommt, d. h. der
gesellschaftliche Veränderungsdruck so stark wird, dass dann auf einmal grundlegende staatskirchenrechtliche Positionen revidiert würden.

Dem gegenüber könnte eine Strategie verfolgt werden, durch graduelle Modifikationen in sachlich problematischen und unter Plausibilitätsverlust leidenden
Bereichen, die gesellschaftliche Akzeptanz der prinzipiellen rechtlichen Situation
der Kirchen zu erhalten und langfristig angemessene Handlungsspielräume zu
sichern, die eine Erfüllung des kirchlichen Auftrages ermöglichen. Es wird nicht
überraschen, dass der Verfasser das kirchliche Arbeitsrecht insbesondere in der
Diakonie für einen der Bereiche hält, in dem graduelle Modifikationen angezeigt
wären.

Dies zeigt aber auch, dass die Grenzen des juristischen und theologischen Diskurses in die Selbstreflexion des jeweiligen Feldes mit einzubeziehen sind. Aus
Sicht der theologischen Wissenschaft lässt sich sagen – wenn man der hier vorgetragenen Argumentation folgt –, dass das Konzept der kirchlichen Dienstgemeinschaft nicht geeignet ist, das gegenwärtige kirchliche Arbeitsrecht zu begründen.
Gegen eine Inanspruchnahme des verfassungsmäßigen kirchlichen Selbstbestimmungsrechts im Arbeitsrecht in anderer Weise lassen sich keine prinzipiellen Ein-

wände erheben. Allerdings ist deutlich geworden, dass es durchaus bedenkenswerte theologische Argumente gibt, die gegenwärtige Praxis des Dritten Weges zu überdenken, sowohl hinsichtlich des individuellen als auch des kollektiven Arbeitsrechts. Dabei ist eine Annäherung an den Zweiten Weg wahrscheinlich. Entscheidend ist allerdings, dass das evangelische Profil und die Erfüllung des kirchlichen Auftrages der Diakonie nicht vorrangig von den arbeitsrechtlichen Regelungen abhängen. Es stellt sich also die Aufgabe, offen und ehrlich nach den Instrumenten zu fragen, die unter den gegenwärtigen Bedingungen des Sozialmarktes in einer pluralen Gesellschaft und in einer spät-volkskirchlichen Situation geeignet sind, evangelisches Profil und kirchlichen Auftrag in der diakonischen Praxis zu realisieren. „Ehrlichkeit führt dann aber gegebenenfalls auch zu für die Kirchen unbequemeren Ergebnissen."[58]

Zusammenfassung

Der Beitrag beschäftigt sich aus theologischer Perspektive mit dem aktuellen Problem des Arbeitsrechts in kirchlichen Einrichtungen im Allgemeinen und der Diakonie im Besonderen. Zentral hierfür ist der Begriff der Dienstgemeinschaft, welcher im Laufe des Beitrags theologisch und juristisch hinterfragt wird und sich im Zuge dessen als ungeeignet für die theologische Bestimmung des kirchlichen Arbeitsrechts erweist.

This article focuses on current issues of labour law in institutions of the church and especially the German church based welfare – the Diakonie. The central concept is that of the "service fellowship", which will be analyzed from a theological and a legal point of view. It becomes clear, that this concept is not capable of giving a theological foundation for special legal labour law for the church and her diaconic institutions.

---

58 Joussen, Die Folgen des Mormonen- und des Kirchenmusikerfalls (s. Anm. 3), 178.

HENDRIK MUNSONIUS

Kirchliches Arbeitsrecht zwischen Glaube und Ökonomie*

1. Besonderheiten des kirchlichen Arbeitsrechts

In der evangelischen Kirche und ihrer Diakonie arbeiten etwa 650.000 Menschen auf der Grundlage eines privatrechtlichen Arbeitsvertrages. Sie nehmen damit in den unterschiedlichen Feldern am kirchlichen Handeln teil (2.). Im Arbeitsrecht gelten für diese Arbeitsverhältnisse charakteristische Abweichungen,[1] die gegenwärtig lebhaft diskutiert werden (6.):[2]

So ist es zwar nach §§ 1 und 7 des Allgemeinen Gleichbehandlungsgesetzes (AGG) verboten, Beschäftigte wegen ihrer Religion zu diskriminieren. Für die Religionsgemeinschaften besteht jedoch nach § 9 AGG eine Ausnahme, von der die evangelische Kirche Gebrauch macht und grundsätzlich verlangt, dass alle Mitarbeiter der Kirche und ihrer Diakonie der evangelischen Kirche angehören und ihr Verhalten an den kirchlichen Grundlagen ausrichten (6.2.).[3]

Nach § 118 des Betriebsverfassungsgesetzes sind die Religionsgemeinschaften und ihre karitativen und erzieherischen Einrichtungen vom Anwendungsbereich dieses Gesetzes ausgenommen. Die evangelische Kirche hat stattdessen ein eigenes Mitarbeitervertretungsrecht erlassen.[4]

Und schließlich werden die Grundlagen der kirchlichen Arbeitsverträge zumeist nicht durch Tarifverträge, sondern durch Arbeitsvertragsrichtlinien ausge-

---

* Der Beitrag nimmt u. a. Anregungen aus einem Fachgespräch „Dienstgemeinschaft. Ein Begriff auf dem Prüfstand" auf, das das Kirchenrechtliche Institut der EKD und die Forschungsstelle der Ev. Studiengemeinschaft am 18./19.1.2013 in Heidelberg veranstaltet haben, epd. Dokumentation Nr. 17/2013.

1 J. Joussen, „Ut unum sint" – Betriebsgemeinschaft und Dienstgemeinschaft im Arbeitsrecht, Recht der Arbeit 60 (2007), 328–335: 332f.

2 Vgl. D. Belling, Streik in der Diakonie, ZEvKR 48 (2003), 407–445; H. Kreß, Aktuelle Probleme des kirchlichen Arbeitsrechts, Zeitschrift für Rechtspolitik 45 (2012), 103–105; J. Kühling, Arbeitskampf in der Diakonie, Arbeit und Recht 2001, 241–250; N. Manterfeld, Ein bisschen Kirche – ein bisschen Streik?, KuR 2011, 86–107; H. Reichold, Aktuelle Probleme des kirchlichen Arbeitsrechts, Zeitschrift für Rechtspolitik 2012, 186–187; ders., Neues zum Streikrecht in diakonischen Einrichtungen, ZEvKR 57 (2012), 57–74; G. Robbers, Streikrecht in der Kirche, Baden-Baden 2010.

3 Richtlinie über die Anforderungen der privatrechtlichen beruflichen Mitarbeit in der Ev. Kirche in Deutschland und des Diakonischen Werkes der EKD vom 1.7.2005 (ABl.EKD, 413).

staltet, die im „Dritten Weg" von paritätisch besetzten Arbeitsrechtlichen Kommissionen beschlossen werden. Anstelle der Arbeitskampfmittel Streik und Aussperrung ist ein verbindliches Schlichtungsverfahren vorgesehen (6.1.).

Diese Abweichungen finden ihre Grundlage im geltenden Religionsverfassungsrecht (3.). Materiell werden sie mit dem Gedanken der „Dienstgemeinschaft" begründet (4.). Dieses theologisch begründete Leitbild bedarf zu seiner Realisierung einer entsprechenden Kommunikationskultur und geeigneter Ordnung (5.). Die Dienstgemeinschaft erweist sich damit insgesamt als eine permanente Gestaltungsaufgabe (7.).

2. Kirchliche Handlungsfelder

Nach reformatorischem Verständnis gewinnt die Kirche Gestalt durch ihre Vollzüge, von denen in den Bekenntnisschriften die Evangeliumsverkündigung und Sakramentsfeier, aber auch die guten Werke als Frucht des Glaubens genannt werden. In einem weiteren Sinne kann von der Kommunikation des Evangeliums durch Wort und Tat gesprochen werden. Dieses kirchliche Handeln ist – zumal unter den modernen gesellschaftlichen Bedingungen – ausgesprochen vielfältig. Diese Vielfalt kann auf unterschiedliche Weise systematisiert werden. Im Folgenden soll zwischen den Konstitutiva, Vitalia und Adiaphora unterschieden werden:

(1) Das Handeln der Kirche ist nicht auf beliebiges gerichtet, sondern darauf, das zu tun, wodurch die Kirche geschichtliche Gestalt gewinnt. Konstitutiv für das Sein der Kirche sind die Grundvollzüge der Evangeliumsverkündigung in Wort und Sakrament, d. h. das kommunikative Handeln, das darauf gerichtet ist, Glauben zu wecken und zu stärken.[5] Hierzu gehören Gottesdienst, Amtshandlungen und Seelsorge.

(2) Aus dem durch das konstitutive Geschehen der Kirche erwachsenden Glauben entwickelt sich weiteres. Die Glaubensgemeinschaft ist auch Gemeinschaft der Liebe und Handlungsgemeinschaft. Der lebendige Glaube bringt gute Werke hervor.[6] Die guten Werke werden um ihrer selbst willen und zum Lobe Gottes ge-

---

4   Insbesondere das Kirchengesetz über Mitarbeitervertretungen in der Ev. Kirche in Deutschland (Mitarbeitervertretungsgesetz der EKD – MVG.EKD) vom 6.11.1992 (ABl.EKD, 445), zuletzt geändert 9.11.2011 (ABl.EKD, 339).

5   Vgl. Art. 5 und 7 der Confessio Augustana; C. Schwöbel, Kirche als Communio, in: W. Härle/R. Preul (Hg.), Kirche, Marburger Jahrbuch Theologie VIII, Marburg 1996, 11–46: 42f.

6   Vgl. Art. 6 der Confessio Augustana; Schwöbel, Kirche als Communio (s. Anm. 5), 43f.

tan. Die entsprechenden Tätigkeiten sind so vielfältig, wie menschliche Lebenssituationen sein können. Sie lassen sich unter den Rubriken des Bildungs-, Gerechtigkeits- und Hilfehandelns zusammenfassen.[7]

Für diese Arbeitsfelder ist charakteristisch, dass sich die Kirche hier auf einem Feld betätigt, auf dem auch Akteure anderer religiös-weltanschaulicher Provenienz zu finden sind. Daraus ergibt sich zum einen die Notwendigkeit, das spezifisch Christliche der Arbeit erkennbar zu machen, zum anderen können sich besonders hier Spannungen zwischen den allgemeinen Handlungsbedingungen und der aus dem Glauben gespeisten Motivation ergeben. So stehen beispielsweise sozialstaatliche Regulierung und Ökonomisierung in Spannung zum Gedanken der Nächstenliebe, die gerade dann auf Hilfe gerichtet ist, wenn sich diese Hilfe materiell nicht lohnt.[8]

(3) Konstitutives und vitales Handeln der Kirche ist von personellen, sächlichen und organisatorischen Voraussetzungen abhängig. Diese Ressourcen bereitzustellen, ist Gegenstand des disponierenden Handelns.[9] Dieses geschieht nicht um seiner selbst, sondern um des übrigen kirchlichen Handelns willen, und soll darum unter der Bezeichnung Adiaphora zusammengefasst werden. Es unterscheidet sich zunächst nicht vom entsprechenden Handeln anderer Organisationen.

Die Abgrenzung zwischen den drei Typen und den einzelnen Feldern kirchlichen Handelns mag im Einzelfall umstritten sein. Auch sind die Übergänge zuweilen fließend. Neben der Unterscheidung ist darum ebenso der Zusammenhang zu beachten. Damit die Vitalia als Kennzeichen der Kirche erkannt werden können, muss immer wieder deutlich werden, dass sie aus dem durch die Konstitutiva begründeten Glauben motiviert sind. Bei den an sich gleichgültigen Adiaphora bleibt festzuhalten, dass auch diese als ein kirchliches Handeln anzusehen sind, das nicht beliebig, sondern auf die Konstitutiva und Vitalia bezogen ist. Ihm eignet damit gleichermaßen eine geistliche Dimension. Die Kirchlichkeit eines Handlungsfeldes geht verloren, wenn dieser Zusammenhang nicht mehr erkennbar ist. Tätigkeiten, die dem kirchlichen Handeln zugeordnet sind, unterfallen prinzipiell dem kirchlichen Arbeitsrecht.[10]

---

7   Vgl. H. R. Reuter, Der Begriff der Kirche in theologischer Sicht, in: G. Rau/H.R. Reuter/K. Schlaich (Hg.), Das Recht der Kirche, Bd. 1. Zur Theorie des Kirchenrechts, Gütersloh 1997, 23–75: 61f.

8   Vgl. H. M. Müller, Diakonie in Deutschland, ZEvKR 47 (2002), 475–491: 484–491 = in: ders., Bekenntnis – Kirche – Recht, Tübingen 2005, 416–431: 425–431.

9   Vgl. R. Preul, Kirchentheorie, Berlin/New York 1997, 6.

10   Vgl. Manterfeld, Kirche – Streik (s. Anm. 2), 95f.

3. Verfassungsrechtlicher Rahmen

Die Besonderheiten des kirchlichen Arbeitsrechts finden ihre Grundlage im Religionsverfassungsrecht. Nach Art. 140 GG i.V.m. Art. 137 Abs. 3 WRV ordnen und verwalten die Religionsgemeinschaften ihre Angelegenheiten selbstständig innerhalb der Schranken des für alle geltenden Gesetzes. Dieses Selbstbestimmungsrecht erstreckt sich auf die verfasste Kirche und die ihr zugeordneten Einrichtungen unabhängig von der Rechtsform. Zu den eigenen Angelegenheiten gehört auch die Ausgestaltung von Beschäftigungsverhältnissen.[11] Der Abschluss von Arbeitsverträgen mit kirchlichen Arbeitgebern findet darum zugleich im Raum der allgemeinen Vertragsfreiheit und dem des kirchlichen Selbstbestimmungsrechts statt.

Das Verhältnis zwischen allgemeinem staatlichen Recht und kirchlichem Selbstbestimmungsrecht wird über die Schranken des für alle geltenden Gesetzes bestimmt. Was darunter zu verstehen sei, ist seit Bestehen der Norm unterschiedlich beantwortet worden. Leitender Gesichtspunkt ist der Gedanke der Allgemeinheit. Ein für alle geltendes Gesetz soll Religionsgemeinschaften nicht als solche in besonderer Weise betreffen. So stellt die Heckel'sche Formel auf die besondere Bedeutung des Rechtsgutes ab, das durch ein Gesetz geschützt wird. Die Koordinationslehre suchte einen Bereich abzugrenzen, in dem ausschließlich die kirchliche Selbstordnungskompetenz greife und staatliche Regulierung per se ausgeschlossen sei. Nach der heute überwiegend vertretenen Abwägungslehre ist einerseits festzustellen, welches Rechtsgut durch ein staatliches Gesetz geschützt werden soll, andererseits in welchem Maß eine Religionsgemeinschaft in ihrem Selbstverständnis durch die Regelung tangiert wird. Letztlich läuft es damit auf eine Verhältnismäßigkeitsprüfung hinaus. Eine Norm ist ein für alle geltendes Gesetz, wenn sie dem legitimen Schutz eines Rechtsgutes dient, ohne das Selbstverständnis der Religionsgemeinschaft unverhältnismäßig zu beeinträchtigen.[12]

Als Rechtsgüter, die mit dem kirchlichen Selbstbestimmungsrecht in Ausgleich zu bringen sind, kommen insbesondere die Freiheitsrechte ihrer Beschäftigten in Betracht. Neben der Religionsfreiheit nach Art. 4 GG und der Berufsfreiheit nach Art. 12 GG ist vor allem die Koalitionsfreiheit nach Art. 9 Abs. 3 GG relevant. Diese garantiert den abhängig Beschäftigten die Möglichkeit, zur Wah-

---

11 Vgl. Belling, Streik (s. Anm. 2), 418–432.

12 Vgl. H. M. Heinig, Öffentlich-rechtliche Religionsgesellschaften, Berlin 2003, 156–161 m.w.N.; Belling, Streik (s. Anm. 2), 438f.

rung und Förderung der Arbeits- und Wirtschaftsbedingungen Vereinigungen (Gewerkschaften, Arbeitgeberverbände) zu bilden. Diesen Koalitionen muss eine wirkungsvolle Betätigung möglich sein. Dem dient das Tarifvertragssystem, in dem eine Verständigung über den Abschluss von Tarifverträgen stattfindet. Um bestimmte Verhandlungsergebnisse erreichen zu können, sind grundsätzlich auch Arbeitskampfmittel wie der Streik und die Aussperrung durch die Koalitionsfreiheit geschützt.[13]

Inwiefern die Rechte der Arbeitnehmer mit dem kirchlichen Selbstbestimmungsrecht konfligieren, unterliegt zunächst der Beurteilung durch die Kirche selbst. Nur diese und nicht der religiös-weltanschaulich neutrale Staat kann beurteilen, was sich aus ihrem Selbstverständnis für die Gestaltung von Arbeitsverhältnissen ergibt. Da dies mit den anderen Rechtspositionen in einen Ausgleich gebracht werden muss, ist die Kirche genötigt, ihr Selbstverständnis und, was sich daraus ergibt, konsistent und plausibel zu artikulieren.[14] Weil bei der Abwägung die Beeinträchtigung der unterschiedlichen Freiheitsrechte gewichtet werden muss, ergibt sich für die Kirche die Notwendigkeit, zwischen Arbeitsverhältnissen unterschiedlicher Bedeutung zu differenzieren – oder plausibel zu machen, warum eine solche Differenzierung nicht möglich ist.

4. Vom Austauschverhältnis zur Dienstgemeinschaft

Das allgemeine Arbeitsrecht ruht auf der Entwicklung der Sozialbeziehungen in der Neuzeit auf. Prägend ist die Ausdifferenzierung und Entpersonalisierung der Sozialbeziehungen im Zuge der Individualisierung und Pluralisierung der Lebensverhältnisse.[15] Dies führt dazu, dass Arbeitsverhältnisse vorrangig als ökonomische Austauschbeziehung betrachtet und bewältigt werden. Sie werden durch bestimmte und abgegrenzte Leistungen und Gegenleistungen konstituiert. Der Interessengegensatz zwischen Arbeitgeber und Arbeitnehmer tritt zutage und wird durch Vertragsrecht ausgeglichen. Damit ist ein erheblicher Gewinn an individueller Freiheit verbunden. Denn so bestehen gegenüber dem Vertragspartner

---

13 Vgl. H. Bauer, in: H. Dreier (Hg.), Grundgesetz. Kommentar, Bd. 1, Tübingen ²2004, Art. 9 Rn. 66–86; Belling, Streik (s. Anm. 2), 413–418; Manterfeld, Kirche – Streik (s. Anm. 2), 99f.
14 Vgl. Heinig, Religionsgesellschaften (s. Anm. 12), 52–65.
15 Vgl. K. Tanner, „Wem diene ich, wenn ich diene?" Zum Verhältnis von Individualismus und Dienstgemeinschaft, in: R. Anselm/J. Hermelink (Hg.), Der Dritte Weg auf dem Prüfstand, Göttingen 2006, 117–128: 124.

nur die für den jeweiligen Vertragszweck notwendigen und gesetzlich geregelten Bindungen. Eine weitergehende Identifikation mit den Interessen und Zielen des anderen oder mit einer als gemeinsam vorausgesetzten Weltanschauung ist dabei nicht erforderlich. Allerdings finden sich gegenläufig zur formalen Betrachtung der Arbeitsverhältnisse in der Praxis gleichwohl Elemente der Gemeinschaftsbildung und werden als Mittel der Personalpflege und -entwicklung propagiert.[16]

Die Rechtsordnung des religiös-weltanschaulich neutralen Staates kann die Rechtsbeziehungen zwischen den Vertragsparteien nicht beliebig anreichern. Welches Maß an gegenseitiger Bindung besteht, soll dem Rechtsbindungswillen der Parteien überlassen bleiben. Staatliche Regulierung findet nach dieser Vorstellung allenfalls noch zur Absicherung bestimmter sozialer Lasten statt. Die ethischen Vorstellungen unterschiedlicher weltanschaulich-religiöser Provenienz können darüber hinaus nicht unmittelbar für die Gestaltung von Arbeitsbeziehungen verbindlich gemacht werden. Dies ist nur bei Religions- und Weltanschauungsgemeinschaften auf der Grundlage ihres verfassungsrechtlich garantierten Selbstbestimmungsrechts möglich.

Die Besonderheiten des kirchlichen Arbeitsrechts werden gemeinhin mit dem Gedanken der „Dienstgemeinschaft" begründet,[17] wie er beispielsweise in der Präambel des Mitarbeitervertretungsgesetzes der EKD ausgedrückt ist:

„Kirchlicher Dienst ist durch den Auftrag bestimmt, das Evangelium in Wort und Tat zu verkündigen. Alle Frauen und Männer, die beruflich in Kirche und Diakonie tätig sind, wirken als Mitarbeiterinnen und Mitarbeiter an der Erfüllung dieses Auftrages mit. Die gemeinsame Verantwortung für den Dienst der Kirche und ihrer Diakonie verbindet Dienststellenleitungen und Mitarbeiter wie Mitarbeiterinnen zu einer Dienstgemeinschaft und verpflichtet sie zu vertrauensvoller Zusammenarbeit." (Präambel MVG.EKD)

Der Gedanke der Dienstgemeinschaft ist in der zweiten Hälfte des 20. Jahrhunderts entwickelt worden und dient dazu, die Besonderheiten des kirchlichen Arbeitsrechts zu begründen.[18] Er muss aber konsequenterweise unabhängig von der

---

16 Vgl. Joussen, „Ut unum sint" (s. Anm. 1), 330f.

17 Vgl. J. Joussen, Grundlagen, Entwicklungen und Perspektiven des kollektiven Arbeitsrechts der Kirchen, Essener Gespräche 46 (2012), 53–107: 55–58; W. Lienemann, Kirchlicher Dienst zwischen kirchlichem und staatlichem Recht, in: G. Rau/H.-R. Reuter/K. Schlaich (Hg.), Das Recht der Kirche, Bd. 3. Zur Praxis des Kirchenrechts, Gütersloh 1994, 495–530: 511–530.

18 Kritisch dazu H. Lührs, Kirchliche Dienstgemeinschaft. Genese und Gehalt eines umstrittenen Begriffs, KuR 2007, 220–246.

Art ihres Dienstverhältnisses auf alle bezogen werden, die am kirchlichen Handeln teilnehmen, seien sie ehrenamtlich, in privatrechtlichen oder öffentlichrechtlichen Dienstverhältnissen tätig.[19] Die Dienstgemeinschaft als Leitbild ist von der Verpflichtung auf den gemeinsamen Auftrag, gegenseitigem Vertrauen und der Nivellierung von Machtdifferenzen bestimmt. Damit steht der Gedanke der Dienstgemeinschaft quer zur Ausdifferenzierung und Entpersonalisierung der Sozialbeziehungen.

Der Begriff der Dienstgemeinschaft ist komplex und führt in die Irre, wenn verschiedene Aspekte nicht unterschieden werden:

4.1. Glaubens- oder Rechtsbegriff

Zunächst kann „Dienstgemeinschaft" als Glaubens- oder Rechtsbegriff verwendet werden.[20] Während ein Glaubensbegriff durch vielfältige Perspektiven - insbesondere auch solche, die sich nur „religiös musikalischen" Menschen erschließen - angereichert werden kann, ist ein Rechtsbegriff darauf angelegt, normative Sätze, also Aussagen über Rechte und Pflichten, zu bilden oder zu systematisieren. Er muss also für das rechtsmethodische Vorgehen operationalisiert sein.

Am Begriff des Rechts sind wiederum drei Aspekte zu unterscheiden: Der funktionale Aspekt bezeichnet das, was durch eine Rechtsnorm angeordnet wird, nämlich dass sich aus einem Tatbestand eine bestimmte Rechtsfolge ergibt. Mit dem teleologischen Aspekt sind die Wert- und Zielvorstellungen gemeint, die für die Normsetzung leitend sind. Der empirische Aspekt erfasst die gegebenen Zusammenhänge der Lebenswirklichkeit, auf die das Recht einwirkt, von denen es aber auch bestimmt wird.[21]

Teleologische Erwägungen, zu denen auch das Leitbild der Dienstgemeinschaft gehört, können die Kraft des Faktischen (empirischer Aspekt) nicht einfach überspielen. So verschwindet der zwischen Dienstgebern und Dienstnehmern bestehende Interessengegensatz nicht schlankerhand durch das Leitbild der Dienstgemeinschaft. Es kann sich aber eine andere Form des Umgangs mit diesem Konflikt ergeben.

Schon die gesetzlichen Umschreibungen der Dienstgemeinschaft lassen erkennen, dass dieses Leitbild nicht einfach in rechtliche Bestimmungen übertra-

---

19 Vgl. H. M. Heinig, Dienstgemeinschaft und Leiharbeit - kirchenrechtliche Probleme eines komplexen Rechtsbegriffs, ZEvKR 54 (2009), 62–75: 68.

20 Vgl. Heinig, Dienstgemeinschaft (s. Anm. 19), 73; Joussen, Grundlagen (s. Anm. 17), 57f.

21 Vgl. K. F. Röhl/H. C. Röhl, Allgemeine Rechtslehre, Köln/München ³2008, 311f.

gen werden kann. Denn hier werden Funktionsgrenzen des Rechts erreicht. Normierbar sind nur Handlungen, nicht aber Einstellungen und Emotionen. Der für die Dienstgemeinschaft leitende Begriff des Vertrauens bezeichnet eine personale Beziehung, die von ihrer Reichhaltigkeit lebt und sich rechtlicher Regulierung entzieht.[22] Denn die Rationalisierungsleistung des Rechts besteht gerade darin, die Reichhaltigkeit menschlicher Beziehungen auf dasjenige zu verknappen, was für das Zusammenleben sinnvollerweise verbindlich gemacht und erforderlichenfalls mit Sanktionen durchgesetzt wird.[23]

Dieses Problem kann anhand der Zwei-Regimenten-Lehre[24] verdeutlicht werden, deren Unterscheidungen auch innerhalb der Kirche anzuwenden sind. Das geistliche Regiment (zur Rechten) betrifft das Glaubensleben, das Mittel ist die Verkündigung, Gewaltmittel sind ausgeschlossen (non vi sed verbo). Hierher gehört das Leitbild der Dienstgemeinschaft in seinem geistlichen Gehalt. Das weltliche Regiment (zur Linken) betrifft Sicherheit und äußeren Frieden, das Mittel ist das Recht und letztlich die beim Staat monopolisierte Gewalt. Wenn die Kirche Recht setzt, agiert sie mit den Mitteln des weltlichen Regiments. Alle genuinen Glaubensgehalte sind dem Zugriff dieser Mittel entzogen. Einstellungen und Überzeugungen können nicht verordnet werden. Damit kann auch das Leitbild der Dienstgemeinschaft nicht unmittelbar in Rechtsnormen übertragen werden.

Andererseits ist die Erkenntnis aus der dritten These der Barmer Theologischen Erklärung zu beachten, wonach die äußere Ordnung der Kirche zwar von ihrer Botschaft zu unterscheiden, nicht aber von ihr zu trennen ist.[25] Durch die Bindung des Kirchenrechts an Schrift und Bekenntnis wird der notwendige Konnex zwischen dem, was vom Glauben her über die Kirche zu sagen ist, und ihrer Sozialgestalt hergestellt. Hierin liegt auch der Maßstab für die Legitimität des Kirchenrechts. Die Legitimität des Kirchenrechts gründet darin, dass verantwortbares kirchliches Handeln ins Werk gesetzt wird, dass also „das geschehe, was Gott durch den Auftrag der Kirche am Menschen geschehen lassen will."[26]

---

22 Vgl. N. Luhmann, Vertrauen, Stuttgart ⁴2000, 47–60.

23 Vgl. Röhl/Röhl, Allgemeine Rechtslehre (s. Anm. 21), 189f.

24 Vgl. W. Härle, Art. Zweireichelehre II. Systematisch-theologisch, in: TRE 36 (2004), 784–789.

25 Vgl. Lienemann, Kirchlicher Dienst (s. Anm. 17), 516.

26 H. Dombois, Die apostolische Sukzession als rechtsgeschichtliches Problem (1956), in: ders., Ordnung und Unordnung der Kirche. Kirchenrechtliche Abhandlungen und Vorträge, Kassel 1957, 45–75: 52.

4.2. Subjektive und objektive Dimension

Eine vorschnelle Übersetzung des Leitbilds der Dienstgemeinschaft in das Kirchenrecht würde zudem ein unterkomplexes Kirchenverständnis voraussetzen und die Unterscheidung zwischen der Gemeinschaft der Glaubenden und der Kirche als Organisation nivellieren.[27] Während erstere als eine geistliche Größe durch den äußerlich nicht feststellbaren Glauben der Menschen konstituiert wird, beruht die Organisation auf formalisierten Mitgliedschaftsverhältnissen und besteht unabhängig von dem Wechsel der Mitglieder.

Es kann also eine subjektive und eine objektive Dimension der Dienstgemeinschaft unterschieden werden.[28] Die subjektive Dimension findet ihren Ansatz beim allgemeinen Priestertum, das den Menschen durch die Taufe zugeeignet und im Glauben angeeignet wird.[29] Im Glauben sieht sich der Mensch in ein Beziehungsgefüge gestellt, das ihn selbst als Teil der Schöpfung mit Gott dem Schöpfer und allen anderen Geschöpfen verbindet. Die eigene Tätigkeit in der Welt erscheint dann eingefügt in Gottes Schöpfungs- und Erhaltungshandeln.[30] Daraus resultiert die Vorstellung, dass alle Kirchenglieder an der Erfüllung des kirchlichen Auftrags mitwirken und zwischen ihnen ein „geschwisterliches" Verhältnis besteht.

Die objektive Dimension knüpft daran an, dass durch die Kirche und ihre Organisation ein transpersonaler Wirkzusammenhang institutionalisiert ist, durch den der Auftrag der Kirche, der ihr von Gott her vorgegeben ist, ins Werk gesetzt wird. Es ist durchaus möglich, dass sich Menschen an diesem Handeln der Kirche beteiligen, ohne durch den kirchlichen Auftrag oder einen Gottesglauben motiviert zu sein. Ohne die subjektive Dimension kann die Dienstgemeinschaft jedoch keinen dauerhaften Bestand haben und wird zur Chimäre.

---

27 Vgl. Lienemann, Kirchlicher Dienst (s. Anm. 17), 511f.; Tanner, „Wem diene ich?" (s. Anm. 15), 118f.
28 Vgl. Heinig, Dienstgemeinschaft (s. Anm. 19), 73; H.R. Reuter, Kirchenspezifische Anforderungen an die privatrechtliche berufliche Mitarbeit in der evangelischen Kirche und ihrer Diakonie, in: Anselm/Hermelink (Hg.), Dritter Weg (s. Anm. 15), 33–68: 52–55 = in: ders., Botschaft und Ordnung, Leipzig 2009, 185–222: 204–208.
29 Vgl. Lienemann, Kirchlicher Dienst (s. Anm. 17), 515; W. Härle, Allgemeines Priestertum und Kirchenleitung nach evangelischem Verständnis, in: ders./Preul (Hg.), Kirche (s. Anm. 5), 61–81: 64.
30 Vgl. auch Tanner, „Wem diene ich?" (s. Anm. 15), 121.

4.3. Innere und äußere Seite

Der Gedanke der Dienstgemeinschaft eröffnet damit ein reichhaltiges Beziehungsgeflecht. Ein Arbeitsverhältnis, das sich im Kern als zweipoliger Austausch von Arbeitsleistung und Lohn darstellt, wird in einen größeren Zusammenhang gestellt. Das antagonistische Verhältnis von Arbeitgeber und Arbeitnehmer wird von der beiderseits bestehenden Gottesbeziehung überformt. Das Zusammenwirken dient damit nicht nur eigenen Interessen, sondern einem gemeinsamen Auftrag, nämlich der Kirche Jesu Christi erfahrbare Gestalt zu geben. Damit kommen auch alle anderen in den Blick, die an diesem Auftrag mitwirken, und schließlich diejenigen, denen das diakonische Handeln dienen soll.

So kann schließlich auch zwischen der inneren und der äußeren Seite der Dienstgemeinschaft unterschieden werden. Während die innere Seite das Zusammenwirken aller bezeichnet, die in der Dienstgemeinschaft mitwirken, verweist die äußere Seite darauf, dass ein Dienst in der Welt und damit an Dritten zu leisten ist.[31] Bei den Auseinandersetzungen über die Dienstgemeinschaft ist auch auf diejenigen zu achten, die nicht als Dienstgeber oder -nehmer beteiligt sind, sondern von deren Dienst abhängig sind und um derentwillen der Dienst – zumal in der Diakonie – geschieht.

5. Vom Gehalt zur Gestalt

„Dienstgemeinschaft" ist wie gezeigt zunächst ein Glaubensbegriff. Damit er erfahrbare Gestalt annimmt, bedarf es einer Transformation. Diese geschieht mit Mitteln der Kommunikation. Kommunikation kann in einem einfachen Modell verstanden werden als der Austausch von Inhalten (Information) zwischen wenigstens zwei Interaktionspartnern. Damit ist einerseits vorausgesetzt, dass die Interaktionspartner voneinander unterschieden sind. Anderenfalls wäre der Austauschvorgang sinnlos, denn jeder bekäme nur das, was er schon hat. Andererseits kann zwischen den Beteiligten keine reine Unterschiedenheit bestehen. Vielmehr setzt Kommunikation eine gemeinsame Grundlage voraus, mindestens ein Zeichensystem wie die Sprache, mit dem die Inhalte übermittelt werden können.[32]

---

31 Vgl. Joussen, „Ut unum sint" (s. Anm. 1), 333.
32 Vgl. M. Faßler, Was ist Kommunikation?, München 1997, 29–36.

Gelingende Kommunikation setzt zudem voraus, dass das Verhalten der Kommunikationspartner stimmig ist, dass also Reden und Tun in sich konsistent sind und einander entsprechen.

Kommunikation bewirkt, dass der Bestand an gemeinsamen Erfahrungen zumindest um die Erfahrung des Kommunikationsvorganges angereichert wird. Je nachdem, welche Resonanz durch die Kommunikation ausgelöst wird, kann es auch zu einer Entwicklung gemeinsamer Vorstellungen, Intentionen und Weltsichten kommen. Künftige Kommunikation kann so erleichtert und bereichert werden. Auf diese Weise kann es zu einem sich selbst verstärkenden Kommunikationsprozess kommen.

Der geistliche Gehalt der Dienstgemeinschaft muss kommuniziert werden, um überhaupt wirksam werden zu können. Diese Kommunikation kann allein durch das Wort und ohne äußeren Zwang erfolgreich sein. Nur so kann sich dem einzelnen erschließen, dass ein „Job" zur Verwirklichung des umfassenden Auftrags dient, das Evangelium in Wort und Tat zu bezeugen. Ist eine solche Einsicht erst einmal erreicht, verändert dies die Kommunikation zwischen Dienstgebern und Dienstnehmern. Der fundamentale Interessengegensatz eines Arbeitsverhältnisses wird durch die gemeinsame Aufgabe überformt – ohne jedoch dadurch zu verschwinden. Damit ist ein sich selbst verstärkender Prozess der Verständigung möglich.

Im institutionellen Rahmen der Kirche können sich alle Beteiligten auf diese geistlichen Gehalte beziehen und sie als Argument ins Feld führen. Und sie können anders als im säkularen Umfeld erwarten, dass diese Gehalte von den anderen geteilt werden.[33] Damit werden allerdings zugleich Erwartungen ausgelöst, die in der Praxissituation endlicher Freiheit nur unvollkommen verwirklicht werden können. Darum ist auch die Möglichkeit des Scheiterns und von Schuld, wie auch von Vergebung explizit zu thematisieren. Darin zeigt sich, ob in der Kirche ernstgenommen wird, dass sie Gemeinschaft „der begnadigten *Sünder*" (Barmen III) ist. Notwendig ist demnach ein Verständnis von Dienstgemeinschaft, das nicht mit theologischen Versatzstücken arbeitet, sondern die verschiedenen Aspekte kirchlicher Wirklichkeit integriert. So kann das Leitbild der Dienstgemeinschaft vor jeder Verrechtlichung in der Kultur einer Kirche und jeder kirchlichen Einrichtung Ausdruck finden.[34]

---

33 Vgl. H. Munsonius, Kirchenrecht zwischen Positivismus und Bekenntnisbindung, ZEvKR 56 (2011), 279–293: 291.

34 Vgl. auch Tanner, „Wem diene ich?" (s. Anm. 15), 127f.

Für die konkrete Gestaltung der Arbeitsbeziehungen kommt dem Recht in diesen Kommunikationsprozessen die Rolle einer ambivalenten Vermittlungsinstanz zu: Einerseits stellt es Verfahren für die Kommunikation zur Verfügung, kann Voraussetzungen des Gelingens und Sicherungen schaffen und gewährleisten, dass notwendige Ergebnisse auch erzielt werden. Hierzu gehören die Konstituierung von Gremien, Informationspflichten, Beteiligungsrechte und Schlichtungsverfahren.

Andererseits ist das Recht selbst wiederum das Ergebnis von komplexen (nicht zwingend: demokratischen) Kommunikationsprozessen.[35] Recht ist gestaltungsbedürftig. Dies gilt für das Recht im Allgemeinen ebenso wie für das Kirchenrecht. „Kirchenrecht ist die Form, in der sich die Gemeinschaft der Getauften auf die Verheißung der Gegenwart Gottes hin darüber verständigt, welches kirchliche Handeln als geistlich angezeigt verantwortet werden soll."[36] Insbesondere die Transformation geistlicher Gehalte in Rechtsformen bedarf in hohem Maße der Kommunikation. Denn Schrift und Bekenntnis stellen keine Rechtsquelle, sondern lediglich eine Rechtserkenntnisquelle dar.

Damit kommt den Verfahren der Rechtsgestaltung eine entscheidende Bedeutung zu. Durch die Zusammensetzung der rechtsetzenden Organe, insbesondere der Synoden, und ihre Verfahrensweise soll gewährleistet werden, dass die geistlichen Gehalte hinreichend zur Sprache kommen und in die Entscheidungen einfließen.[37] Dabei kann auch rezipiert werden, was außerhalb der eigentlichen Rechtsetzungsverfahren in Wissenschaft und Publizistik diskutiert wird.[38] Die auf die kirchliche Rechtsetzung bezogene Kommunikation findet also in einem größeren Rahmen statt, als dies durch die Kirchenverfassungen formal beschrieben wird.

Für die Gestaltung des kirchlichen Arbeitsrechts im Dritten Weg sind zwei Instanzen der Rechtsgestaltung zu unterscheiden. Die verfasste Kirche – als Träger des kirchlichen Selbstbestimmungsrechts nach Art. 140 GG i.V.m. Art. 137 Abs. 3 WRV – hat sich darauf beschränkt, durch Arbeitsrechtsregelungsgesetze nicht die Arbeitsbedingungen selbst, sondern nur das Verfahren zu regeln, in dem diese

---

35 Vgl. N. Luhmann, Positivität des Rechts als Voraussetzung einer modernen Gesellschaft, in: ders., Ausdifferenzierung des Rechts, Frankfurt a. M. 1999, 113–153: 122–127, 147–153.

36 M. Germann, Kriterien für die Gestaltung einer evangelischen Kirchenverfassung, in: Kirche(n) in guter Verfassung, epd-Dokumentation Nr. 49/2006, 24–39: 26.

37 Vgl. Munsonius, Kirchenrecht (s. Anm. 33), 290f.

38 Vgl. F. Schleiermacher, Kurze Darstellung des theologischen Studiums zum Behuf einleitender Vorlesungen (1811/1830), hg. v. D. Schmid, Berlin/New York 2002, § 312.

Festlegungen erfolgen. Die eigentliche Gestaltungsaufgabe liegt bei den Arbeitsrechtlichen Kommissionen, die je zur Hälfte mit Vertretern der Dienstgeber und
der Dienstnehmer als den materiell Betroffenen besetzt sind; die Regelungen zur
Beschlussfähigkeit und zu Mehrheitserfordernissen sollen gewährleisten, dass
beide Seiten gleichgewichtigen Einfluss auf das Beratungsergebnis haben.[39] Einzelne Kirchen haben auf die Einrichtung Arbeitsrechtlicher Kommissionen verzichtet und schließen Tarifverträge. Durch einen Basistarifvertrag sind dort Arbeitskampfmittel ausgeschlossen und eine Schlichtung vorgesehen.[40]

6. Die Dienstgemeinschaft in der gegenwärtigen Diskussion

Gegenwärtig wird das Kirchliche Arbeitsrecht lebhaft diskutiert. Im kollektiven
Arbeitsrecht geht es um die Frage, wie der in jedem Arbeitsverhältnis angelegte
Interessenkonflikt bearbeitet wird. Individualarbeitsrechtlich virulent ist die
Frage nach der Kirchenmitgliedschaft als Voraussetzung für ein kirchliches Ar-
beitsverhältnis.

6.1. Kollektivarbeitsrecht

Zu den im Kollektivarbeitsrecht umstrittenen Fragen nach der Beteiligung von
Gewerkschaften an kirchlicher Arbeitsrechtsgestaltung und dem Ausschluss von
Arbeitskampfmitteln hat das Bundesarbeitsgericht am 20. November 2012 zwei
Entscheidungen getroffen.[41] In beiden Verfahren ging es darum, ob eine Gewerk-
schaft zu einem Streik in kirchlich-diakonischen Einrichtungen aufrufen darf.
Das Bundesarbeitsgericht hat festgestellt, dass die Kirchen unter bestimmten Be-
dingungen einen Streik ausschließen können. Dies setzt voraus, dass innerhalb
des kirchlichen Arbeitsrechtsregelungssystems die Rechte der Mitarbeiter und der
Gewerkschaften aus Art. 9 Abs. 3 GG zum Tragen kommen.

---

39 Vgl. Richtlinie für ein Kirchengesetz über das Verfahren zur Regelung der Arbeitsverhältnisse
   der Mitarbeiter im kirchlichen Dienst (Arbeitsrechts-Regelungsgesetz – ARRG) vom 8.10.1976
   (ABl.EKD, 398) und die entsprechenden Kirchengesetze.
40 Robbers, Streikrecht (s. Anm. 2), 88–91.
41 Bundesarbeitsgericht, Urteile vom 20.11.2012: 1 AZR 179/11 (Dritter Weg); 1 AZR 611/ 11 (Zweiter
   Weg).

Das setzt zunächst annähernd gleiche Verhandlungsstärke und Durchsetzungskraft voraus. Damit sind nicht nur paritätische Besetzungsregeln erforderlich, sondern auch Instrumente, um Verhandlungsblockaden zu lösen und die Kompromissbereitschaft der Gegenseite zu fördern. Dies kann durch ein neutrales Schlichtungsverfahren geschehen, das beiden Seiten gleichermaßen zugänglich ist.[42]

Weiter darf die Mitwirkung von Gewerkschaften nicht ausgeschlossen werden. Denn Art. 9 Abs. 3 S. 2 GG entfaltet eine unmittelbare Drittwirkung und verbietet Einschränkungen der Koalitionsbetätigung. Die Art der Beteiligung an kirchlicher Arbeitsrechtsgestaltung ist von den Kirchen zu regeln.[43]

Schließlich muss die Arbeitsrechtsregelung für beide Seiten verbindlich sein. Es darf darum nicht die Möglichkeit geben, dass Dienstgeber zwischen unterschiedlichen Arbeitsrechtsregelungen wählen. Vielmehr muss von vornherein feststehen, dass die Beschlüsse einer bestimmen Arbeitsrechtlichen Kommission umzusetzen sind.[44]

Wenn diese Voraussetzungen erfüllt sind, besteht kein Streikrecht. Denn dieses ist nicht um seiner selbst willen geschützt, sondern nur in seinem funktionalen Bezug auf die Tarifautonomie.[45] Es ist entbehrlich, wenn durch die kirchliche Regelung funktionale Äquivalente bereitgestellt werden.[46] Die Dienstgemeinschaft beseitigt nicht den Interessenkonflikt zwischen Dienstgebern und -nehmern, aber sie evoziert einen anderen Umgang mit solchen Konflikten.[47]

6.2. Individualarbeitsrecht

Die Frage, wer Mitglied der Dienstgemeinschaft sein kann, hängt von der Verhältnisbestimmung zwischen ihrer subjektiven und objektiven Dimension ab. Die Bandbreite reicht von einer Einschränkung auf Mitglieder der evangelischen Kirche über die Einbeziehung auch von Christen anderer Kirchen bis dahin, dass die Bereitschaft, einen Arbeitsvertrag mit einer kirchlich-diakonischen Einrichtung abzuschließen, ausreicht. Auf der einen Seite wird das subjektive Element des

---

42 BAG, 1 AZR 179/11, Tz. 117.
43 BAG, 1 AZR 179/11, Tz. 112, 118.
44 BAG, 1 AZR 179/11, Tz. 119.
45 BAG, 1 AZR 179/11, Tz. 111.
46 Vgl. Belling, Streik (s. Anm. 2), 439–444; Joussen, Grundlagen (s. Anm. 17), 92–97.
47 Vgl. Robbers, Streikrecht (s. Anm. 2), 36.

Glaubens mit dem feststellbaren Tatbestand der Kirchenmitgliedschaft in Verbindung gebracht; auf der anderen Seite bleibt dieses Element vage, denn der Abschluss eines Arbeitsvertrages kann höchst unterschiedlich motiviert sein.

Zu erwägen ist, ob sich für die verschiedenen kirchlichen Handlungsfelder unterschiedliche Bewertungen ergeben.[48] So ist es unmittelbar einleuchtend, dass die Mitarbeit in den konstitutiven Handlungsfeldern der Verkündigung und Seelsorge nur Kirchenmitgliedern übertragen werden kann. Bei den Vitalia mag dies insofern fraglich sein, als dort nicht genuin religiöse Funktionen wahrgenommen werden. Andererseits kann dann gerade durch die handelnden Personen deutlich werden, dass es sich bei diesen Vollzügen um eine Lebensäußerung der Kirche handelt. Dass es sich bei den Adiaphora um kirchliche Vollzüge handelt, ergibt sich nur aus dem Zweckzusammenhang. Die hier erbrachten Leistungen könnten ebenso gut auf dem Markt eingekauft werden. Die Kirchenzugehörigkeit der Mitarbeiter erscheint darum leicht verzichtbar. Allerdings ist dann auch die kirchliche Zuordnung und damit die Einbeziehung in die Dienstgemeinschaft fraglich.

Die Evangelische Kirche in Deutschland hat in ihrer Richtlinie über die Anforderungen der privatrechtlichen beruflichen Mitarbeit in der EKD und ihrer Diakonie[49] differenzierte Regelungen getroffen: Nach § 3 Abs. 1 der Richtlinie setzt die berufliche Mitarbeit grundsätzlich die Zugehörigkeit zur evangelischen Kirche voraus. Nach Abs. 2 gilt dies für die zentralen Aufgaben der Verkündigung, Seelsorge, Unterweisung und Leitung strikt. Ausnahmen sind in anderen Arbeitsfeldern möglich, wenn keine geeigneten evangelischen Mitarbeiter zu gewinnen sind. Dann können auch Mitglieder anderer AcK-Kirchen oder evangelischer Freikirchen eingestellt werden. Äußerstenfalls können auch nichtchristliche Mitarbeiter beschäftigt werden.

Nach § 4 der Richtlinie wird von allen Mitarbeitern Loyalität verlangt, wobei in Abs. 2–4 Abstufungen vorgesehen sind. (1) Mitarbeiter in den genannten zentralen Aufgabenfeldern sind auf Schrift und Bekenntnis verpflichtet; und es wird von ihnen eine inner- und außerdienstliche Lebensführung erwartet, die der übernommenen Verantwortung entspricht. (2) Evangelische Mitarbeiter sollen Schrift und Bekenntnis anerkennen. (3) Christliche Mitarbeiter sollen Schrift und

---

48 Vgl. Reuter, Kirchenspezifische Anforderungen (s. Anm. 28), 55–57 = 208–210.

49 S. Anm. 2; dazu A. Schilberg, Die Richtlinie über die Anforderungen der privatrechtlichen beruflichen Mitarbeit in der EKD und ihrer Diakonie, KuR 2006, 150–163.

Bekenntnis achten und für die christliche Prägung ihrer Einrichtung eintreten. (4) Nichtchristliche Mitarbeiter sollen den kirchlichen Auftrag beachten und ihre Arbeit im Sinne der Kirche tun.

Bei dieser Richtlinie handelt es sich um einen authentischen Ausdruck dessen, was sich aus dem kirchlichen Selbstverständnis für die Gestaltung von Arbeitsverhältnissen ergibt. Diese Maßgaben sind auch von staatlichen Gerichten im Rahmen der Abwägung zwischen widerstreitenden Rechtspositionen zu berücksichtigen.

7. Dienstgemeinschaft als Gestaltungsaufgabe

Angesichts der Komplexität und Strittigkeit des Konzepts der Dienstgemeinschaft könnte man fragen, ob es nicht ratsam wäre, das Konzept aufzugeben und Beschäftigungsverhältnisse schlicht nach allgemein geltendem Arbeitsrecht zu gestalten. Doch damit wäre das Problem nur verschoben. Denn auch in den Formen des allgemeinen Arbeitsrechts müssen die Beschäftigungsverhältnisse so gestaltet werden, dass dies dem Wesen und Auftrag von Kirche und Diakonie entspricht. Die Dienstgemeinschaft ist nicht eine gegebene Wirklichkeit, sondern eine solche, die immer wieder erkannt, gestaltet und gepflegt werden muss.[50] Sie ist damit ein Gestaltungsauftrag.[51] Sie ist nicht den Realisierungsbedingungen der Arbeitswelt und des Sozialmarktes enthoben.[52] Sie führt aber zu einem anderen Umgang mit diesen Bedingungen. Interessenkonflikte werden nicht beseitigt, aber in einen größeren Kontext gestellt und können darum anders bearbeitet werden. Das macht es nicht unbedingt einfacher, aber es bringt eine andere Qualität.

Zusammenfassung

Die Besonderheiten des kirchlichen Arbeitsrechts finden ihre Grundlage im Religionsverfassungsrecht und werden mit dem Leitbild der „Dienstgemeinschaft" begründet. Dabei handelt es sich zunächst um einen religiösen Begriff, der einer

---

50 Vgl. Lienemann, Kirchlicher Dienst (s. Anm. 17), 518.
51 Vgl. Heinig, Dienstgemeinschaft (s. Anm. 19), 74f.
52 Vgl. Tanner, „Wem diene ich?" (s. Anm. 15), 119f.

Transformation bedarf, um erfahrbare Gestalt zu gewinnen. Diese geschieht durch Kommunikation, Unternehmenskultur und Rechtsgestaltung und wird gegenwärtig lebhaft diskutiert.

The specialities of the church labor law are based on the constitutional law on religions and are substantiated with the model of the "community service". Community service in the first instance means a religious term, which needs a transformation, in order to gain experienceable shape. This happens through communication, corporate culture and shaping of law and it is right now part of lively discussions.

II. Karl-Barth-Preis

WOLFGANG HUBER

Unerledigte Anfragen an die Theologie

Dank für die Verleihung des Karl-Barth-Preises am 11. September 2012 auf der Wartburg

1.

Welch ein eigentümliches Gefühl, auf der Wartburg den Karl-Barth-Preis verliehen zu bekommen! Die Nachricht, dass mir dieser Preis zuerkannt wurde, empfand ich als große Überraschung. Ich gehörte in früheren Jahren selbst zur Jury für diesen Preis und weiß, wie hoch die Schwelle dafür ist, ein früheres Jury-Mitglied auszuzeichnen. Umso größer ist mein Dank an die jetzigen Jury-Mitglieder Hans-Jürgen Abromeit, Hans-Adolf Drewes und Christiane Tietz sowie an das Präsidium der Union Evangelischer Kirchen und dessen Vorsitzenden Ulrich Fischer. Ich war und bleibe geehrt, aber auch beschämt darüber, dass Nikolaus Schneider und Hans-Richard Reuter gemeinsam die Laudatio übernommen hatten, und bin betrübt darüber, dass Nikolaus Schneider heute nicht hier sein kann. Wie wir alle denke ich mit herzlichen Genesungswünschen an ihn. Sehr herzlich danke ich nun Ulrich Fischer und Hans-Richard Reuter dafür, dass und wie sie den Zusammenklang von Theologie und kirchenleitender Verantwortung als Thema meines Lebens herausgestellt und gewürdigt haben. Ich danke schließlich meiner lieben Frau Kara dafür, wie sie in all den Jahren den Spagat zwischen Theologie und kirchenleitender Verantwortung mitgetragen, manchmal ausgehalten, vor allem aber in Liebe gefördert hat. Denn im praktischen Leben bedeutete das zum Beispiel: viele Nachtschichten und Ferienzeiten dem Lesen und Schreiben zu widmen – und manches andere dazu. Ich danke auch den Mitarbeiterinnen und Mitarbeitern, die mich auf diesem Weg auf vielfältige Weise unterstützt haben.

Verglichen mit früheren Jahren bin ich inzwischen so etwas wie ein „freischaffender Künstler"; der Karl-Barth-Preis hilft mir dabei, für weiteres Arbeiten im Dienst von Theologie, Kirche und Gesellschaft die nötige Unterstützung zu organisieren. Auch dafür bedanke ich mich sehr.

2.

Welch ein besonderes Erlebnis, den Karl-Barth-Preis auf der Wartburg entgegen-zunehmen! In Martin Luthers Zufluchtsort wird ein Preis verliehen, der den Na-men Karl Barths trägt. Es hat etwas Einschüchterndes, wenn zwei theologische Riesen so miteinander verbunden werden. Tröstlicher Weise hatten sie beide die Größe, dem Wort Gottes alle Autorität zuzuerkennen und diese nicht für das eigene Wort in Anspruch zu nehmen: Das offenbarte, das geschriebene und das verkündigte Wort Gottes hatte wie für Martin Luther so auch für Karl Barth den Vorrang.

Für Martin Luthers Arbeit am Gotteswort war die Übersetzung des Neuen Te-staments während der Zwangspause auf der Wartburg von zentraler Bedeutung. Einen wichtigen Durchbruch erlebte auch Karl Barth; zwar nicht auf der Wart-burg, aber doch im nahe gelegenen Tambach. Zwar weiß ich nichts von einer Barthschen Stippvisite auf der Wartburg während dieser Tage; vielmehr weiß ich nur, dass er die Anreise unterbrach, um in Frankfurt am Main den Zoo und eine Operette zu besuchen.[1] Aber der Vortrag, den er am 25. September 1919 in Tam-bach hielt, konfrontierte die kirchliche Öffentlichkeit in Deutschland zum ersten Mal mit dem Konzept einer „dialektischen" Theologie.[2] Mit dem vorgegebenen Thema „Der Christ in der Gesellschaft" war nach Barths Verständnis nicht ge-fragt, welchen Ort die Christen, sondern welchen Ort Christus selbst in der Ge-sellschaft hat.[3] Diese Linie hält Barths Thüringer Vortrag bis zum letzten Satz durch: „Was kann der Christ in der Gesellschaft anderes tun, als dem Tun *Gottes* aufmerksam zu folgen?"[4]

Kurz nach diesem Vortrag wandte Barth sich einem der schärfsten Theologie-kritiker unter den Theologen zu, nämlich dem Baseler Professor der Kirchenge-schichte Franz Overbeck. Die radikale Außensicht auf Theologie und Kirche, zu der Overbeck sich genötigt sah, interpretierte Barth im Sinn „unerledigter Anfra-

---

1   Vgl. E. Busch, Karl Barths Lebenslauf. Nach seinen Briefen und autobiographischen Texten, München 1975, 122.

2   K. Barth, Der Christ in der Gesellschaft, in: ders., Das Wort Gottes und die Theologie. Gesam-melte Vorträge, München 1925, 33–69: 36; abgedruckt in: J. Moltmann (Hg.), Anfänge der dialekti-schen Theologie, Teil 1, München 1966, 3–36, sowie in: K. Barth, Schriften, Bd. 1: Dialektische Theologie, hg. v. D. Korsch, Frankfurt a. M/Leipzig 2009, 187–228.

3   Vgl. Barth, Der Christ (s. Anm. 2), 36 (Moltmann, Anfänge, 6; Barth, Schriften, 188).

4   Barth, Der Christ (s. Anm. 2), 69 (Moltmann, Anfänge, 37; Barth, Schriften, 228).

gen an die heutige Theologie".[5] Die tiefen Zweideutigkeiten der Christentumsgeschichte, die Anzeichen eines sanften Verlöschens des Christentums in der Gegenwart und eine Theologie, die sich darin erschöpft, Ausdruck eines „weltklug gewordenen Christentums" zu sein – so lassen sich Overbecks Diagnosen wenden, die Karl Barth als unerledigte Anfragen an die Theologie versteht.

Sich theologisch auf eine Außensicht von Christentum und Kirche einzulassen, scheint mir auch heute an der Zeit zu sein. Theologische Herausforderungen entstehen nicht nur aus der Binnenreflexion der Theologie selbst; sondern sie ergeben sich aus gesellschaftlichen Entwicklungen, politischen Umwälzungen, kulturellen Erscheinungen, befremdlichen Fragen unbequemer Außenseiter. Soll die Kirche überlegte Zeitgenossenschaft üben und in der Vielstimmigkeit der Gegenwart ihren eigenen Ton zu Gehör bringen, ist sie dringend auf eine Theologie angewiesen, die sich den von außen kommenden „unerledigten Anfragen" stellt und Antworten auf sie sucht. Auf diese Weise kann eine „öffentliche Theologie" entstehen, die nicht nur Einsichten des christlichen Glaubens in säkulare Denkzusammenhänge der Gegenwart übersetzt, sondern die theologischen Provokationen wahrnimmt, die in den ungläubigen Anfragen zeitgenössischen Denkens enthalten sind.

3.

Diese Art von Fragen zuzulassen, gibt schon das Datum der heutigen Preisverleihung Anlass. Am 11. September sind wir hier im Festsaal der Wartburg zusammen, am elften Jahrestag der religiös motivierten und legitimierten Terroranschläge auf die Twin Towers in New York. Seitdem gilt Religion vor allem deshalb als ein großes Thema des 21. Jahrhunderts, weil sie bedrohliche Seiten annehmen kann. Die These, insbesondere der Monotheismus wirke gewaltfördernd, ist zu einem Selbstläufer geworden. Das öffentlich rezipierte Bild von Religion wird in unserer Zeit geprägt durch Selbstmordattentate und Gewaltausbrüche zwischen verfeindeten Gruppen unterschiedlicher Religionen, durch religiös motivierte Herrschaftsansprüche und religiös gerechtfertigte Kriege. Verglichen damit steckt der Versuch, Religionen in der Absage an die Gewalt und in der Vision eines gerechten Friedens zu verbinden, noch in den Anfängen. Das Vorhaben, alle Formen

---

5 Barth, Unerledigte Anfragen an die heutige Theologie (1920), in: ders., Die Theologie und die Kirche. Gesammelte Vorträge, Bd. 2, München 1928, 1–25.

der Gewalt strikt einer Ethik der rechtserhaltenden Gewalt zu unterwerfen, findet noch längst nicht die Resonanz, die für eine wirksame Korrektur des in der Öffentlichkeit vorherrschenden Bildes nötig wäre. Die schmerzhafte Lerngeschichte des Christentums in der Abwendung von einer religiösen Legitimation der Gewalt ist noch längst nicht so erzählt, dass sie die Menschen ergreift.[6] Noch immer hat sich nicht herumgesprochen, dass der Bezug des Menschen auf den transzendenten Gott ihn gerade daran hindert, „sich selbst zum Sprachrohr oder zum Schwert Gottes zu ernennen." Der theologische Disput muss deshalb heute der Frage gelten, wie der Glaube an Gott sich zu der „Anmaßung" verhält, „in seinem Namen handeln zu können."[7]

Das heutige Datum legt es nahe, die unerledigten Anfragen an die Theologie zu erwähnen, die sich aus dem Verhältnis von Religion und Gewalt ergeben. Doch andere Beispiele vergleichbar grundsätzlicher Art sind schnell bei der Hand: Die große Zukunftskrise, die gegenwärtig durch die Eigendynamik verselbständigter Finanzmärkte ausgelöst wird, wirft nicht nur wirtschaftsethische, fiskalpolitische oder verfassungsrechtliche Fragen auf. Im Kern kommt eine theologische Frage ins Spiel, die freilich heute eher in glaubensferner Sprache als in der Sprache der Theologen formuliert wird. Der selbstreferentielle Geldkreislauf moderner Finanzmärkte, so beobachtet beispielsweise der Literaturwissenschaftler Joseph Vogl, wird mit Erwartungen begleitet, die der Hoffnung auf das Reich Gottes vergleichbar sind.[8] Hier kann die Theologie ihre Fähigkeit zur Kritik des Mythos unter Beweis stellen und den lebensdienlichen Sinn der Unterscheidung zwischen Gott und Geld demonstrieren.

Ähnlich groß ist die Herausforderung, um ein letztes Beispiel zu nennen, die sich mit der Entwicklung der modernen Lebenswissenschaften und den Auswirkungen moderner Medizintechnologien verbindet. Drei Viertel der deutschen Wohnbevölkerung, so behauptet eine dieser Tage veröffentlichte Meinungsumfrage, sprechen sich dafür aus, dass die ärztliche Beihilfe zum Suizid zugelassen

---

6 Vgl. W. Huber, Religion, Politik und Gewalt in der heutigen Welt, in: K. Kardinal Lehmann (Hg.), Weltreligionen. Verstehen – Verständigung – Verantwortung, Frankfurt a. M./Leipzig 2009, 229–251.

7 R. Schieder, Sind Religionen gefährlich?, Berlin 2008, 88; sowie H. Joas, Glaube als Option. Zukunftsmöglichkeiten des Christentums, Freiburg/Br. 2012, 175f.

8 Vgl. J. Vogl, Das Gespenst des Kapitals, Zürich 2010, 94; s. dazu ausführlicher W. Huber, Gott, Geld und Glück, in: Das Plateau Nr. 127, Oktober 2011; sowie ders., „Keine anderen Götter". Über die Notwendigkeit theologischer Religionskritik, in: C. Schwöbel (Hg.), Gott – Götter – Götzen. XIV. Europäischer Kongress für Theologie, Leipzig 2012.

wird – und zwar keineswegs nur in Fällen, in denen eine besondere, insbesondere verwandtschaftliche Nähe der Ärztin oder des Arztes zu einem Patienten gegeben ist.[9] Auch unter Christen – unter Protestanten noch stärker als unter Katholiken – wächst die Zahl derer, die eine „aktive Sterbehilfe" bejahen. Das geschieht nicht nur aus der Furcht, dass der Einsatz intensivmedizinischer Maßnahmen bis zum letzten Atemzug unzumutbares Leiden auf unerträgliche Weise verlängert; sondern darin zeigt sich auch, dass eine von Dankbarkeit und Verantwortung bestimmte christliche Lebenshaltung alles andere als selbstverständlich ist. Die christliche Vorstellung vom Leben als einer Gabe, über die der Mensch nicht verfügt, hat für viele an Plausibilität verloren. Die Glaubensgewissheit, dass wir unser endliches Leben Gott verdanken, muss aufs Neue erschlossen werden. Das ist eine theologische Herausforderung von zentraler Bedeutung.

4.

Noch in anderer Hinsicht werden Fragen an die Theologie laut. Wie selten zuvor werden religiöse Riten in Frage gestellt. Ich brauche in diesem Kreis nicht zu erörtern, warum das Recht jüdischer und muslimischer Eltern geschützt werden muss, ihre männlichen Nachkommen beschneiden zu lassen – und warum sichergestellt werden muss, dass diese Beschneidungen nach den Regeln der ärztlichen Kunst erfolgen. Ich will vielmehr auf einen anderen Aspekt dieser Diskussion aufmerksam machen: Die These vom Vorrang der körperlichen Unversehrtheit vor Religionsfreiheit und elterlichem Sorgerecht, die diese Diskussion auslöste, kann leicht im Sinn einer Konkurrenz zwischen Religionsfreiheit und Selbstbestimmung weitergeführt werden. Dann würde das staatliche Recht für die Behauptung in Anspruch genommen, die Taufe von Kindern sei ein grundrechtlich nicht zulässiger Eingriff in das Selbstbestimmungsrecht der Person. Karl Barth hielt bekanntlich aus theologischen Gründen bis zuletzt an seinem Widerspruch gegen die Kindertaufe fest. Doch was wäre die theologische Antwort auf die Forderung, mit Rücksicht auf die Selbstbestimmung der Person die Taufe bis zur Vollendung des vierzehnten oder des achtzehnten Lebensjahres zu verbieten? Kirche und Theologie sind offenbar gut beraten, die Fragen von Sakrament und Ritus theologisch intensiv zu bedenken, bevor es zu solchen Vorstößen kommt.

---

9   So das Ergebnis einer von der Deutschen Gesellschaft für Humanes Sterben in Auftrag gegebenen Forsa-Umfrage, vgl. Presseerklärung der Deutschen Gesellschaft für Humanes Sterben vom 10. September 2012.

5.

Auch ökumenische Fragen stellen sich keineswegs nur von innen, sondern ebenso nachdrücklich von außen. In Europa lösen sich die geschlossenen konfessionellen Milieus weitgehend auf. Der Soziologe Hans Joas hat diese Feststellung unlängst mit der Beobachtung verbunden, dass sich ein „überkonfessionell christliches Milieu" herausbildet.[10] Zugleich verstärkt sich die Präsenz nichtchristlicher Religionen, insbesondere des Islam; und die säkulare Option erhebt deutlich ihre Stimme. Auch dadurch relativieren sich die Unterschiede zwischen den christlichen Kirchen.

Durch diese Entwicklungen gewinnt der gerade veröffentlichte Aufruf „Ökumene jetzt" seine Plausibilität. Christen katholischer wie evangelischer Konfession, die in Politik und Öffentlichkeit hohe Reputation genießen, wollen ihre Kirchen ökumenisch miteinander verbinden. Zwar mag es verwundern, dass der Beginn des ökumenischen Problems erst mit dem Jahr 1517 datiert wird, als habe es das Schisma zwischen Ost- und Westkirche gar nicht gegeben. Man wird heute von Ökumene in weltweiter Perspektive auch nicht mehr sprechen können, ohne die wachsenden indigenen und pfingstlerischen Kirchen in aller Welt zu bedenken. Gleichwohl bleibt richtig, dass es im „Land der Reformation" eine besondere Verpflichtung dazu gibt, der erreichten kulturellen Nähe in einem gemeinsamen christlichen Milieu auch einen kirchlichen Ausdruck zu geben.

Aber was ist mit der Theologie? Stimmt die Aussage, dass für die dauerhafte Trennung der westlichen Kirchen Machtfragen wichtiger waren als Glaubensfragen? Spricht nicht schon die Glaubenstreue derer, die in fremdem Land Zuflucht suchten, eine andere Sprache? Die Reformation war in ihrem Kern darauf gerichtet, den einen christlichen Glauben neu zum Leuchten zu bringen. Diese ihre Intention sollte man nicht durch die These vom Vorrang der Machtfragen verdecken.

Noch eine andere theologische Rückfrage will ich nennen: Ausdrücklich erklärt der Aufruf, das Ziel, dass Kirchen sich wechselseitig in ihrem Kirche-Sein anerkennen, reiche nicht zu. Zugleich wird dieses Ziel als zwar notwendig, jedoch als zu klein erklärt. Doch es ist schwer vorstellbar, wie eine organisatorische Verbindung unter Umgehung einer Ökumene des wechselseitigen Respekts und einer darauf beruhenden Ökumene wechselseitiger Freundschaft entstehen soll – woraus sich dann eine Ökumene der Gaben oder der Charismen entfalten kann.

---

10 Joas, Glaube (s. Anm. 7), 187–190: 198.

Ohne theologische Klärung, so scheint mir, bleibt der Blick in die Zukunft ebenso diffus wie derjenige in die Vergangenheit. Ein theologischer Blick auf das, was ökumenisch schon gelungen ist, enthält übrigens eine einfache Lehre: Ökumenische Fortschritte sind heute deshalb so schwer geworden, weil wichtige Verständigungen – über die Rechtfertigungslehre oder über die gemeinsame Anerkennung der Taufe beispielsweise – erreicht wurden. Nun gewinnen die Unterschiede vor allem im Amtsverständnis zentrale Bedeutung. Hier kommt die Bewährungsprobe für den Gedanken einer Einheit in Vielfalt oder einer Vielfalt in Einheit, von der Papst Benedikt XVI. schon 2005 sprach; vom Modell versöhnter Verschiedenheit ist dieser Gedanke nicht abgrundtief getrennt. Man muss daran allerdings theologisch weiter arbeiten. Nicht zuletzt die ökumenische Situation bildet ein Beispiel dafür, dass Kirchenleitung und theologische Reflexion zusammengehören. Die heutige Preisverleihung – dazu noch im Rahmen der Konsultation über „Kirchenleitung und wissenschaftliche Theologie" – sehe ich als eine Ermutigung für alle, die den Weg theologisch verantworteter Kirchenleitung und kirchlich verantwortlicher Theologie weiter gehen wollen.

Autoren dieses Heftes

PROF. DR. RABBI TSVI BLANCHARD
Gästehaus der Humboldt-Universität, Ziegelstr. 13a, 10117 Berlin

PROF. DR. HEINER BIELEFELDT
UN-Sonderberichterstatter für Religions- und Weltanschauungsfreiheit
Universität Erlangen-Nürnberg, Institut für Politische Wissenschaft, Lehrstuhl für
Menschenrechte und Menschenrechtspolitik, Bismarckstr. 1, 91054 Erlangen

PROF. DR. HARVEY G. COX
Harvard Divinity School, 45 Francis Avenue, USA-Cambridge, Massachusetts 02138

PROF. DR. MICHAEL HASPEL
Friedrich-Schiller-Universtät Jena, Theologische Fakultät
Direktor der Evangelischen Akademie Thüringen,
Zinzendorfhaus, 99192 Neudietendorf

BISCHOF I. R. PROF. DR. DR. H.C. WOLFGANG HUBER
Sekretariat Wolfgang Huber, Beerenstraße 47, 14163 Berlin

OKR DR. HENDRIK MUNSONIUS
Kirchenrechtliches Institut der EKD, Goßlerstr. 11, 37073 Göttingen

DR. CHRISTIAN POLKE
Universität Hamburg, FB Evangelische Theologie,
Institut für Systematische Theologie/Abt. Ethik, Sedanstr. 19, 20146 Hamburg

PROF. DR. MATHIAS ROHE
Lehrstuhl für Bürgerliches Recht, Internationales Privatrecht und
Rechtsvergleichung, Friedrich-Alexander-Universität Erlangen-Nürnberg,
Fachbereich Rechtswissenschaften, Schillerstr. 1, 91054 Erlangen

PROF. DR. ROLF SCHIEDER

Humboldt-Universität zu Berlin, Theologische Fakultät,
Seminar für Praktische Theologie, Unter den Linden 6, 10099 Berlin

TOBIAS SCHIEDER

Wissenschaftlicher Mitarbeiter in der DFG-Forschungsgruppe
„Der Protestantismus in der ethischen Debatte der BRD 1949–1989",
Juristische Fakultät, Lehrstuhl für Öffentliches Recht, Großlerstr. 11, 37073 Göttingen

PROF. DR. CHRISTIAN WALDHOFF

Humboldt-Universität zu Berlin, Juristische Fakultät, Öffentliches Recht,
Unter den Linden 6, 10099 Berlin

Unser nächstes Heft widmet sich dem Thema „Der Messias":

OTTO KAISER (Marburg), Biblische Perspektiven – JOHN J. COLLINS (Yale), Messiasbilder im antiken Judentum – DANIEL BOYARIN (Berlin), Messiasbilder im Rabbinischen Judentum – WALTER HOMOLKA (Potsdam), Messiasbilder im gegenwärtigen Judentum – WERNER KAHL (Hamburg), Christusinterpretationen im charismatisch gewendeten bzw. neo-pentekostalen Christentum südlich der Sahara – MARKUS MÜHLING (Lüneburg), Die Messiasfrage im aktuellen systematisch-theologischen Diskurs – GUNTER KENNEL (Berlin), Zu Messianischen Texten in der Kirchenmusik – STEFAN TRINKS (Berlin), Der Messias in der Kunst des Musik-Videos – HANS-GÜNTER HEIMBROCK (Frankfurt), Der Messias im Religionsunter-richt – GERLINDE STROHMAIER-WIEDERANDERS (Berlin), „Gnadenstuhl" als Bezeichnung für das Trinitätsbild

Rezensiert wird in der BThZ nur auf Beschluss und Anforderung des Herausgeberkreises. Es wird deshalb gebeten, keine unverlangten Rezensionsexemplare zuzusenden, da diese nicht zurückgesandt werden können.

Hans-Richard Reuter
Recht und Frieden
Beiträge zur politischen Ethik

Öffentliche Theologie (ÖTh) | 28

316 Seiten | Paperback
ISBN 978-3-374-03179-5
EUR 38,00 [D]

Durch Androhung und Ausübung von Gewalt für Recht und Frieden zu sorgen gehört nach protestantischer Tradition zu den eigenständigen, jedoch ethisch zu verantwortenden Aufgaben des Staates (Barmen V). Am Beginn des 21. Jahrhunderts haben sich die Konfliktlinien zwischen Gerechtigkeit und Recht, Frieden und Gewalt, Religion und Politik verschärft. Sie sind Gegenstand kontroverser Debatten, die auf Grundprobleme politischer Ethik verweisen. Die Beiträge dieses Bandes enthalten Analysen zu Traditionen des protestantischen Rechts- und Friedensverständnisses und entwickeln das Leitbild eines auf die Menschenrechtsidee gegründeten gerechten Friedens. Sie behandeln strittige Fragen des legitimen Einsatzes militärischer Gewalt, aber auch einer freiheitlichen rechtlichen Ordnung des Verhältnisses von Staat und Religion.

⊕ **EVANGELISCHE VERLAGSANSTALT**
Leipzig www.eva-leipzig.de

Tel +49 (0) 341/ 7 11 41 -16   vertrieb@eva-leipzig.de

Verena Mätzke

Gerechtigkeit als »fromkeit«

Luthers Übersetzung von
iustitia Dei und ihre Bedeutung
für die Rechtfertigungslehre heute

*Marburger Theologische Studien
(MThSt) | 118*

328 Seiten | Paperback
ISBN 978-3-374-03302-7
EUR 24,00 [D]

Luther verwendet in seinen Schriften vielfach die frühneu-
hochdeutschen Worte »from« und »fromkeit« anstelle von »gerecht« und »Gerechtigkeit«, um vom rechtfertigenden Gott und
dem gerechtfertigten Menschen zu sprechen. In einer Zeit, in
der diese Ausdrücke noch kaum religiös konnotiert waren, bewegt er sich mit ihnen im semantischen Feld zwischenmensch-
licher, sozialer Beziehungen und nicht im Assoziationsbereich
des Gerichtswesens. Verena Mätzke untersucht Luthers Verwendung der Worte »from« und »fromkeit« und erhebt mittels
lexikographischer Textanalysen ihre wichtigsten Wortbedeu-
tungen. Damit eröffnet sie Kommunikationswege für die Rechtfertigungslehre, die deren Eigenart, ein Beziehungsgeschehen
zwischen Gott und Mensch zu denken, Rechnung tragen.

EVANGELISCHE VERLAGSANSTALT
Leipzig   www.eva-leipzig.de

Tel +49 (0) 341/ 7 11 41 -16   vertrieb@eva-leipzig.de